GWA EFFIE® 2012

GWA EFFIE® 2012
Die effizientesten und effektivsten Kampagnen des Jahres

Frankfurter Allgemeine Buch

IMPRESSUM

BIBLIOGRAFISCHE INFORMATION DER DEUTSCHEN NATIONALBIBLIOTHEK
Die Deutsche Nationalbibliothek verzeichnet diese Publikation in der
Deutschen Nationalbibliografie; detaillierte bibliografische Daten sind
im Internet über http://dnb.d-nb.de abrufbar.

GWA EFFIE® 2012
Die effizientesten und effektivsten Kampagnen des Jahres

F.A.Z.-Institut für Management-,
Markt- und Medieninformationen GmbH
Mainzer Landstraße 199
60326 Frankfurt am Main
Geschäftsführung: Volker Sach und Dr. André Hülsbömer

Frankfurt am Main 2012

ISBN 978-3-89981-295-4

Frankfurter Allgemeine Buch

COPYRIGHT
F.A.Z.-Institut für Management-,
Markt- und Medieninformationen GmbH
60326 Frankfurt am Main

GESTALTUNG SATZ UND UMSCHLAG
Anja Desch

DRUCK
Kösel GmbH & Co. KG, Am Buchweg 1, 87452 Altusried-Krugzell

Alle Rechte, auch des auszugsweisen Nachdrucks, vorbehalten.

Printed in Germany

Effie® ist eine eingetragene Marke der Effie Worldwide Inc. und wird vom
Lizenznehmer Gesamtverband Kommunikationsagenturen GWA genutzt.
Alle Rechte vorbehalten.

INHALTSVERZEICHNIS

VORWORT 11
Lothar Leonhard

„AIDA" DIGITAL 14
Lars Lehne

IST KREATIVE WERBUNG ERFOLGREICHER? 17
Prof. Dr. Werner Reinartz und Dr. Peter Saffert

ALLE PREISTRÄGER 2012 19

DIE GWA EFFIE® JURY 2012 31

DIE 36 FINALISTEN

AUTOMOTIVE

DAIMLER AG, C-Klasse Coupé „Mehr Blicke pro Stunde" 38
Jung von Matt | MEC Global   BRONZE

DAIMLER AG, Die neue B-Klasse, „Für alles, was vor uns liegt" 46
Jung von Matt | MEC Global   FINALIST

DAIMLER AG/Mercedes-Benz Vertrieb Deutschland, „Macher" 54
Scholz & Friends | MEC Global   FINALIST

KIA MOTORS DEUTSCHLAND GMBH, „Liebe auf den ersten Blick" 60
Innocean Worldwide | gürtlerbachmann Werbung   BRONZE

DIENSTLEISTUNGEN

AY YILDIZ COMMUNICATION GMBH, „sadece für dich"
Grey Worldwide   SILBER   70

CONGSTAR GMBH, „WasWannWie ich will"
DDB Tribal Group   FINALIST   78

DB MOBILITY LOGISTICS AG, „Urlaub auf dem Rücksitz"
Ogilvy Deutschland   SILBER   86

KABEL BW GMBH, „Das Leben schreibt die schönsten Momente"
Serviceplan Campaign 2 | Mediaplus Media 2 | Plan.Net Campaign Zweite
Serviceplan One | Mediascale | Plan.Net Solutions   FINALIST   92

MCDONALD'S DEUTSCHLAND INC., „Mein Burger"
razorfish | Heye & Partner   GOLD   98

TELEFÓNICA GERMANY GMBH & CO. OHG, „Die Monsterjagd geht weiter"
VCCP   FINALIST   108

FINANZDIENSTLEISTUNGEN

DEUTSCHER SPARKASSEN- UND GIROVERBAND, „Eine Hero-Kampagne fürs Giro"
Jung von Matt | AM Agentur für Kommunikation   GOLD   116

ERGO DIREKT VERSICHERUNGEN, „Wir machen's einfach"
Aimaq von Lobenstein Creative Brand Consulting | Carat Deutschland   FINALIST   124

GEBRAUCHSGÜTER

LEGO GMBH, „For Men"
Mediaplus Media 1 | Serviceplan Campaign 1 | Plan.Net Gruppe |
fischerAppelt relations   FINALIST   132

LEINEWEBER GMBH & CO. KG, „Mein Leben passt mir"
kempertrautmann | loved | Mediaplus Fünfte Mediaagentur Hamburg   FINALIST   138

RAVENSBURGER AG, „Marktführung tiptoi"
Serviceplan Health & Life | Mindshare **FINALIST** — 146

REUTER GMBH, „Die schönsten Bäder reutert man heute"
Jung von Matt **FINALIST** — 152

SUNTECH POWER DEUTSCHLAND GMBH, „Suntech kann das"
gürtlerbachmann **FINALIST** — 160

WMF AG, „Kalte Griffe, heißes Geschäft"
KNSK | Mediaplus **FINALIST** — 166

INSTITUTIONELLE KAMPAGNEN

1. FC UNION BERLIN, „Die ‚Alte-Försterei-Aktie' – Stadionkampagne"
A&B One Kommunikationsagentur **BRONZE** — 178

DEUTSCHE TELEKOM AG, „Telekom hat ein Herz für Kinder"
Philipp und Keuntje **FINALIST** — 184

KONSUMGÜTER FOOD

CARLSBERG DEUTSCHLAND MARKENGESELLSCHAFT MBH, „Astra bleibt analog"
Philipp und Keuntje **GOLD** — 194

FREIXENET GMBH, „Sag's mit Freixenet"
Scholz & Friends Brand Affairs | Vizeum Deutschland | Scholz & Volkmer **FINALIST** — 202

KATJES FASSIN GMBH & CO. KG, „Saure Zeiten für süße Kätzchen"
Jung von Matt | Mediaplus Hamburg **SILBER** — 208

ALFRED RITTER GMBH & CO. KG, „Qualität im Quadrat"
Kolle Rebbe **BRONZE** — 218

RÜGENWALDER MÜHLE, „Saupraktisch: Die neuen Mühlen Würstchen im Becher"
BrawandRieken | Elbkind **BRONZE** — 224

KONSUMGÜTER NON FOOD

BEIERSDORF AG, „Leb' Dein Leben in Schwarz und Weiß""
Draftfcb Deutschland | Carat Deutschland Büro Hamburg |
Plan.Net Campaign Hamburg | brand on fire | Baudek & Schierhorn |
Touchpoint Professional Sampling   **SILBER**   234

HENKEL AG & CO. KGaA, „Black bleibt beautiful"
DDB Tribal Group   **FINALIST**   240

PROCTER & GAMBLE, „Sauberkeit wird sinnlich"
Grey Worldwide   **FINALIST**   250

MEDIEN

ZWEITES DEUTSCHES FERNSEHEN (ZDF), „Fernsehen zum Mitreden"
Serviceplan Berlin   **FINALIST**   260

PHARMA/OTC

BAYER HEALTHCARE DEUTSCHLAND, „Frischer Wind im Schmerzmittelmarkt"
BBDO Germany | MediaCom Deutschland   **BRONZE**   268

BOEHRINGER INGELHEIM, „Mucosolvan – Effizient und stark gegen Schleim"
Young & Rubicam   **FINALIST**   276

SOCIAL

BISS MAGAZIN E. V., „Bottle Recruitment"
DDB Tribal Group   **SILBER**   284

DÜSSELDORFER TAFEL E. V., „Der größte Adventskalender der Welt"
Ogilvy Deutschland   **BRONZE**   290

**UNABHÄNGIGE BEAUFTRAGTE ZUR AUFARBEITUNG DES
SEXUELLEN KINDESMISSBRAUCHS, „Sprechen hilft"**
Scholz & Friends Berlin   **SILBER**   296

WWF DEUTSCHLAND, „Achtung: Bitte nicht drucken!"
Jung von Matt | Dederichs Reinecke und Partner | white horse music   FINALIST   302

EXIT-DEUTSCHLAND, „Das Trojanische T-Shirt"
Grabarz & Partner   SILBER   308

ANHANG

GWA EFFIE® PREISTRÄGER 1981 – 2011   315

Built for Business Owners

Kümmern Sie sich um Ihr
Business.
Die Business Platinum Card
kümmert sich um
Sie.

Die besonderen Services der Business Platinum Card erleichtern
Ihren Geschäftsalltag – natürlich auch nach Feierabend.
Mehr Informationen erhalten Sie unter
www.amex-kreditkarten.de/businessplatinum

American Express Services Europe Limited, Zweigniederlassung Frankfurt am Main, Theodor-Heuss-Allee 112, 60486 Frankfurt am Main, Registergericht Frankfurt am Main, HRB 57783

VORWORT

Im 31. Jahr seines Bestehens ist der GWA Effie so lebendig und begehrt wie von Beginn an. Neben allen Wettbewerben und Awards, in denen sich Marketing und Kommunikation wiedererkennen und feiern, ist der Effie ein feingeschliffener Solitär. Agenturen und ihre Auftraggeber stellen sich gemeinsam der Konkurrenz im Nachweis erfolgreicher Marktkommunikation.

Der Return on Investment ist und bleibt die Nagelprobe für jeden investierten Euro in eine werbliche Aktivität. Besonders deshalb, da auch alle Marketingbudgets unter Vorbehalt des Controllings stehen. Dort möchte man am liebsten im Detail wissen, was eine einzelne Schaltung in jedwedem Medium an Return erwarten lässt. Die leider zutreffende Auskunft, man könne das nur auf einer Zeitschiene im Gesamtzusammenhang sehen, nährt bei jedem Finanzer den ewigen Verdacht, hier werde mit verdeckten Karten ein teurer Markt der Eitelkeiten bedient.

Die beteiligten Agenturen müssen sich bei allem erforderlichen Ehrgeiz, möglichst kreative Großtaten zu vollbringen, immer im Klaren darüber sein, dass die werbungtreibende Wirtschaft nicht Sponsor wirtschaftlich-kultureller Kommunikation ist, sondern dass sie gern jede Investition in Werbung, welcher Art auch immer, streichen würde, hätte sie denn genauere und besser wirkende Absatzinstrumente. Und wer kennt nicht den ewig währenden Satz des Vertriebs „Geben Sie uns das Geld. Wir machen was daraus."

Wir stehen wahrscheinlich auch in Deutschland mindestens vor einer konjunkturellen Abkühlung. Das ist zunächst nichts grundsätzlich Erschreckendes. Ununterbrochenes Wachstum hat es nie gegeben, und Talfahrten sind auch immer eine Chance für neue Ideen und besondere Anstrengungen im Marketing. Investitionen müssen angepasst werden. Und die Marketing- sowie Werbebudgets werden Federn lassen, zumal diese Etatposten zu den ganz wenigen gehören, auf die man über das gesamte Jahr hinweg zugreifen kann, da sie nicht mit der Planungseinstellung auch sofort realisiert sind. Der Finanzvorstand wird rhetorisch fragen, wo das Risiko liege, wenn man mal für eine kurze Zeit aussetze oder deutlich kürzer trete. Erneut wird die Diskussion aufleben, Werbung sei eine Investition und eben kein Kostgänger. Und gerade in Zeiten rückläufiger Konjunktur gelte es, die Marketing- sowie Werbeinvestitionen hochzufahren, gegen den Strom zu schwimmen. Nun, man wird das Marketing oder gar deren Agenturen so wenig befragen wie die Frösche, wenn es gilt, einen Teich trockenzulegen.

Nicht nur in Zeiten der Verteidigung ist es eine der vornehmsten Aufgaben des Marketings, Wirksamkeit und Erfolg für den zweifellos teuren Einsatz von Kapital nachzuweisen, ganz besonders in einer Zeit, in der die medialen Angebote nachgerade explodieren, von unbestimmter Nachhaltigkeit sind, immer kühnere Erfolgsversprechen abgeben und die Komplexität jeglicher Planung nur noch schwer beherrschbar machen.

Der GWA Effie hat sein Ansehen als Leitwährung unter den Marketing-Awards sehr schnell erreicht, weil er alles andere als ein Schönheitswettbewerb für Selbstverliebte ist. Belohnt wird nur, wer sich an harten Maßstäben messen lässt. Behauptungen gelten nichts; nur der nachprüfbare Ergebnisbeweis zählt. Ein besonders prädestinierter Beraterkreis aus Marktforschern und Unternehmensberatern, die über einen breiten Marktüberblick und über fundierte Marktdaten verfügen, unterziehen alle Bewerbungen einer intensiven Bewertung. Die Jury, bestehend aus Repräsentanten der werbungtreibenden Industrie, des Handels, der Medien und der Publizistik, der Lehre und der Forschung sowie der Kommunikations- und Mediaagenturen beurteilt und selektiert alle Einreichungen in einem zweistufigen Abstimmungsverfahren. Für Oberflächlichkeit oder Gefälligkeiten ist da kein Raum.

Der Effie wurde und wird oft als eine Bewertung von Effizienz angesehen. So außerordentlich bedeutungsvoll die Effizienz im Einsatz von Marketing- und Werbebudgets ist – der Effie steht für Effektivität. Deshalb zählen nicht Wirtschaftlichkeitsnachweise allein. Nachweise für die Erreichung von Zielsetzungen in allen Belangen der Markenführung sind Bestandteil der Bewertung. Und auch dieser Beweis soll erbracht werden: Kommunikation mit Anspruch und Kreativität schließen den Markterfolg ein, nicht aus.

Ich danke an dieser Stelle allen Sponsoren, die den GWA Effie 2012 und seine festliche Gala ermöglicht haben. Und mein Dank geht an den Beraterkreis sowie an die Jury, die sich wieder einmal einer anspruchsvollen und zeitintensiven Arbeit gewidmet haben.

Lothar Leonhard, *GWA Präsident, Chairman, Ogilvy & Mather und Vorsitzender GWA Effie Jury*

Ihre Anreise zur Effie-Gala mit dem Flieger.

Ins Taxi einsteigen.
Am Flughafen aussteigen.
Koffer einchecken.
An der Eingangskontrolle anstehen.
Geldbeutel raus.
Schlüssel raus.
Laptop raus.
Piep. Piep. Piep.
Schuhe ausziehen.
Auf Schuhe warten.
Schuhe anziehen.
Geldbeutel einstecken.
Schlüssel einstecken.
Laptop-Sprengstoff-Kontrolle.
Auf das Ergebnis warten.
Laptop einpacken.
15 Minuten zu Gate 36 laufen.
Ins Flugzeug einsteigen.
Auf den Koffer warten.
Ins Taxi steigen.
Ankommen.

Ihre Anreise zur Effie-Gala mit der Bahn.

Ins Taxi einsteigen.
In den Zug einsteigen.
Ins Taxi einsteigen.
Ankommen.

Wir wünschen Ihnen eine effiziente Reise mit der Deutschen Bahn.

„AIDA" DIGITAL

Wir schreiben das Jahr 1898, als ein junger Mann (26) namens Elmo Lewis eine einfache Formel entwickelt. Eine Formel, die all diejenigen kennen, die mit Marketing und Kommunikation zu tun haben. Vier einfache Buchstaben, die das Stufenmodell der Werbung beschreiben – die A.I.D.A Formel: Attention, Interest, Desire, Action. Vier Stufen, die eine Botschaft beim Empfänger durchläuft, um erfolgreich zu sein. Von Wahrnehmung über Interesse zum „Haben-Wollen" und am Ende zum Kaufakt.

113 Jahre alt ist die Formel und doch so aktuell wie nie. Menschen haben sich nur wenig verändert – die Kommunikation, ihre Wahrnehmung und Verarbeitung allerdings gravierend. Allein die Wahrnehmung von Botschaften stellt Marketeers und Agenturen vor zunehmend komplexere Aufgaben, werden ihre potentiellen Empfänger doch durch immer mehr Kanäle von einer Vielzahl von Botschaften geradezu überflutet. Aber nehmen wir den positiven Fall an: Die Botschaft hat es geschafft, wahrgenommen zu werden und, davon gehen wir jetzt der Einfachheit halber ebenfalls aus, erweckt Interesse beim Empfänger.

Die halbe Miete haben wir also schon gewonnen. Die Frage ist jetzt allerdings: Wissen wir das auch? Können wir das messen? Immerhin kostet gerade das Übermitteln, im Marketing-Denglisch „Pushen", von Botschaften einen signifikanten Teil des Marketingbudgets. Klassisch gedacht hört der Push-Gedanke beim Übermitteln, Senden, Verteilen oder Ausstrahlen der Botschaft auf. Es werden auf Basis von Planungsprogrammen, Panels oder Befragungen aberwitzige potentielle Kontakte generiert, und wir haben keine Ahnung, ob diese auch tatsächlich stattgefunden und Interesse erzeugt haben. Es sein denn, wir machen teure, additive Marktforschung, die dann mit Zeitverzug grünes Licht für eine Kampagne gibt. Oder aber wir setzen den Absatzerfolg mit der Übermittlung von Botschaften gleich – das würde dann jedoch alle anderen Marketingfaktoren ad absurdum führen.

Machen wir es kurz: Ja, wir können Interesse und damit die erste Erfolgsstufe einer Botschaft gemäß Lewis messen, und genau das ist der Grund, warum Google sich beim GWA Effie mit „Insights for Search" engagiert. Denn als hätte es Elmo Lewis vorausgesehen, kann man das „I" für Interesse auch mit „I" für Internet gleichsetzen. Oder anders ausgedrückt: „Attention drives Interest, drives Internet". Denn was machen die Menschen heute, wenn es eine Botschaft geschafft hat, bis zu ihnen durchzudringen? Sie wollen mehr Informationen, die sie sich in den meisten Fällen online holen. Sie besuchen direkt die gewünschten Websites, sie „googeln" oder holen sich Rat in sozialen Netzwerken (das können sie übrigens auch außerhalb des Internets tun, sofern sie denn noch analoge Freunde haben). Bei dieser Suche hinterlassen sie Spuren, die wir zum Beispiel in den Suchanfragen bei Google wiederfinden.

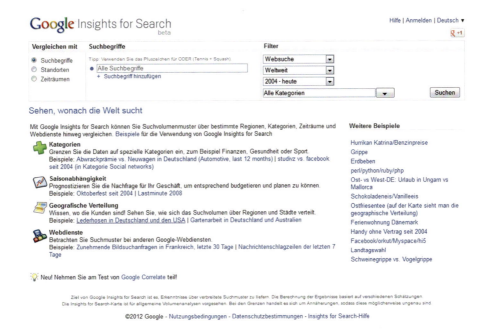

Genau genommen kann man die Suchenden sogar begleiten, sie gezielt über AdWords an die Hand nehmen und in die passende Markenwelt führen. Warum sollte man das tun? Wie wäre es mit „D" für Desire? Wir brauchen nicht unbedingt aufwendige Marktforschung, um einen Zusammenhang zwischen der Zeit, die jemand positiv in der Markenwelt verbringt, und der Einstellung zur Marke zu beweisen. Wenn das nicht so wäre, könnten wir uns die meisten Marketingmaßnahmen sparen. Voraussetzung ist allerdings eine entsprechend gute, inhaltsreiche Webseite des Werbungtreibenden – sonst wird aus Interesse sehr schnell Desinteresse oder im schlimmsten Fall sogar ein langfristiger negativer Markeneffekt.

Gehen wir aber im weiteren Verlauf davon aus, dass der Werbungtreibende für die passende Online-Welt vorgesorgt hat. Wenn das Produkt oder die Marke möglicherweise auch noch online verfügbar, also kaufbar ist, können wir die gesamte A.I.D.A nachvollziehen, begleiten und analysieren bis hin zur Frage, wie die Kaufentscheidung gefallen ist. Voilá, das „A" für „Action"!

Der aufmerksame Leser wird jetzt einwerfen, dass es so manches gibt, was man online nicht kaufen kann oder noch nicht kaufen kann. Darum geht es hier aber gar nicht; es geht vielmehr um das Wechselspiel zwischen den Medien, das Miteinander, das Begleiten und Beeinflussen. Denn auch wenn Produkte offline oder besser stationär gekauft werden, geht dem häufig Online-Recherche voraus. Dieses Phänomen nennen wir den RoPo-(Research-Online-Purchase-Offline)Effekt. Meistens angestoßen durch Push-Kommunikation oder schlicht durch ein Bedürfnis, für dessen Befriedigung eine Suchmaschine viele Milliarden Mal am Tag befragt wird. Wussten Sie zum Beispiel, dass ein Autokäufer mehr als 20 verschiedene Webseiten besucht und studiert, bevor er das Fahrzeug stationär kauft? Diese Kontakte haben nachhaltigen und vor allem entscheidenden Einfluss auf seine Kaufentscheidung.

Es ist daher an der Zeit, dass Kommunikations- und Mediaplanung diesem Zusammenhang mehr Rechnung tragen und nicht beim Ausliefern der Botschaft und gelegentlichen Modellings aufhören. Online als Plattform oder Infrastruktur ist zum integralen Bestandteil von Kommunikation geworden. Ein Zusammenspiel, das nicht mehr wegzudenken ist. „Insight for Search" und sollen für dieses Zusammenwirken ein Anfang sein. Google stellt Marketeers und Kommunikationsexperten unter „Thinkwithgoogle" eine Vielzahl von Tools, Fallbeispielen und Studien zur Verfügung, die helfen, dieses Zusammenspiel zu analysieren, zu verstehen und zu planen.

Lars Lehne, *Country Director Agency, Google Deutschland*

IST KREATIVE WERBUNG ERFOLGREICHER?

Man sollte meinen, dass die Begriffe Werbung und Kreativität untrennbar verbunden sind und diese Tatsache ein Axiom in der Werbebranche darstellt. Unter kreativen Köpfen in der Branche sind Kreativauszeichnungen wie zum Beispiel der Cannes Lion eine Art Ritterschlag. Einschlägige Rankings über die kreative Performance von Agenturen werden jedes Jahr mit Spannung erwartet und sind zu wichtigen Bewertungsfaktoren für werbetreibende Unternehmen geworden. Allein die Tatsache, dass Werbeagenturen ihre gewonnenen Auszeichnungen mit Stolz in ihren Räumlichkeiten präsentieren, spricht eine deutliche Sprache – insbesondere gerichtet an werbetreibende Unternehmen: Wir produzieren die bessere Werbung!

Was ist wirklich dran an der zementierten Meinung, dass einer kreativen Werbung eine höhere Effektivität zugeschrieben wird? Das Feld der internationalen akademischen Werbewirkungsforschung beschäftigt sich seit etlichen Jahrzenten mit den Faktoren, die den Erfolg einer Werbebotschaft oder eines Werbeclips bestimmen. Insbesondere haben wir heute ein sehr gutes Verständnis entwickelt, wie der Grad der Werbeausgaben mit dem Erfolg des beworbenen Produktes korreliert. Das Erstaunliche ist jedoch, dass relativ wenig darüber bekannt ist, wie die Inhalte und die grafische Umsetzung von Werbebotschaften mit dem Verkaufserfolg der Kampagne zusammenhängen. Diesem Zusammenhang sind wir am Institut für Handelsforschung (IFH) der Universität zu Köln nachgegangen. Die Forschungsfrage dabei war, ob der Grad der Kreativität einer TV-Werbekampagne mit dem Abverkaufserfolg des beworbenen Produktes einhergeht. Den Untersuchungsgegenstand stellten 437 TV-Werbekampagnen für 90 verschiedene Markenartikel in zehn verschiedenen Konsumgüterkategorien (beispielsweise Joghurt, Shampoo, Gesichtscreme, Waschmittel, Cola-Getränke, Nassrasierer) über einen Zeitraum von fünf Jahren (Januar 2005 bis Oktober 2010) dar. Die Daten über Produkterfolg und Werbeausgaben stammen aus den einschlägigen Marktforschungspanels der Firmen ACNielsen und GfK Nürnberg, die auch die Industrie benutzt, um Markterfolg zu messen. Wir haben diese Produktabverkaufsinformationen statistisch mit den jeweiligen Werbeausgaben der Marken im Rahmen der Werbekampagnen als auch mit einem sogenannten Kreativitätsindex korreliert. Dieser Kreativitätsindex leitet sich aus der Kommunikationspsychologie ab, in der die verschiedenen Dimensionen von Kreativität separat definiert und messbar gemacht werden. Im Einzelnen sind diese Dimensionen (1) Originalität und Überraschung (Originality), (2) Veränderung der Perspektive des Betrachters (Flexibility), (3) unerwartete beziehungsweise unkonventionelle Synthese von Ideen (Synthesis), (4) detaillierte beziehungsweise facettenreiche visuelle Ausarbeitung (Elaboration) und (5) visuell künstlerischer Anspruch (Artistic Value). Diese Dimensionen wurden bereits in vorhergehenden Studien insbesondere für den Werbe- und Kommunikationskontext validiert. Nach einem entsprechenden Training wurde jede einzelne der betrachteten Werbekampagnen von Konsumenten hinsichtlich der fünf Dimensionen bewertet, wobei diese Bewertung parallel durch mehrere unabhängige Juroren geschieht. Der Grad der Bewertungskonvergenz zeigt dann die Validität der Kreativitätsmessung. Die Ergebnisse auf der Basis von mehr als 2.700 Datenpunkten zeigen eine signifikante Wirkung der Kreativität auf den Kampagnenerfolg, zusätzlich zum Basiseffekt der Werbeausgaben. In anderen Worten, je kreativer eine Kampagne im Durchschnitt ist, desto besser verkauft sich die beworbene Marke. Der Effekt beträgt für durchschnittlich kreative TV-Kampagnen rund 20 Prozent, für hochkreative TV-Kampagnen bis zu 43 Prozent – eine wichtige Nachricht sowohl für Agenturen als auch für Werbetreibende. Für Agenturen heißt dies, dass sich ein Investment in die besten kreativen Köpfe und in einen ausgefeilten Ideationsprozess durchaus lohnt. Für die werbetreibenden Unternehmen bedeutet es, dass unkonventionelle visuelle und konzeptionelle Kampagnen nicht nur für Aufmerksamkeit, sondern auch für steigende Absatzmengen und Marktanteile sorgen können. Bei den Ergebnissen ist weiterhin interessant, dass sich die durchschnittliche Werbekreativität von Produktkategorie zu Produktkategorie unterscheidet. Zum Beispiel bei Cola-haltigen Erfrischungsgetränken oder bei Kaugummi ist die Basiskreativität relativ hoch. Das heißt, dass Agenturen, um mit ihrer Werbung weiter aufzufallen, signifikante kreative Anstrengungen unternehmen müssen. Anders bei Joghurt oder Waschmittel. Hier sind konventionelle Ansätze häufig an der Tagesordnung, weshalb schon relativ geringe Kreativitätsbemühungen einen Ertrag bringen. Interessant ist weiterhin die Beobachtung, dass es durch die simultane Kombination von verschiedenen Dimensionen der Kreativität zu einer verstärkenden Wirkung kommt. Je mehr der fünf Dimensionen aktiviert werden, desto höher ist die Gesamtwirkung. Darüber hinaus zeigt sich, dass die Kombination von Originalität und detaillierter Ausarbeitung besonders erfolgreich zu sein scheint, auch wenn sie de facto nicht so häufig in der Praxis verwendet wird. Im Gegensatz dazu ist die Kombination Perspektivveränderung und detaillierte Ausarbeitung häufig anzutreffen, obwohl die Korrelation mit dem Verkaufserfolg eher moderat ist. Insofern scheint nicht nur Kreativität per se zum Erfolg zu führen, sondern insbesondere die gezielte Ausformulierung. Auch das ist von hoher praktischer Relevanz.

Teil der Untersuchung war zudem, ob eine der bekanntesten Auszeichnungen, der GWA Effie Award, ebenfalls mit den hier untersuchten Größen korreliert. Der Kreativitätsindex für 33 GWA Effie Gewinnerkampagnen ist um durchschnittlich 28 Prozent höher als die der übrigen 404 Kampagnen. Dieses Ergebnis zeigt, dass diese Auszeichnung in der Lage ist, kreativere Kampagnen zu identifizieren.

Prof. Dr. Werner Reinartz und Dr. Peter Saffert, Universität zu Köln, Institut für Handelsforschung

ALLE PREISTRÄGER
2012

GOLD EFFIE® 2012

KUNDE: Carlsberg Deutschland Markengesellschaft

AGENTUR: Philipp und Keuntje

GOLD EFFIE® 2012

KUNDE: Deutscher Sparkassen- und Giroverband (DSGV)

AGENTUR: Jung von Matt | AM Agentur für Kommunikation

GOLD EFFIE® 2012

KUNDE: McDonald's Deutschland

AGENTUR: razorfish | Heye & Partner

SILBER EFFIE® 2012

KUNDE: Ay Yildiz

AGENTUR: Grey Worldwide

SILBER EFFIE® 2012

KUNDE: Beiersdorf

AGENTUR: Draftfcb Deutschland | Carat Deutschland Büro Hamburg | Plan.Net Campaign Hamburg
brand on fire | Baudek & Schierhorn | Touchpoint Professional Sampling

SILBER EFFIE® 2012

KUNDE: BISS Bürger in sozialen Schwierigkeiten

AGENTUR: DDB Tribal Group

SILBER EFFIE® 2012

KUNDE: DB Mobility Logistics

AGENTUR: Ogilvy Deutschland

SILBER EFFIE® 2012

KUNDE: Katjes Fassin

AGENTUR: Jung von Matt | Mediaplus Hamburg

SILBER EFFIE® 2012

KUNDE: Unabhängige Beauftragte zur Aufarbeitung des sexuellen Kindesmissbrauchs

AGENTUR: Scholz & Friends Berlin

SILBER EFFIE® 2012

KUNDE: ZDK Gesellschaft Demokratische Kultur

AGENTUR: Grabarz & Partner

BRONZE EFFIE® 2012

KUNDE: 1. FC Union Berlin

AGENTUR: A&B One Kommunikationsagentur

BRONZE EFFIE® 2012

KUNDE: Bayer Vital

AGENTUR: BBDO Germany | MediaCom Deutschland

BRONZE EFFIE® 2012

KUNDE: Daimler

AGENTUR: Jung von Matt | MEC Global

BRONZE EFFIE® 2012

KUNDE: Düsseldorfer Tafel

AGENTUR: Ogilvy Deutschland

BRONZE EFFIE® 2012

KUNDE: Kia Motors Deutschland

AGENTUR: Innocean Worldwide | gürtlerbachmann Werbung

BRONZE EFFIE® 2012

KUNDE: Ritter Sport

AGENTUR: Kolle Rebbe

BRONZE EFFIE® 2012

KUNDE: Rügenwalder Mühle

AGENTUR: BrawandRieken | Elbkind

GWA EFFIE® JURY
2012

JURY

LOTHAR LEONHARD
GWA Präsident, Chairman,
Ogilvy & Mather

DR. SVEN H. BECKER
CEO TBWA\ Deutschland

PETER FELD
Mitglied des Vorstands der
Region Europa/Nordamerika
Beiersdorf

DR. PETER FIGGE
CEO Jung von Matt

JÜRGEN HERRMANN
Geschäftsführer Marketing
Alfred Ritter

KAREN HEUMANN
Partner thjnk

JULIA JÄKEL
Mitglied des Vorstandes der
Gruner + Jahr AG und Leiterin
G+J Deutschland

PROF. DR. DANIEL KLAPPER
Professur für Betriebswirtschaftslehre, Humboldt-Universität zu Berlin

ULRICH KLENKE
Leiter Konzernmarketing Deutsche Bahn

MANFRED KLUGE
CEO OMNICOM Media Group Germany

LOTHAR KORN
Leiter Marketing-Kommunikation AUDI

CHRISTOPH PROX
CEO Icon Added Value

SABINE SCHMITTWILKEN
Head of Group Brand Communications RWE

VOLKER SCHÜTZ
Chefredakteur HORIZONT

LUDGER WIBBELT
Geschäftsführer Nielsen Media Research

STEFAN ZSCHALER
Geschäftsführer Leagas Delaney

BERATERKREIS

PROF. DR. BJÖRN BLOCHING
Partner and Head of Marketing & Sales, Roland Berger Strategy Consultants

RALF GANZENMÜLLER
CEO Ipsos Germany

DR. JÖRG GOLL
Inhaber JGM-Consult

CHRISTOPH PROX
CEO Icon Added Value

ALEXANDRA STEIN
Division Manager GfK Brand and Communications

LUDGER WIBBELT
Geschäftsführer Nielsen Media Research

DIE 36 FINALISTEN
2012

IN DEN KATEGORIEN

AUTOMOTIVE

DIENSTLEISTUNGEN

FINANZDIENSTLEISTUNGEN

GEBRAUCHSGÜTER

INSTITUTIONELLE KAMPAGNEN

KONSUMGÜTER FOOD

KONSUMGÜTER NON FOOD

MEDIEN

PHARMA/OTC

SOCIAL

ALLE FALLBEISPIELE DER KATEGORIE
AUTOMOTIVE

KATEGORIE AUTOMOTIVE

KUNDE

Daimler AG, Stuttgart.
Verantwortlich: Anders Jensen, Lüder Fromm (Marketingleitung), Damir Maric (Werbeleitung), Dr. Andreas Roggon (Director Brand Communications Strategy), Michael Schaller (Leiter Kommunikationsstrategie), Petra Rusnak (Manager Kommunikationsstrategie)

AGENTUR

Jung von Matt AG, Hamburg
Verantwortlich: Thim Wagner (Geschäftsleitung Kreation), Martin Strutz (Kreativdirektor), Sven Dörrenbächer (Geschäftsführer Beratung), Sonja Stockmann (Kommunikationsberaterin), Maria Groh (Beratung), Clemens Pavel (Strategische Planung), Markus Oelsner (Strategische Planung)

MEC GmbH Düsseldorf
Verantwortlich: André Schulz (Account Manager), Kerstin Ellerbrock (Account Group Head)

MERCEDES C-KLASSE

MEHR BLICKE PRO STUNDE

Marketingsituation

Der Vorsatz für 2011: Mehr Sport treiben. Im Vergleich mit der Konkurrenz wird Mercedes-Benz als traditionell und etwas weniger sportlich wahrgenommen, auch das Fahrerimage ist eher konservativ geprägt. 2011 will Mercedes-Benz neue, moderne Zielgruppen erobern und vor allem das sportliche Image aufbessern, um nicht hinter BMW und Audi zurückzufallen.

Einer der Hoffnungsträger in diesem Jahr heißt C-Klasse Coupé. Mit ihm führt Mercedes-Benz das erste echte zweitürige Coupé auf Basis der C-Klasse ein, das als eigenständige Baureihe den Vorgänger CLC ablöst. Als jüngstes und wildestes Mitglied der C-Klasse-Familie ist es das ideale Einsteigercoupé, um mit sportlich-stilvollem Design neue Zielgruppen zu erobern und die Marke sportlicher werden zu lassen.

Doch der Wettbewerb schläft nicht. Das Nischensegment der Mittelklasse-Coupés ist hart umkämpft. Das nur leichte Segmentwachstum von knapp 3 Prozent ist größtenteils durch die Einführung von Konkurrenzfahrzeugen bedingt. Hinzu kommt, dass Hauptkonkurrent BMW im gleichen Jahr das starke 3er Coupé einer Verjüngungskur unterzieht, und auch Audi schickt das überholte A5 Coupé ins Rennen. Denkbar schwierige Rahmenbedingung für die Premiere.

Um sich in diesem Umfeld zu behaupten, muss die Einführungskampagne des C-Klasse Coupé gezielt gegensteuern und BMW und Audi in Schach halten. Das Coupé soll sich durch die gezielte Inszenierung von Fahrerlebnis und Stil von der eher traditionellen C-Klasse Limousine emanzipieren und so neben den Kernwettbewerbsfahrern auch die Aufmerksamkeit der sportlich orientierten Aufsteiger gewinnen, die sich eigentlich für Audi A3, BMW 1er, Golf GTI oder VW Scirocco interessieren. Die Herausforderung: Das sportliche Image schärfen und so das gesamte Markenbild modernisieren.

Marketing- und Werbeziele

1. Kommunikationsziel: Eroberung.
Unser Auftrag: Junge, moderne Zielgruppen überzeugen und über das Auto für die Marke Mercedes-Benz begeistern. Um die neue Baureihe wirksam in der Zielgruppe bekannt zu machen, brauchen wir hohe Aufmerksamkeit und die entsprechende Aktivierungsleistung. Das Kampagnenkonzept soll signifikante Recognition- und Motivationswerte in der Eroberungszielgruppe erreichen. Richtwert: 50 Prozent in beiden Dimensionen.

2. Imageziel: a) Mercedes-Benz Fahrer in neuem Licht erscheinen lassen.
Die Kampagne soll das Fahrerimage von Mercedes-Benz jünger, trendiger und spontaner wirken lassen.

KATEGORIE AUTOMOTIVE

3. Imageziel: b) Den Stern leuchten lassen.
Stärkung der Markendimensionen „Faszination" und „Kultivierte Sportlichkeit". Richtwert: 30 Prozent über Segment-Durchschnitt.

4. Absatzziel: Die Einführung des Vorgängers übertreffen.
In den ersten sechs Monaten ab Markteinführung soll der Absatz des CLC um 20 Prozent übertroffen werden. Bei gleichem Werbebudget.

5. Effizienzziel: Dabei soll die Kampagne insgesamt effizienter kommunizieren als die Einführungskampagne des CLC.

Zielgruppe: jung, modern, selbstbestimmt

Die Eroberungszielgruppe ist jung, überwiegend männlich, erfolgreich und legt Wert auf Individualität und Unabhängigkeit. Das Auto bedeutet Leidenschaft, Selbstbestätigung und Männlichkeit und steht für die Suche nach neuen Erfahrungen. Was die Zielgruppe nicht will, ist Stillstand. Für sie ist das Auto Lifestyle-Statement und Distiktionsmerkmal.

Funktionalität und Sparsamkeit eines Autos sind sind nicht in erster Linie kaufentscheidend – ihre Ansprüche sind modernes, dynamisches und aufregendes Design und sportliche Fahreigenschaften.

Kreativstrategie

Das C-Klasse Coupé ist ein Auto, das gefahren werden will. Für uns stand von Anfang an fest: Wir inszenieren das Auto als Adrenalinquelle. Die Kreation soll sich durch Fahrspaß und Agilität auszeichnen und so vom BMW 3er Coupé und dem Audi A5 Coupé differenzieren, die den Fokus in der Kommunikation auf Eleganz und Design legen.

Alles außer Stillstand. Der Insight: Für die Zielgruppe zählt bei einem Auto die Leidenschaft, nicht die Praktikabilität. Da sie ständig auf der Suche nach neuen Erfahrungen und Abenteuern ist, haben wir eine Geschichte gesucht, die genau diese automobile Leidenschaft und Spontanität aufgreift. Unser Ansatz: Wir transportieren die Botschaft mit Hilfe eines kleinen und sympathischen Klischees. In vielen Bereichen des Lebens haben Männer und Frauen andere Sehnsüchte. Eines der häufigsten Spannungsfelder in Beziehungen sind die unterschiedlichen Ansprüche an einen Urlaub.

MERCEDES C-KLASSE

Der Weg ist das Ziel. In unserem TV Spot sucht das junge, attraktive Pärchen nach dem perfekten Ort für einen Kurztrip. Doch während sie vor allem von den möglichen Zielen träumt, zählt für ihn nur der Weg dorthin. Ob in die Berge oder ans Meer, in seiner Vorstellung träumt er von der aufregenden Fahrt. Dynamische Fahrszenen, kurvige Landstraßen und schnelle Schnitte heben in der Inszenierung die Sportlichkeit des C-Klasse Coupés hervor. Doch als sie zuletzt einen Trip nach Venedig vorschlägt, kommt das für ihn nicht in Frage. Was kann man schon in einer Stadt erleben, in der keine Autos fahren?

Mediastrategie

Reichweite generieren. Die Einführung des C-Klasse Coupés war die Premiere einer neuen Baureihe, die gleichzeitig eine neue Coupé-Ära für Mercedes-Benz einleitet. Das wichtigste Kommunikationsziel war daher die Bekanntmachung dieser neuen Baureihe sowohl in der breiten Öffentlichkeit im Allgemeinen als auch in der Eroberungszielgruppe im Speziellen.

Um die breite Öffentlichkeit zu erreichen, wurde als reichweitenstärkstes Medium TV gewählt. Die Eroberungszielgruppe wurde durch selektive Spitzen in Print erreicht, die sportlichen und dynamischen Motive wurden in zielgruppenspezifischen Titeln geschaltet.

KATEGORIE AUTOMOTIVE

Ergebnisse

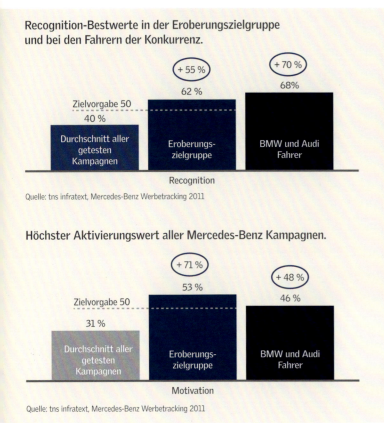

Recognition-Bestwerte in der Eroberungszielgruppe und bei den Fahrern der Konkurrenz.

Quelle: tns infratext, Mercedes-Benz Werbetracking 2011

Höchster Aktivierungswert aller Mercedes-Benz Kampagnen.

Quelle: tns infratext, Mercedes-Benz Werbetracking 2011

1. Kommunikationserfolg: „Venedig" wirkt. Die Inszenierung trifft genau den Nerv der Eroberungszielgruppe und sorgt für neue Wiedererkennungs- und Motivationsbestwerte. Mit einem Recognition-Plus von 55 Prozent übertrifft die Kampagne deutlich die eigene Zielvorgabe um 12 Prozentpunkte. Auch die Motivationleistung übertrifft die Vorgaben und dominiert das Segment mit einem Zuwachs von 71 Prozent.

„Venedig" reizt auch die wichtige Kaufzielgruppe der BMW- und Audi-Fahrer. Mit einem Zuwachs von 70 Prozent erreicht die Kampagne zwei von drei Personen innerhalb des Kernwettbewerber-Sets und auch die Motivationsleistung liegt 48 Prozent über dem Segment-Durchschnitt.

2. Imageerfolg: a) Das C-Klasse Coupé aktualisiert das Fahrerbild von Mercedes-Benz.

Wie keine andere Kommunikation von Mercedes-Benz zuvor treibt „Venedig" die Markenöffnung voran und sorgt für ein deutlich jüngeres Fahrerbild. Die Einführungskampagne des C-Klasse Coupé lässt die Fahrer aufregender und dynamischer, jünger, spontaner und trendiger wirken – alle gemessenen Items liegen deutlich über den Zielvorgaben und setzen neue Bestnoten.

Auch beim Fahrerimage erzielt „Venedig" durchgehend Bestwerte.

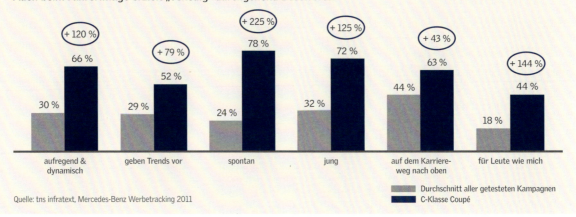

Quelle: tns infratext, Mercedes-Benz Werbetracking 2011

MERCEDES C-KLASSE

3. Imageerfolg: b) Der Stern strahlt.

Die sportlichen Motive und Fahrszenen sorgen für kräftigen Zuwachs – auch auf Markenebene leistet „Venedig" Höchstleistungen. Dank der Kampagne wird die Marke Mercedes-Benz deutlich sportlicher wahrgenommen und übt eine bisher nicht dagewesene Faszination auf die Zielgruppe aus. Die Markendimension „Kultivierte Sportlichkeit" erreicht 70 Prozent über dem Segment und verdoppelt die Zielvorgabe. Auch der Markenwert „Faszination" erreicht mit einem Plus von 36 Prozent einen neuen Rekord.

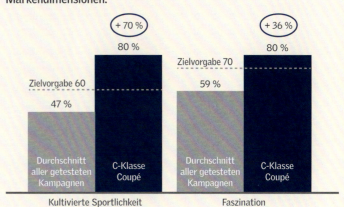

Neue Image-Höchstwerte in den entscheidenden Markendimensionen.

Quelle: tns infratext, Mercedes-Benz Werbetracking 2011

4. Absatzerfolg: a) Das neue Image beeinflusst den Sales Funnel.

Das neue, moderne und sportliche Image zieht die Zielgruppe in die Mercedes-Benz Welt und sorgt auch in der realen Welt für Zuwachs. Die hohe Motivationsleistung der Kampagne spiegelt sich in einem Plus an Besuchern in den Autohäusern und einer hohen Nachfrage an Probefahrten wider.

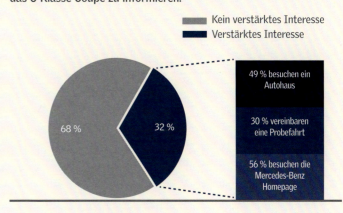

Jeder Dritte wird durch die Kampagne motiviert, sich näher über das C-Klasse Coupé zu informieren.

Quellen: tns infratext, Mercedes-Benz Werbetracking 2011

4. Absatzerfolg: b) Die Premiere gelingt.

Die Werbeerfolge zeigen sich auch in der Bilanz. Trotz des nur leichten Segmentwachstums und des erhöhten Wettbewerbsdrucks durch die Einführung direkter Konkurrenzfahrzeuge wird das Absatzziel des C-Klasse Coupés innerhalb der ersten sechs Monate übertroffen und liegt 43 Prozent über dem Einführungsniveau der CLC-Klasse.

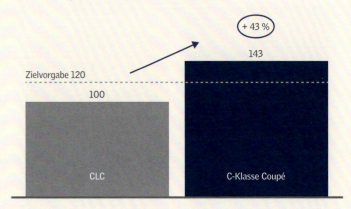

Der Absatz übertrifft die Zielvorgabe deutlich.
(Verkaufte Fahrzeuge in den ersten Monaten nach Markteinführung.)

Quelle: Mercedes-Benz

KATEGORIE AUTOMOTIVE

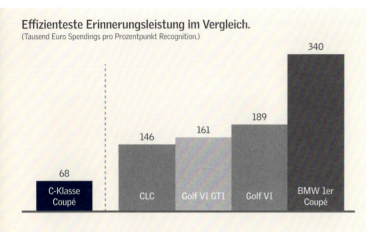

Effizienteste Erinnerungsleistung im Vergleich.
(Tausend Euro Spendings pro Prozentpunkt Recognition.)

Quellen: tns infratext, Mercedes-Benz Werbetracking 2008 & 2011, Effie 2010, VW Golf „Ab 21", Effie 2009, 1er Coupé „Verdichtete Intensität"

5. Effizienzerfolg: Effiziente Bündelung der Aussagen und Kanäle.

a) „Venedig" überflügelt die Gold-Effie Gewinner.

Obwohl die Kampagne neue Bestwerte in Aufmerksamkeit und Reichweite erzielt, ist sie weit sparsamer als die Launch-Kampagne der CLC-Klasse drei Jahre zuvor. Noch deutlicher fällt der Vergleich mit der Konkurrenz aus: Für „Venedig" kostet jeder Prozentpunkt Recognition weniger als die Hälfte des Gold-Gewinners Golf GTI „Ab 21" und nur ein Fünftel des Gold-Gewinners BMW 1er Coupé.

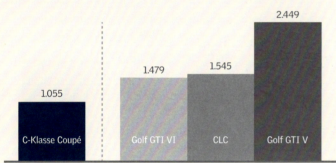

Höchste Effizienz im Verkauf.
(Spendings pro zugelassenem Fahrzeug in den ersten sieben Monaten nach Kampagnenstart.)

Quellen: tns infratext, Mercedes-Benz Werbetracking 2008 & 2011, Effie 2010, VW Golf „Ab 21"

b) Maximale Preiseffizienz.

Der Verkauf eines C-Klasse Coupés kostet knapp ein Drittel weniger als der bei der „Deal" Kampagne der CLC-Klasse. Auch im Vergleich mit den Gold-Effie Gewinnern Golf GTI V und VI kann „Venedig" die Konkurrenz deutlich unterbieten.

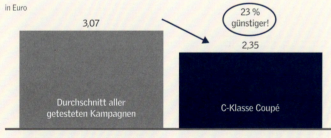

Ausgaben pro motivierter Person in der Zielgruppe.
in Euro

Quellen: tns infratest, Mercedes-Benz Werbetracking 2006–2011

c) Effiziente Zielgruppenaktivierung.

Betrachtet man die Motivationsleitung und Reichweite der Kampagne im Verhältnis zu den Spendings, so kostet jede motivierte Person 23 Prozent, also fast ein Viertel, weniger als der Durchschnitt aller getesteten Kampagnen.

Auf die nächsten 125! Jahre Mobilität.

Mit der Kampagne für das C-Klasse Coupé stellt Mercedes-Benz die Weichen für eine erfolgreiche Zukunft. „Venedig" beeinflusst das Markenimage positiv, macht die Marke sportlicher und verschafft ihr ein jüngeres, aktuelleres Fahrerbild. Insgesamt ist die Kampagne ein Riesenschritt in Richtung langfristiges Ziel, die Marke nachhaltig zu verjüngen und sie auch für neue Zielgruppen attraktiv zu machen.

MERCEDES C-KLASSE

KATEGORIE AUTOMOTIVE

KUNDE

Daimler AG, Stuttgart.
Verantwortlich: Anders Jensen, Lüder Fromm, Damir Maric, Jochen Schmidt, Dr. Andreas Roggon, Michael Schaller, Petra Rusnak, Lena Ernst, Giuseppina Arena-Karaki, Olaf Schmitz

AGENTUR

Jung von Matt AG, Hamburg
Verantwortlich: Thimoteus Wagner (Geschäftsleitung Kreation), Jonas Keller (Kreativdirektor), Martin Strutz (Kreativdirektor), Sven Dörrenbächer (Geschäftsführer Beratung), Sonja Stockmann (Kommunikationsberaterin), Stefan Näf (Strategische Planung), Markus Oelsner (Strategische Planung)

MEC GMbH Düsseldorf
Verantwortlich: André Schulz (Account Manager), Kerstin Ellerbrock (Account Group Head)

MERCEDES B-KLASSE

DIE NEUE B-KLASSE: FÜR ALLES, WAS VOR UNS LIEGT

Marktsituation

2005: Mit der B-Klasse Marktpotentiale bereits früh erkannt

Für die geplante Markenexpansion und Absatzsteigerung bis 2020 braucht Mercedes-Benz neue Käufer. Wachstumspotentiale im Automobilmarkt identifizieren Marktanalysten vor allem im wachsenden Kleinwagensegment. Mercedes-Benz hat diese Möglichkeit früh erkannt und zunächst die A-Klasse sowie dann mit der B-Klasse bereits 2005 ein Fahrzeug für die junge Generation eingeführt: ein Auto mit viel Platz, einem niedrigen Einstiegspreis und einer hohen Sitzposition für den guten Rundumblick. Doch statt junger Leuten kauften vor allem ältere Markenloyalisten das neue Modell mit hohem Einstieg und dem Image eines echten Mercedes.

2011: Die Herausforderungen haben sich drastisch verschärft

Sechs Jahre später steht Mercedes-Benz zur anstehenden Modellneueinführung der neuen B-Klasse vor dreifach verschärften Bedingungen:

1. Noch mehr Wettbewerber: Vom Opel Meriva bis hin zum Marktführer Volkswagen Touran haben nahezu alle Automobilmarken das Segmentpotential erkannt und ihrerseits neue Fahrzeuge eingeführt.

2. Teuerstes Auto: Die Mercedes-Benz B-Klasse ist im Anschaffungspreis in der gleichen Kategorie teurer als die Wettbewerbsmodelle Audi A3 Sportback, VW Touran und VW Golf Plus.

3. Das Erbe prägt: Die B-Klasse begeistert erfolgreich loyale Klientel durch Wendigkeit, gute Rundumsicht und MB-typische Solidität. Mit diesem Fahrerbild können sich potentielle junge Käufer nicht indetifizieren.

Die Aufgabe: Eine Kommunikationsstrategie, die die Jungen erreicht und Autos verkauft

Eine neue Relaunchstrategie soll die neue B-Klasse im Herzen der jungen Familiengeneration verankern, Kommunikations- und Kauf-Zielgruppe effizienter zusammenbringen als zum Launch 2005 und die neue B-Klasse in puncto Marktanteile zum Segmentführenden aufschließen lassen.

Ziele, Zielgruppen

ZIELE

Kommunikationsziele

1. Kampagnenbekanntheit schaffen: Die Kampagne soll sich bei der Zielgruppe deutlich stärker durchsetzen als die Wettbewerber.

2. Das Kaufinteresse junger Familien wecken: Die Kampagne soll die Zielgruppe überdurchschnittlich involvieren und motivieren.

KATEGORIE AUTOMOTIVE

3. Das zentrale Argument verankern: Die Kampagne soll Sicherheit im Bewusstsein der Zielgruppe etablieren.

Marketingziele

1. Zur Spitze aufschließen: Die Kampagne soll den Abstand zum Volkswagen Touran, dem Segmentführenden in puncto Marktanteile, verringern.

2. Effizienter werben: Die Kampagne soll mit weniger Werbeausgaben mehr Modelle verkaufen als die von 2005.

ZIELGRUPPE

Junge, moderne Familien im Fokus

Die Zielgruppe befindet sich im Segment junger Leute im Alter um die 30 bis 45 Jahre. Dies sind vor allem Familien mit kleinen Kindern, für die jeder Euro zählt. Ein Fahrzeuganschaffungspreis von 26.000 Euro ist in dieser Lebensphase besonders hoch.

Zwischen Single-WG und Windelnwickeln

Gleichzeitig verabschiedet sich die Zielgruppe vom unbekümmerten Single-Dasein und muss mit jungem Kind plötzlich Verantwortung übernehmen. Im Gegensatz zum etablierten Modell des männlichen Entscheidungsträgers beim Autokauf wird die Entscheidung nun gemeinsam getroffen. Während die Frau praktische Werte präferiert, sucht der Mann nach einem sportlichen „Van-Coupé". Beide eint jedoch der Zwang, Verantwortung übernehmen zu müssen.

Kreativstrategie

Der stärkste Treiber: Sicherheit sticht alle anderen rationalen Kaufgründe

Über eine Social-Media-Analyse fanden wir den entscheidenden Konsumenten-Insight für den Kaufgrund „Sicherheit": Junge Eltern haben ein deutlich übersteigertes Sicherheitsbedürfnis.

Die Features liefern die Begründung

1. Bedingungslos bester Schutz: Für junge Eltern ist die Sicherheit des eigenen Kindes das oberste Gebot. Gleichzeitig sind sie im Übermaß sensibilisiert, was die Sicherheit von anderen Kindern im Straßenverkehr angeht. Zu groß ist ihre Angst, dass sie an einem Unfall mit einem Kind schuld sein könnten.

2. Sicherheit rechtfertigt Kaufpreis: Für keinen anderen Kaufgrund sind die Eltern bereit, mehr Geld zu zahlen. Überzeugende Testerfolge drängen selbst jahrelang gelernte Statusversprechen und Imagewerte einer Marke in den Hintergrund.

3. Die Konkurrenz aushebeln: Eine objektive Analyse der Wettbewerbskommunikation bestätigt „Raumangebot" als Kaufversprechen Nummer 1 des Segments. Alle, von Volkswagen Touran und Sharan bis hin zum Opel Meriva, kommunizieren ausschließlich dieses Versprechen.

MERCEDES B-KLASSE

Das System hautnah erleben

Oft werden innovative, technische Features rein faktisch und unemotional kommuniziert. Sie verhallen wirkungslos. Mercedes-Benz hingegen macht das Feature durch außergewöhnliche Geschichten hautnah erlebbar: Über die emotionale Begegnungen zweier Teenager, junger Paare und kleiner Kinder lässt Mercedes-Benz die Zielgruppe in die Welt der Kinder eintauchen. Und das spielerische Erlebnis löst die Situationen stets humorvoll auf.

Mediastrategie

Sicherheit im Kompaktsegment 360° erleben

Um der Zielgruppe das Alleinstellungsmerkmal „Sicherheit" prägnant zu kommunizieren, arbeitete Mercedes-Benz mit einer Mediastrategie über alle Kanäle.

Reichweite zieht

Der TVC „Eisprinzessin" köderte die junge Zielgruppe im TV. Print-Anzeigen in den Lifestyle- und Newsmagazinen sowie Radio-Spots transportieren die Idee direkt ins Herz der Zielgruppe.

Die junge Generation bestätigt sich online

Den wahren Treiber der Kampagne bildete allerdings das Webspecial mit ergänzendem Online-Werbemittel-Einsatz. Hier erzählten sieben unterschiedliche Charaktere, vom Kind bis hin zum Verwandlungskünstler, sieben humorvolle Geschichten rund um die Sicherheits- und Design-Features der neuen B-Klasse.

Alle Maßnahmen gebündelt unter einem Motto

Ob TVC, Online-Special oder Print, jedes Werbemittel zahlt am Ende auf den großen Kampagnengedanken ein: Für alles, was vor uns liegt. Damit spricht Mercedes-Benz die Zielgruppe genau in der Phase an, in der sie sich befindet: vorausschauend auf dem Weg nach vorn. Und dies mit Sicherheit sicher.

KATEGORIE AUTOMOTIVE

Ergebnisse

Nachweis 1: Kommunikationsziel: Kampagnenbekanntheit schaffen.

Ergebnis: Die Kampagne schafft es, die neue B-Klasse in der Zielgruppe der jungen Familien deutlich stärker als Konkurrenzfahrzeuge durchzusetzen.

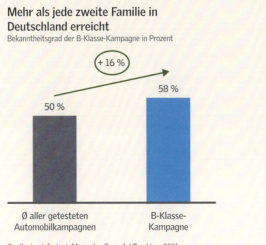

Nachweis 2: Kommunikationsziel: Das Kaufinteresse junger Familien wecken.

Ergebnis: Die Kampagne animiert junge Familien, sich intensiver mit dem Produkt auseinanderzusetzen.

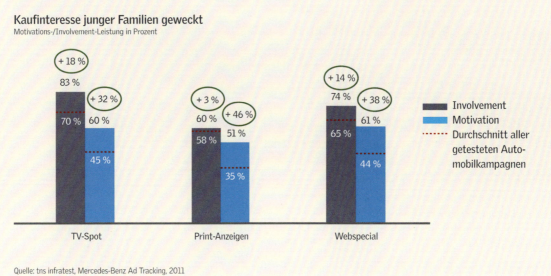

MERCEDES B-KLASSE

Nachweis 3: Kommunikationsziel: Das zentrale Argument verankern.

Ergebnis: Die Kampagne etabliert das Alleinstellungsmerkmal der neuen B-Klasse im Bewusstsein der neuen Zielgruppe.

Die junge Zielgruppe ist von der Sicherheit der neuen B-Klasse überzeugt
Imageänderung im Markenerlebnis „Vorbildliche Sicherheit"

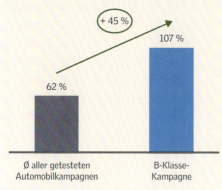

Quelle: tns infratest, Mercedes-Benz Ad Tracking, 2011

Nachweis 4: Marketingziel: Zur Spitze aufschließen.

Ergebnis: Die Kampagne schafft es, den Marktanteil der B-Klasse drastisch auszubauen.

In puncto Marktanteile Kopf an Kopf mit dem langjährigen Marktführer Volkswagen Touran
Fahrzeugregistrierungen 2011/2012

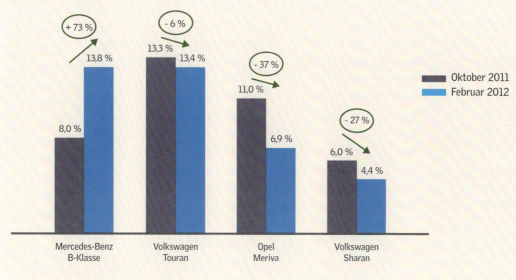

Quelle: Kraftfahrt-Bundesamt (KBA), 2011

KATEGORIE AUTOMOTIVE

Nachweis 5: Marketingziel: Effizienter werben.

Ergebnis: Die Kampagne wirbt pro verkauftes Auto deutlich effizienter und schafft es noch dazu, mehr Fahrzeuge als zur Modellneueinführung 2005 zu verkaufen.

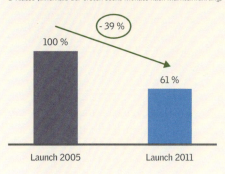

Pro verkauftes Auto halb so viele Werbeausgaben als 2005
Werbeausgaben (Pro-Launch / Launch-Monat) einer verkauften B-Klasse (innerhalb der ersten sechs Monate nach Markteinführung)

Quelle: Mercedes-Benz P.C. Sales Data, 2011/2012 / Kosten Einführungskampagne B-Klasse 2005/2011, mec Global, 2011

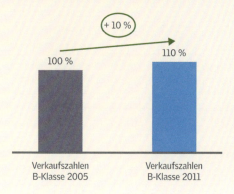

Noch dazu: Die B-Klasse verkauft sich besser als zur Markteinführung 2005
Verkaufszahlen innerhalb der ersten sechs Monate ab Markteinführung

Quelle: Mercedes-Benz P.C. Sales Data, 2011/2012

Kontinuität

Die Marke auf Erfolgskurs ins Herz der jungen Zielgruppe

Die Kampagne beweist: Die Strategie funktioniert und Mercedes-Benz erobert. Diese wichtige Erkenntnis schafft eine solide Basis für weitere Modelle für die jungen Zielgruppen. Mit guter Werbung auf gutem Kurs. Oder kurz: für alles, was vor uns liegt.

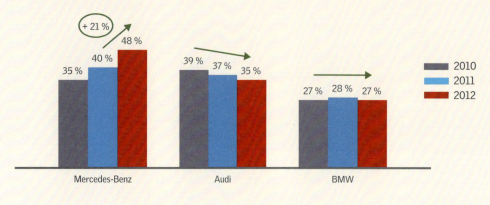

Wieder ein Beitrag zu kontinuierlichem Erfolg: Mercedes-Benz macht gute Werbung
Markenprofil „Macht gute Werbung"

Quelle: AMS Best Cars, 2012

MERCEDES B-KLASSE

KATEGORIE AUTOMOTIVE

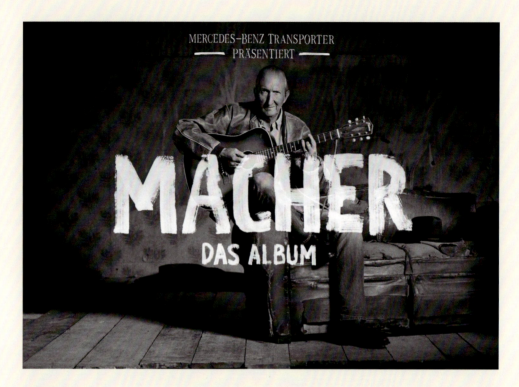

KUNDE

Mercedes-Benz Vertrieb Deutschland
Verantwortlich:
Thomas Urbach, Geschäftsleitung Transporter Vertrieb Deutschland
Nicole Baldisweiler, Leitung Marketingmanagement Transporter
Verena Gerwin, Marketingmanagement Transporter
Lutz Wienstroth, Marketingmanagement Transporter

AGENTUR

Scholz & Friends
Verantwortlich:
Stefanie Wurst, Partner und Geschäftsführerin
Matthias Spätgens, Geschäftsführer Kreation
Robert Krause, Leitung Kreation
Jörg Waschescio, Artdirektion
Christian Brandes, Text
Anna Gabriel und Vera Krauße, Etatdirektion

MEDIAAGENTUR

MEC
Verantwortlich:
Arvid Boström, Managing Partner
Meike Willak, Account Director
Daniel Witza, Account Group Head
Tobias Geiß und Sebastian Böltner, Account Management

MERCEDES-BENZ VERTRIEB DEUTSCHLAND

MACHER

Marktsituation

2010 hat sich der Markt der Nutzfahrzeuge erstmals seit Beginn der Rezession wieder positiv entwickelt. Im Vergleich zum Vorjahr wurden in Deutschland rund 17 % mehr LKW und Transporter abgesetzt (s. Quelle FOCUS Online, Nutzfahrzeug-Markt 2010). Die zentrale Herausforderung aller Wettbewerber für 2011 war daher, diese positive Marktentwicklung zu nutzen und einen Abverkauf der jeweiligen Fahrzeuge weiter zu verstärken. Die Marken von Mercedes-Benz im Bereich gewerbliche Transporter sind der Vito und der Sprinter. Die Hauptwettbewerber in diesem Segment sind der Fiat Ducato, Ford Transit, Renault Master, VW Transporter und VW Crafter. Von letzterem Modell war für 2011 besonderer Konkurrenzdruck durch einen Facelift zu erwarten.

Ziele, Zielgruppe

Die übergeordnete Zielsetzung für 2011 bestand darin, im Rahmen einer Range-Kampagne die erfolgreichen Zulassungszahlen der Mercedes-Benz Transporter 2010 weiter auszubauen. Im Zeitraum Juni bis Oktober 2011 sollte die Zielgruppe durch eine integrierte Kommunikationskampagne on- wie offline involviert und zu einer Kaufentscheidung aktiviert werden. Konkret bedeutete dies für die Anzahl an Neuzulassungen:

Vito 2010: 14.874 / Ziel 2011: 16.000er-Marke (+ 7,6 %)

Sprinter 2010: 36.406 / Ziel 2011: 39.000er-Marke (+ 7,1 %)

Als Zielgruppe wurden die Entscheidungsträger und Beeinflusser von Einkaufsprozessen für gewerbliche Transporter aus den fünf relevanten Branchen (Handel, Dienstleistung, KEP, Handwerk, Industrie) wie folgt eingegrenzt:

Alleinentscheider 0,4 Millionen, Mitentscheider 0,7 Millionen und Entscheidungsvorbereiter 0,8 Millionen (Potentiale laut LAE 2009).

KATEGORIE AUTOMOTIVE

Kreativstrategie

Mercedes-Benz Transporter und der gelernte Stahlbetonbauer Mike Krüger widmeten den MACHERN ein ganzes Musikalbum. Das Besondere: Deutschlands kleine und mittelständische Unternehmen konnten sich um einen von acht Songs bewerben, die Mike den MACHERN auf den Leib schrieb. Somit entstand das erste Album in der Geschichte des Rock 'n' Roll, in dem sich jeder Song um echte Handwerker und Kleinunternehmer dreht. Ihren krönenden Abschluss fand die Kampagne in einer Deutschlandtournee. Dafür wurden ausgesuchte Mercedes-Benz Niederlassungen zu Konzerthallen umfunktioniert.

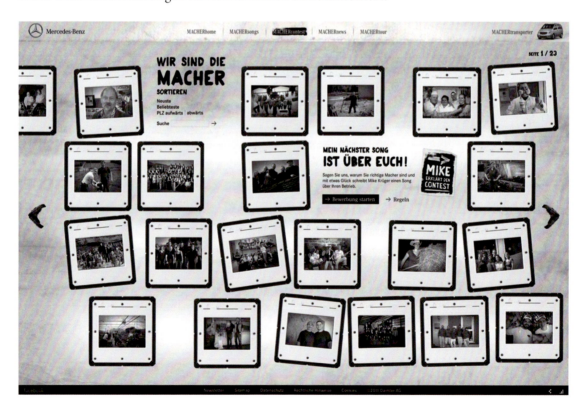

MERCEDES-BENZ VERTRIEB DEUTSCHLAND

Mediastrategie

Die MACHER-Kampagne bestand aus drei zentralen Phasen. Den Auftakt bildete dabei die Aufruf-Phase, in der über Print (PZ, FZ, ÜTZ + Bild-Kooperation) und Funk Aufmerksamkeit erzeugt und die Zielgruppe aktiviert wurden. Parallel dazu starteten Online-Maßnahmen, die während der ganzen Kampagne liefen und strategisch an die jeweilige Phase angepasst wurden. In Phase zwei wurden Casting und Bekanntgabe maßgeblich durch PR unterstützt. Media setzte in Form von Print und Funk zur dritten Phase der Angebotskommunikation ein, um die Zielgruppe auf die MACHER-Leasingrate hinzuweisen. In der letzten Phase erfüllte Media vor allem die Funktion, durch gezielten Outdoor-, Ambient-, Print- und Funkeinsatz vor Ort Besucher für die sechs Konzerte der MACHER-Tour zu begeistern. Split über die gesamte Kampagne (brutto): PRINT: 1,8 Millionen Euro / FUNK: 1,5 Millionen Euro / OUTDOOR: 0,04 Millionen Euro / ONLINE: 0,6 Millionen Euro.

Ergebnisse

Über 700 Betriebe mit 1 bis 99 Mitarbeitern bewarben sich. Die Website macher-album.de generierte mehr als 360.000 Besucher und mehr als 4.000 Facebook-Likes. Es gab 25.000 Songdownloads. Das Musikvideo wurde über 150.000 Mal auf YouTube angesehen. 30.000 MACHER-CDs und 10.000 Konzerttickets fanden ihre Abnehmer. Die PR-Berichterstattung erreichte 55 Millionen. Radiohörer, generierte 150 Millionen Page-Impressions und eine verbreitete Printauflage von 4,5 Millionen.

KATEGORIE AUTOMOTIVE

Als vorab definierte Kampagnenziele wurde klar die Steigerung der Neuzulassungen der zwei Modelle Vito und Sprinter formuliert. Grundlage für die valide und neutrale Bewertung, auch in Relation zum Wettbewerb, bilden die Zahlen des Kraftfahrt-Bundesamtes. Beim Sprinter handelt es sich um eine sehr etablierte Marke, die sogar generisch das Marktsegment „Gewerbliche Transporter groß" repräsentiert (s. Quelle Wirtschaftswoche zum Thema „Sprinter-Segment"). Eine Steigerung von 7 % war deshalb eine sehr ambitionierte Zielsetzung, die vor allem durch Verdrängung erfolgen musste. Mit einem Wachstum von 11 % wurde die Zielvorgabe mit 40.515 Neuzulassungen 2010 deutlich übertroffen. Die maßgeblichen Wettbewerber lagen sichtbar darunter (Ford Transit 29.889, Fiat Ducato 27.552, VW Crafter 12.169).

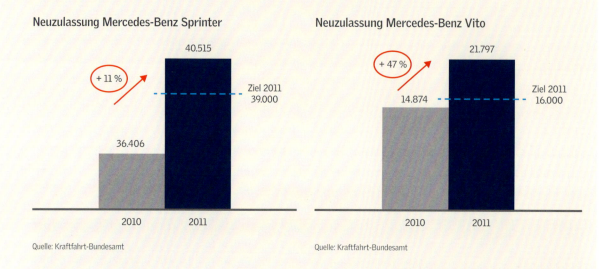

Im Gegensatz zum Sprinter ist der Vito nicht der Marktführer in seinem Segment „Gewerbliche Transporter mittel". Diese Rolle fällt dem VW Transporter zu, der seit Jahren konstant Zulassungen in einem Korridor zwischen 35.000 und 55.000 Transporter erzielt. Das Wachstumsziel von circa 8 % beim Vito wurde mit 47 % deutlich übertroffen.

Bereits im Frühjahr gab es für den Vito eine Medienkooperation, die erfolgreich zur Aktivierung von Käufern beitrug. Das starke Wachstum, das schließlich zum Neuzulassungsrekord von 21.797 Fahrzeugen führte, ist vor allem auf die MACHER-Kampagne zurückzuführen.

MERCEDES-BENZ VERTRIEB DEUTSCHLAND

Effizienz

„Mercedes-Benz Vans schließt das Geschäftsjahr 2011 mit einem Rekord bei Gewinn und Umsatzrendite ab und verbucht in Summe das bisher erfolgreichste Jahr für das Geschäftsfeld." Wie wichtig dabei der deutsche Markt ist, wird ebenso deutlich: „Alleine in Westeuropa setzte das Geschäftsfeld 178.300 (+14 %) Fahrzeuge ab, während im deutschen Heimatmarkt mit 77.600 Einheiten (+25 %) so viele Transporter wie nie zuvor verkauft wurden" (Daimler AG, Globale Media Site).

Betrachtet man die Anzahl an Neuzulassungen der Konkurrenten Mercedes-Benz (Vito/Sprinter) und VW (Crafter/Transporter) wird deutlich, dass Mercedes-Benz Transporter mit insgesamt 62.312 Neuzulassungen bei einem Nielsen-Budget von 9,2 Millionen Euro deutlich effizienter investiert hat als Volkswagen bei 48.051 Neuzulassungen und einem Nielsen-Budget von 14,2 Millionen Euro. Auf Basis der Ausgaben und abgesetzten Einheiten lassen sich über einen Quotienten die Kosten pro Einheit, die sogenannten Cost per Unit, berechnen. Dieser liegt bei MB Transporter folglich mit 148 Euro erheblich unter dem Vergleichswert von 296 Euro bei Volkswagen.

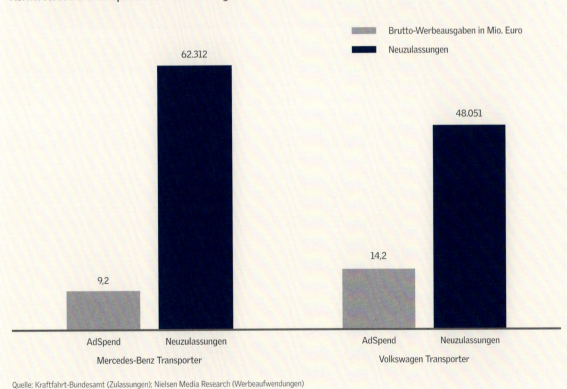

Kernwettbewerb AdSpend vs. Neuzulassungen

Quelle: Kraftfahrt-Bundesamt (Zulassungen); Nielsen Media Research (Werbeaufwendungen)

KATEGORIE AUTOMOTIVE

KUNDE

Kia Motors Deutschland GmbH, Frankfurt am Main
Verantwortlich: Axel Blazejak (Director Marketing),
Kai Mäder (General Manager Marketing Communication)

AGENTUR

INNOCEAN Worldwide Europe GmbH, Frankfurt am Main
Verantwortlich: Robert Tecini (Business Director), Wolfgang Rindchen (Head of Planning),
Nicolas Kayser (Director Insight and Research), Dirk Lehmann (Account Director)

Kreativpartner: GürtlerBachmann GmbH
Verantwortlich: Uli Gürtler (Kreation), Frank Bachmann (Beratung), Anna Lorenzen (Beratung)

KIA RIO

LIEBE AUF DEN ERSTEN BLICK

Marketingsituation

Dem B-Segment gehört die Zukunft
Mit fast 20 % Marktanteil sind Kleinwagen schon heute ein wichtiger Volumentreiber vieler Mainstreamanbieter. Eine klare Positionierung ist also strategisch wichtig, um auch zukünftig mitwachsen zu können.

Im umkämpften Markt dominieren die Deutschen
Schon 2010 buhlten 46 Modelle um die Gunst der Käufer. Trotzdem sind die Machtverhältnisse klar verteilt. Es dominieren die drei etablierten Deutschen: Fiesta, Polo und Corsa und erst auf Rang 9 schafft es ein nicht-europäisches Modell, der Yaris, in diesem Markt Fuß zu fassen.

Ein Kia Rio ist noch Außenseiter
2010 nimmt der Rio Platz 27 im B-Segment ein. Und auch nach zwölfjähriger Marktpräsenz bleibt der große Durchbruch noch aus.

Sein günstiger Preis und ein konventionelles Auftreten haben vor allem traditionelle Zielgruppen überzeugt. In strategisch wichtigen modernen Milieus spielt der Kia Rio noch keine Rolle. Diese entscheiden vor allem emotional; sie wollen begeistert werden. Nicht zuletzt auch von der Marke.

Der Neue soll den Durchbruch schaffen
Auf rationaler Ebene überzeugen die Fakten. Was er noch nicht mitbringt, sind: ausreichende Bekanntheit, positiveres Markenimage und Überzeugungskraft gegenüber der übermächtigen und etablierten Konkurrenz.

Hier setzt die Werbekampagne an ...

KATEGORIE AUTOMOTIVE

Marketing- und Werbeziele

1. Die Werbung soll wirken:
„Erinnerung", „Gefallen", „Aktivierung" sollen mindestens 10 % über der tns Automobil Benchmark liegen.

2. Die Kampagne soll aktivieren:
Broschüren-Bestellung und Testfahrt-Anfragen sollen im Kampagnenzeitraum um den Faktor 10 steigen.

3. Die Neuzulassungen sollen deutlich steigen:
Mindestens 2.000 Neuzulassungen sollen schon im ersten Quartal erreicht werden.

4. Das Wachstum soll schnell sein:
Kia Rio soll in puncto Neuzulassungen deutlich schneller zulegen als seine Wettbewerber.

5. Das Kia-Markenimage soll sich nachhaltig verbessern:
Die Kampagne soll deutlich besser auf die Marke abstrahlen als bisherige Kia-Kampagnen. Die Markenposition in der „auto motor sport"-Studie „Best Cars" soll sich deutlich verbessern.

Zielgruppe

Als konzeptionelle Zielgruppe wird das „Moderne Arbeitnehmermilieu" von SIGMA zugrunde gelegt und entsprechend Tonalität und Kampagnenbotschaften angepasst. Sie sind Vorreiter des modernen Mainstream und somit Wegbereiter für den wichtigen Massenmarkt.

Um die gesamte zukünftige Käuferschaft von Beginn an zu erreichen, wird medial ein wesentlich breiteres Publikum angesprochen.

Kreativstrategie

Die große kommunikative Herausforderung:
Eine Beziehung aufbauen zu Menschen, die eigentlich schon „vergeben" sind – nämlich an einen der etablierten Mitbewerber.

Die Botschaft:
Liebe auf den ersten Blick – der neue Kia Rio ist so aufregend, dass man ihm sofort verfällt! Mit seinem geradezu unverschämt guten Aussehen begeistert er schon auf den ersten Blick. Und sein niedriger Verbrauch sowie ein 7-jähriges Garantieversprechen überzeugen auch beim zweiten Hinsehen.

Die Umsetzung:
Im Zentrum steht ein TV-Spot über Gentleman-Gangster im „Ocean's Eleven"-Stil. Überfall auf ein Juweliergeschäft. Fluchtfahrzeug: der Kia Rio; auffallend schön und als Fluchtfahrzeug also denkbar ungeeignet.

KIA RIO

Ein junger Passant trifft auf den geparkten Kia Rio. Liebe auf den ersten Blick. Seine Begeisterung lässt ihn den um Unauffälligkeit bemühten Fluchtwagenfahrer ansprechen. Als er zudem ein Foto des Kia Rio macht, spitzt sich die Situation zu ...

Eine außergewöhnliche Story, die sich verankert. Auch weil sie Spaß macht und sich gleich mehrfach in einem Online-Special fortsetzen lässt. Vier verschiedene Endings sollen auf die Kia-Homepage locken, die als Dialog- und Verteilerzentrum in die digitale Kia-Welt mit umfangreichen Web-2.0-Aktionen dient.

Mediastrategie

1. Mit dem Leitmedium TV emotionalisieren

Eine Bekanntmachung der Kampagne und eine schnelle Durchdringung der Botschaft in der Zielgruppe ist das erklärte Ziel. 30-Sekunden-Spots dienen als Basis für die Markteinführung, ergänzt um den 10-Sekunden Reminder, der auf das Nachverfolgen der Story im Internet neugierig macht.

2. Mit einer Online- und Web-2.0-Offensive ins Netz verlängern

Zusätzliche Video- und Display-Ads auf hochaffinen und stark frequentierten Sites sorgen für ergänzende Reichweite und weitere Verankerung der TV-Kampagne. Sowohl über Kia.de als auch über alle relevanten Social-Media-Plattformen wird in direkten Dialog getreten.

3. In der Fachpresse die Glaubwürdigkeit stärken

Erklärtes Ziel hier ist die Optimierung der Kontaktqualität und die tiefe Verankerung der Botschaft bei Multiplikatoren.

4. Über TV-Sponsoring immer wieder in Erinnerung bringen

Abgerundet wird die Mediastrategie durch ein zur Story des TV-Spots passendes TV-Sponsoring von „Alarm für Cobra 11" auf RTL, um einen zusätzlichen reichweitenstarken Botschafts- und Markenanker zu liefern.

5. Radio und TZ zur finalen Aktivierung

Schaltungen in regionalen TZ und Radio binden die Händler aktiv in die Kampagne ein und unterstützen bei der Generierung von Probefahrtinteressenten.

KATEGORIE AUTOMOTIVE

Erfolge

Alle über tns gewonnenen Ergebnisse sagen eines aus: Die Kia-Rio-Kampagne wirkt besser als jede andere Kia-Kampagne bisher und auch besser als der automobile Wettbewerb. Sie verkauft sehr gut und wirkt vor allem nachhaltig in allen wichtigen Dimensionen auf die Gesamtmarke.

Die Werbung wirkt

Schon bei den klassischen Wirkungsfaktoren lässt der Kia-Rio-Spot sein Potential erkennen. Den tns-Wettbewerbsvergleich gewinnt er klar.

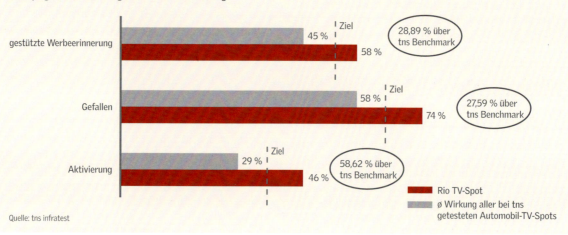

Kampagne mit überragender Werbewirkung

Quelle: tns infratest

Die Kampagne aktiviert

Auch in der Realität schafft die integrierte Kampagne das, was sie soll: viele Interessenten generieren, die den neuen Rio kennen lernen wollen.

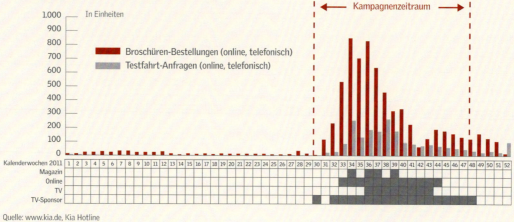

Kampagne pusht stark Interesse und Probefahrten

Quelle: www.kia.de, Kia Hotline

KIA RIO

Die Neuzulassungen steigen deutlich

Letztendlich muss die Kampagne verkaufen. Mit über 2.200 Einheiten in Q4 werden das gesamte Vorjahr und alle Zielvorgaben klar übertroffen.

Massives Zulassungsplus nach Kampagnenstart

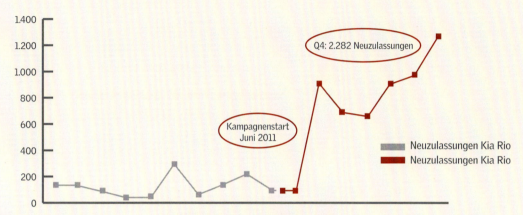

Quelle: JATO 2010/2011/2012

Kia Rio Verkäufe wachsen stärker als der Wettbewerb

Denn nur so kommt man nach oben. Der neue Kia Rio legt schneller zu als jeder einzelne Konkurrent – und das sogar deutlich.

Größte Zuwachsrate im gesamten B-Segment

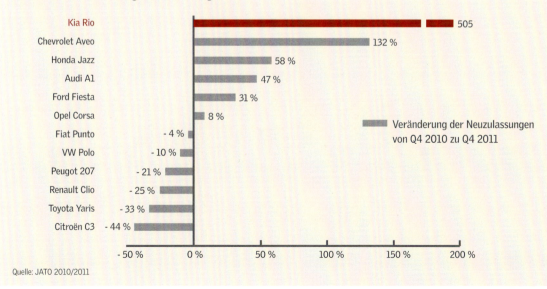

Quelle: JATO 2010/2011

KATEGORIE AUTOMOTIVE

Das Kia-Markenimage verbessert sich nachhaltig

Zu guter Letzt bescheren die Leser der „auto motor sport" der Marke Kia den höchsten Aufstieg im „Trendmarken-Ranking", und das wohlgemerkt gegenüber allen anderen Marken.

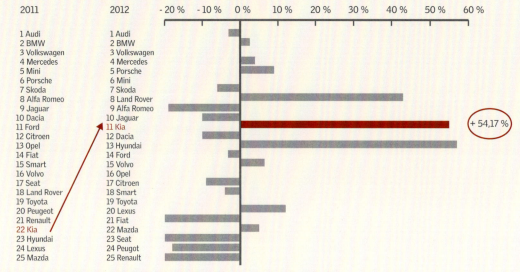

Folge: Kia entwickelt sich zur Trendmarke

Quelle: auto motor sport – Best Cars 2012 (Welche Automarken liegen Ihrer Meinung nach im Trend? Top 25)

Effizientester Budgeteinsatz im Wettbewerbsumfeld

Kein anderer Wettbewerber kann mit dem eingesetzten Budget ähnliche Wachstumsraten vorweisen.

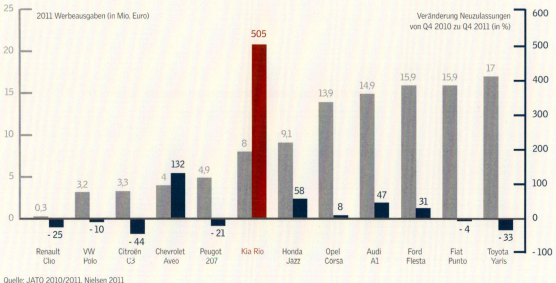

Quelle: JATO 2010/2011, Nielsen 2011

Mit einem Rekordabsatz startet Kia auch ins Jahr 2012 (+ 67,6 % in Q1 vs. 2011) und der neue Rio entwickelt sich zum meistverkauften Modell.

KIA RIO

ALLE FALLBEISPIELE DER KATEGORIE
DIENSTLEISTUNGEN

KATEGORIE DIENSTLEISTUNGEN

KUNDE

AY YILDIZ Communication GmbH, Mobilfunkanbieter, Düsseldorf
Verantwortlich: Rahsan Ercan (Head of Marketing)

AGENTUR

Grey Worldwide GmbH, Düsseldorf
Verantwortlich: Alessandro Panella (Head of Planning), Eva-Maria Lamprecht (Senior Planner), Marco Köditz (Account Executive), Jörg Holtkamp (Creative Director), Marc Schellenberg (Creative Director)

AY YILDIZ

SADECE FÜR DICH

Marketingsituation

Zwei türkische Telco-Riesen kommen nach Deutschland und AY YILDIZ verliert seine Alleinstellung.

Türken in Deutschland sind für Mobilfunkanbieter eine hochattraktive Zielgruppe. Sie sind keine „Stubenhocker", zwischenmenschliche Kommunikation ist in ihrem Leben fest verankert. Da wundert es nicht, dass Telefonieren nach Shoppen ihre zweitliebste Freizeitbeschäftigung ist (INFO GmbH/LILJEBERG Research International, 2009).

Die Mobilfunkmarke AY YILDIZ ist speziell für die deutsch-türkische Community geschaffen worden. AY YILDIZ bedeutet „Mond und Stern", die Symbole der türkischen Nationalflagge. Die zur E-Plus Gruppe gehörende Marke bietet günstige Telefonate innerhalb Deutschlands und in die Türkei – Leistungen, mit denen AY YILDIZ jahrelang allein stand.

Seit Beginn 2011 wird diese Alleinstellung massiv bedroht. Mit Türk Telekom Mobile und Turkcell Europe kommen die zwei türkischen Telekommunikations-Dickschiffe auf den deutschen Markt. Mit ihrem Heim(at)-Vorteil zielen sie auf die Türken in Deutschland – die Zielgruppe von AY YILDIZ.

Turkcell Europe startet seine Kampagne mit einem Preisbrecher-Tarif für Türkei-Telefonate. Mit einem deutlich teureren Tarif und einem nahezu halb so großen TV-Budget will AY YILDIZ den Angriff der Telco-Riesen abwehren. Und noch mehr: Trotz des starken Wettbewerbs und ohne die Preisspirale weiter nach unten zu drehen, will AY YILDIZ im Markt Wachstum erzielen. Ein überaus schwieriges Unterfangen im preis- und angebotsgetriebenen Mobilfunkmarkt.

Marketing- und Werbeziele

AY YILDIZ will die Mobilfunkmarke für die Türken in Deutschland bleiben.
Allein durch die Kraft der Marke und ohne jegliche Produktbotschaft sollen die ambitionierten Ziele erreicht werden

1. Umdrehen der Negativ-Entwicklung der Aktivierungsraten und 15 % Wachstum erzielen.
2. Loyalität erhöhen durch eine Steigerungsrate von 10 % bei „Aufladungen pro Kunde" im Vorjahres-Vergleich.
3 Zwei Drittel der Türken in Deutschland sollen sich an die Kampagne und ein Viertel an den Kampagnen-Claim erinnern – und das in nur vier Wochen.
4. Die Mehrheit der Türken in Deutschland soll der Kampagne bescheinigen, dass sie ihr Lebensgefühl besser widerspiegelt als der Wettbewerb.
5. Und: 10 % mehr Visits auf AY YILDIZ' Website und 30 % mehr Likes auf der Facebook-Seite generieren.

KATEGORIE DIENSTLEISTUNGEN

Zielgruppe

Sie fühlen wie Türken und denken wie Deutsche.

Türken in Deutschland oder Deutsche mit türkischen Wurzeln – schon die Benennung ist nicht eindeutig. In Deutschland gelten sie als Türken und in der Türkei nennt man sie „Deutschländer". Sie fühlen sich keiner der beiden Kulturen zu 100 % zugehörig. Sie haben sich an das deutsche Leben angepasst, behalten aber ihre türkischen Wurzeln bei. Sie mögen deutsche Tugenden und lieben die türkische Lebendigkeit und Warmherzigkeit.

TV ist ihr Leitmedium noch vor Internet (ARD/ZDF - Studie Migranten und Medien, 2011). Sie informieren sich im deutschen Fernsehen und schmelzen dahin bei Soaps auf türkischen Sendern. Sie leben zwei Kulturen und mixen zwei Sprachen. Kurz: Sie denken deutsch und fühlen türkisch.

*wärst Du der Zucker.

Kreativstrategie

AY YILDIZ spricht die Sprache der Deutsch-Türken.

AY YILDIZ ist wie die Zielgruppe selbst „deutsch-türkisch". Und nur wer Deutsch-Türke ist, lebt und vereint zwei Kulturen in sich – jeden Tag. Für AY YILDIZ ist das etwas ganz Besonderes, worauf man stolz sein kann. Und genau diese Einzigartigkeit und deren Wertschätzung ist Kern der Idee. Mit der Kampagne will AY YILDIZ die Türken in Deutschland stolz machen auf das, was sie sind: bikulturell, zweisprachig, deutsch-türkisch eben.

Die kreative Umsetzung bringt die Besonderheit dieses Lebensgefühls zum Ausdruck. Die Kampagnen-Sprache ist deutsch-türkisch – genauso wie die Zielgruppe redet. Sie zeigt die zwei Welten und Kulturen – genauso wie die Zielgruppe fühlt.

Dabei wird auf die emotionale Kraft von Sprache und Bildern gesetzt. Die Zielgruppe selbst wird in den Mittelpunkt gestellt und wie Helden inszeniert. Das Ganze mündet in dem Claim, der die Einzigartigkeit dieser Community und von AY YILDIZ zum Ausdruck bringt: AY YILDIZ – sadece für dich (nur für dich).

AY YILDIZ

Mediastrategie

Auch die Mediastrategie ist deutsch-türkisch.

TV steht als Kernmedium der Zielgruppe im Fokus der Kampagne. Die zweisprachigen Teaser-Spots im deutschen Fernsehen und die Superposter in deutschen Metropolen werden nur von den drei Millionen Deutsch-Türken verstanden. Damit beweist die Marke, wie ernst sie es meint, wenn sie die Deutsch-Türken stolz machen will und die Spots und Poster eben „sadece" für sie schaltet.

Kern der Kampagne ist ein „Manifest des deutsch-türkischen Lebensgefühls" in Form eines 30"-Spots breit gestreut in reichweitenstarken türkischen TV-Sender in Deutschland und einer 70"-Version auf der Website bzw. in Online-Medien. Mit Plakatmotiven wird die Kampagne gezielt in die Wohn- und Lebensumfelder der Deutsch-Türken und in den POS gebracht.

Ergebnisse

**Keiner macht die Deutsch-Türken so stolz wie AY YILDIZ.
Und sie machen AY YILDIZ zu ihrer Mobilfunkmarke.**

1. Ziel: Bei den Aktivierungen wurde der Unternehmens-Bestwert erzielt.

Die negative Entwicklung der Aktivierungsraten von Q1 bis Q3/2011 wurde sofort gestoppt. Mit der höchsten Steigerungsrate von 32 % wurde das Ziel um mehr als doppelt so viel übertroffen.

2. Ziel: Auch bei der Loyalität wurde die Zielmarke übertroffen.

Mit 22 % wurde eine mehr als doppelt so hohe Steigerungsrate bei „Aufladungen pro Kunde" als anvisiert erreicht.

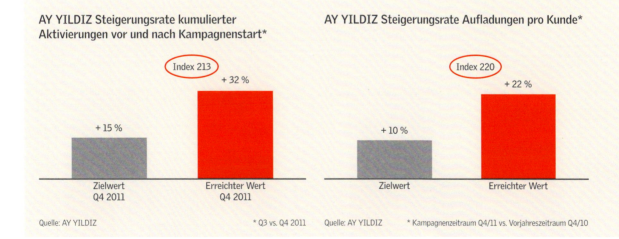

KATEGORIE DIENSTLEISTUNGEN

Die Kampagne zieht jede Menge Aufmerksamkeit auf sich und deutlich an den Wettbewerbern vorbei.

3. Ziel: Die Kampagne erzielt eine hohe Durchschlagskraft.

Mit 54 % gestützter Werbeerinnerung schon nach vier Wochen lässt sie Wettbewerber Turkcell Europe und vor allem Türk Telekom hinter sich. Noch nie war eine Kampagne von AY YILDIZ so bekannt (vorherige Kommunikation lag bei 43 %). Auch der Kampagnen-Claim „sadece für dich" kommt von 0 auf 30 % gestützte Bekanntheit in vier Wochen. Somit kennen ihn fast ein Drittel der Türken in Deutschland.

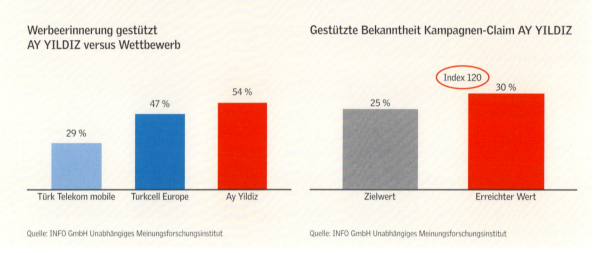

Quelle: INFO GmbH Unabhängiges Meinungsforschungsinstitut

4. Ziel: Die Kampagne trifft die Herzen der Türken in Deutschland.

Mit 77 % übertrifft sie die Zielmarke und spiegelt das Lebensgefühl der Deutsch-Türken besser wider als die Wettbewerber. Und macht die Deutsch-Türken mit 76 % auch noch deutlich stolzer.

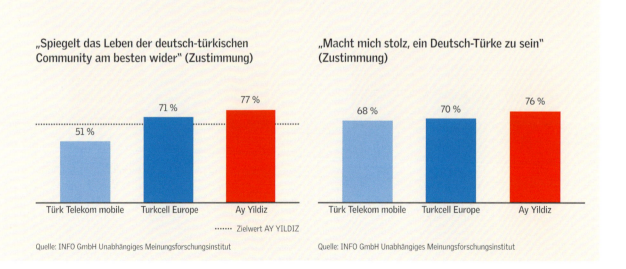

Quelle: INFO GmbH Unabhängiges Meinungsforschungsinstitut

AY YILDIZ

5. Ziel: Die Kampagne bewegt und aktiviert.

Mit 24 % Steigerungsrate der Visits auf der Website wurde die Zielmarke um mehr als das Doppelte überschritten. Der Anstieg der Likes auf Facebook mit 52 % ist der höchste, den AY YILDIZ jemals verzeichnen konnte.

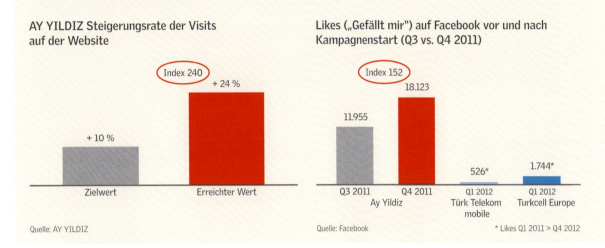

Und wie diese „Fans" sich in der Kampagne widerfinden und mit ihr verschmelzen, zeigen die Reaktionen in den sozialen Netzwerken, z.B. wo ein Fan seine eigene Anzeige mit der Stadt Essen kreiert:

* Wäre Essen die Nacht, wärst du der Stern am Himmel.

KATEGORIE DIENSTLEISTUNGEN

Effizienz

Die Kampagne erreicht mehr mit weniger Budget.

Mit einem 10 % geringeren Werbebudget im Kampagnenzeitraum (Q4 2011) im Vergleich zum Vorjahreszeitraum erzielt die Kampagne eine Steigerungsrate von 13 % Aktivierungen.

Und auch beim Vergleich mit dem Hauptwettbewerber Turkcell Europe zeigt sich, wie effizient die Kampagne gearbeitet hat. Um einen Prozentpunkt gestützte Werbeerinnerung mit seiner Kampagne zu erreichen, gibt Turkcell Europe mehr als doppelt soviel aus wie AY YILDIZ.

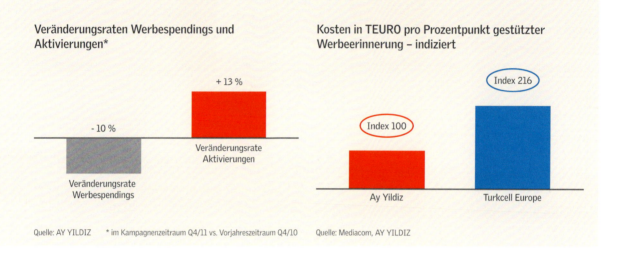

Kontinuität

AY YILDIZ macht seine deutsch-türkische Identität zur Stärke.

Die beiden Wettbewerber kommen aus der Türkei und sind somit eher Experte für Türkei-Verbindungen. AY YILDIZ aber hat mit der „sadece für dich"-Kampagne glaubhaft gemacht, dass nur sie DIE Mobilfunkmarke der Türken in Deutschland ist.

Diese geschaffene, einzigartige Position dient als Guideline für alle zukünftigen Maßnahmen von AY YILDIZ - sei es in der Produktentwicklung oder in deren Kommunikation. Nur AY YILDIZ versteht das Leben der deutsch-türkischen Community und kann dementsprechend auch die besten Angebote für sie machen.

Alles, was AY YILDIZ tut, ist deutsch-türkisch und somit Teil dieser Community.

UND WENN DU DAS VERSTANDEN HAST, SENDE BIZDENSIN.

AY YILDIZ

KATEGORIE DIENSTLEISTUNGEN

KUNDE

Kunde: congstar GmbH
Verantwortlich:
Martin Knauer, Geschäftsführer
Stephan Heininger, Leiter Marketing
Sonja Schuster, Leiterin Brand & Communications

AGENTUR

Agentur: DDB Tribal Group
Verantwortlich:
Philipp Starck, Senior Account Manager
Christian Ole Puls, Senior Copywriter
Florian Zwinge, Senior Art Director
Tobias Grothe, Strategic Planner
Dominika Zajac, Art Director

MEDIA-AGENTUR

Agentur: MediaCom Agentur für Media-Beratung GmbH
Verantwortlich:
Britta Dähmlow, Group Head
Hanne Giesen, Media Planner

CONGSTAR GMBH

WASWANNWIE ICH WILL

Marktsituation

IM VERDRÄNGUNGSMARKT TELEKOMMUNIKATION ...
Auch 2010 stagnierten sowohl die Umsätze als auch die Zahl der aktivierten SIM-Karten im deutschen Mobilfunkmarkt (Quelle: Dialog Consult/VATM). Da die meisten Wettbewerber kein eigenes Netz besitzen und sich somit technisch nur schwer differenzieren können, profilieren sie sich zumeist über den Preis – so wie „congstar".

... WEHT EIN NEUER WIND.
Gestartet als Discounter für Prepaid, Postpaid und DSL, hat sich „congstar" in den vergangenen Jahren vor allem mit einfachen, preisgünstigen Angeboten einen Namen gemacht. Doch der Trend geht auch bei den Discountern in eine andere Richtung – hin zu individuell konfigurierbaren Tarifbaukästen. Ein Trend, der genau auf „congstars" Markenkern „Entscheidungsfreiheit" passt, den „BASE" als einer der Hauptwettbewerber allerdings schon früh erfolgreich für sich zu nutzen wusste - trotz unflexibler Vertragsbindungen.

„congstar" stand also 2011 vor der Aufgabe, sich stärker auf diesen Trend einzustellen und den Verkauf entsprechender Postpaid-Angebote deutlicher zu forcieren als bisher.

Das Problem: Die Neuausrichtung lief nur schleppend an. So lag „congstar" im ersten Halbjahr 2011 hinter Plan. Statt mehr Vertragskunden als im Vorjahreszeitraum zu gewinnen, erzielte „congstar" lediglich 70 % der Zugänge des ersten Halbjahres 2010.

Deshalb sollten in den ersten zwei Monaten des zweiten Halbjahres schnellstmöglich Potenziale aufgebaut werden, die es in den letzten vier Monaten des Jahres abzuschöpfen galt.

ES IST SOMMER 2011: UND DIE ZEIT DRÄNGT.

Ziele, Zielgruppe

EINE KAMPAGNE, DIE SICH AN SIEBEN ZIELE BINDET.

1. ZIEL: sich schnellstmöglich wieder in Erinnerung bringen. Mit einer Verdopplung der ungestützten Werbeerinnerung von 7 % auf 14 % innerhalb von zwei Monaten nach Kampagnenstart.

2. ZIEL: Bekanntheit extrem schnell pushen. Mit einer Steigerung der ungestützten Markenbekanntheit von 17 % auf mindestens 25 % innerhalb von zwei Monaten nach Kampagnenstart.

3. ZIEL: die Markenwahrnehmung zügig optimieren. Mit einer Steigerung der Zustimmung zur Eigenschaft „individuell kombinierbar/selbst zusammenstellen" von 3 % auf mindestens 20 % innerhalb von zwei Monaten nach Kampagnenstart.

KATEGORIE DIENSTLEISTUNGEN

4. ZIEL: den Turn-around am PoS schaffen. Durch den Stopp des Besucherrückgangs auf congstar.de und Steigerung der durchschnittlichen wöchentlichen Visits im zweiten Halbjahr 2011.

5. ZIEL: das Businessziel retten. Es müssen 50 % mehr Vertragskunden gewonnen werden als im ersten Halbjahr 2011.

FÜR MENSCHEN, DIE DIE FREIHEIT LIEBEN.
Die „congstar"-Kernzielgruppe: Smartshopper zwischen 18 und 40 Jahren, die gerne online kaufen, sich aber nur ungern an langfristige Mobilfunkverträge binden. Schließlich weiß man nie, ob der heute günstige Vertrag auch morgen noch die richtigen Optionen bietet.

Kreativstrategie

EIN NEUER, GUTER GRUND FÜR „CONGSTAR":
Bisher wurde der „congstar"-Markenkern „Entscheidungsfreiheit" im Postpaid-Bereich immer mit dem Argument „ohne Vertragslaufzeit" begründet. Mit der neuen Kampagne wurde ein weiteres Argument hinzugefügt: Die Flexibilität und individuelle Konfigurierbarkeit des neuen „9 Cent Tarif-Baukastens" konnte nun als weiterer Reason-to-Believe genutzt werden, um die Positionierung von „congstar" im Markt zu festigen.

DOPPELTE ENTSCHEIDUNGSFREIHEIT.
Um die zweite Facette der „Entscheidungsfreiheit" klar herauszuarbeiten, musste das bekannte Testimonial „Andy" einen Schritt zurücktreten. Er und „seine Freunde" demonstrierten nun gleichberechtigt auf überraschende Art und Weise ihre unterschiedlichen Tarif-Bedürfnisse. So fokussierte die Kampagne die Flexibilität des neuen Tarifsystems innerhalb der gelernten „congstar"-Welt – und zeigte exemplarisch, dass der Tarif jedem jederzeit exakt das bietet, was er will.

So wollten wir dem BASE-Tarifbaukasten den Kampf ansagen.

Mit anderen Worten:

„WASWANNWIE ICH WILL – MIT DEM NEUEN 9 CENT TARIF-BAUKASTEN VON CONGSTAR."

Mediastrategie

EINE BOTSCHAFT – ZWEI PHASEN.
Mediastrategisch bestand die Kampagne aus zwei Phasen, um die genannten Kampagnenziele zu erfüllen.
Phase eins: Den neuen Tarifbaukasten von „congstar" bekannt machen (vgl. Ziele 1 bis 3).
Phase zwei: Die Absätze des neuen Tarifs steigern (vgl. Ziele 4 bis 5).

Da die Zielgruppe eine hohe Online- und TV-Affinität aufweist, wurden in beiden Phasen vorwiegend die Kernmedien TV und Online genutzt.

CONGSTAR GMBH

Nur so konnten in sehr kurzer Zeit eine ausreichend hohe Reichweite erzielt, die neue Tarifbotschaft durchgesetzt, der angestrebte Wahrnehmungswandel vollzogen und das Business-Ziel erreicht werden.

AWARENESS FIRST ...

Im Juli und August 2011 wurde im Rahmen einer TV-Kampagne mit einem durchsetzungsfähigem Werbedruck der Bekanntheitsgrad stark forciert. Verlängert wurde die TV-Kampagne mit dem Einsatz von Online-Bewegtbildern, um Reichweite und Wirkung des TV-Auftrittes effizient zu vergrößern. Ergänzend wurden aufmerksamkeitsstarke Online-Werbemittel wie Wallpaper oder Homepage-Events eingesetzt, was die Awareness zusätzlich optimierte.

... UND DANN: AKTIVIEREN, AKTIVIEREN, AKTIVIEREN.

Ab Oktober 2011 startete die zweite Kampagnenphase. Mit der Einschaltung aktivierender Cut-Downs (20") des TV-Spots auf hochaffinen Sendern und in effizienten Zeitschienen (hauptsächlich abends) im Rahmen einer TV-Plattform wurden für die Kernzielgruppe regelmäßige Aktivierungsanreize gesetzt. Über das Kernmedium TV konnte die Zielgruppe so auf effiziente Weise mit vergleichsweise geringem Budgeteinsatz immer wieder mit der Produktbotschaft konfrontiert und aktiviert werden. Unterstützend kamen auch in dieser Phase wieder verschiedene Online-Werbemittel zum Einsatz.

Ergebnisse

BACK AGAIN: „CONGSTAR" IST STARK WIE NIE.

1. ZIEL: ÜBERTROFFEN.

Die Kampagne hat die Marke schnell wieder in Erinnerung gebracht: „congstar" erreicht mit 18 % ungestützter Werbeerinnerung deutlich mehr als die angestrebte Verdoppelung.

Das erste Ziel, die ungestützte Werbeerinnerung innerhalb von zwei Monaten von 7 % auf 14 % zu steigern, wurde um 4 Prozentpunkte übertroffen. Der Abstand zu Base, die ebenfalls kontinuierlich on-air waren, konnte auf ein Drittel reduziert werden.

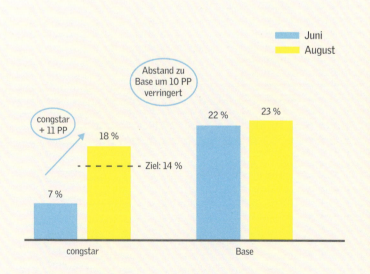

Ungestützte Werbeerinnerung – congstar & Base – Juni vs. August 2011
(Quelle: tns infratest, Werbemonitor Deutschland, Welle 9 Sept. 2011)

KATEGORIE DIENSTLEISTUNGEN

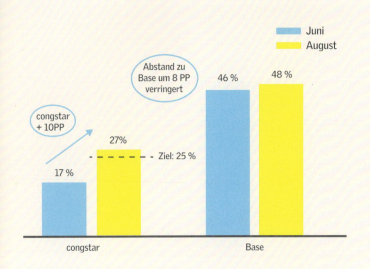

Ungestützte Markenbekanntheit – congstar & Base – Juni vs. August 2011
(Quelle: tns infratest, Werbemonitor Deutschland, Welle 9 Sept. 2011)

2. ZIEL: ÜBERTROFFEN.

Die Kampagne hat schnell Bekanntheit aufgebaut: „congstar" erreicht mit 27 % ungestützter Markenbekanntheit zwei Prozentpunkte mehr als die angestrebten 25 %.

Ein doppelter Erfolg, denn mit der Steigerung der ungestützten Markenbekanntheit innerhalb von zwei Monaten von 17 % auf 27 % konnte die Lücke zu Base, die ebenfalls kontinuierlich on-air waren, um 25 % reduziert werden.

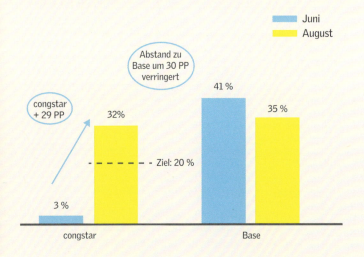

„Indivuell kombinierbar/selbst zusammenstellen" – congstar & Base – Juni vs. August 2011
(Quelle: tns infratest, Werbemonitor Deutschland, Welle 9 Sept. 2011)

3. ZIEL: ÜBERTROFFEN.

Die Kampagne hat die Markenwahrnehmung zügig geändert: „congstar" erreicht mit 32 % Zustimmung zur Eigenschaft „individuell kombinierbar/selbst zusammenstellen" deutlich mehr als die angestrebten 20 %.

Die Zustimmungswerte zum Item „Individuell kombinierbar/selbst zusammenstellen" konnten innerhalb von zwei Monaten von 3 % auf 32 % mehr als verzehnfacht werden. Und auch hier wurde die Lücke zu Base, die ebenfalls kontinuierlich on-air waren, deutlich reduziert: von 38 Prozentpunkten auf nur noch 3 Prozentpunkte.

CONGSTAR GMBH

4. ZIEL:

Den Turn-around am PoS schaffen: Die Kampagne hat den Besucherrückgang gestoppt. „congstar" erreicht deutlich mehr Visits.

Im Vergleich zum ersten Halbjahr 2011 liegt der Wert der wöchentlichen Visits nun im zweiten Halbjahr 2011 um 28 % höher.*

*Vergleich zu 2010 aufgrund einer „congstar"-internen Systemumstellung nicht möglich.

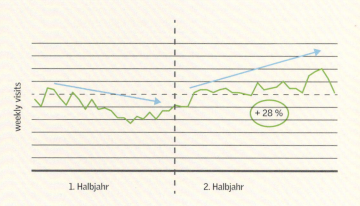

Wöchentliche Visits auf congstar.de 2011 (Quelle: congstar, webtrekk)

5. ZIEL: ÜBERTROFFEN.

Die Kampagne hat das Businessziel gerettet. „congstar" gewinnt im 2. Halbjahr nicht nur 50 %, sondern 56 % mehr Vertragskunden.

Das fünfte Ziel, mindestens 50 % mehr neue Vertragskunden zu gewinnen, wurde um 6 Punkte übererfüllt. Auch der Vergleich zum 2. Halbjahr 2010 und zum 1. Halbjahr 2010 fällt mit + 51 % bzw. + 25 % mehr als positiv aus.

Der Vergleich zum Vorjahr zeigt darüber hinaus, dass es sich bei der positiven Neukundenentwicklung im zweiten Halbjahr 2011 nicht um einen saisonalen Effekt handelt – 2010 wurden im zweiten Halbjahr deutlich weniger neue Vertragskunden gewonnen als im ersten Halbjahr

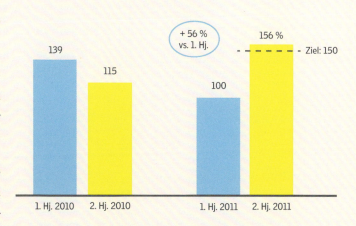

Neu gewonnene Vertragskunden – congstar – 1. Halbjahr 2010 bis 2. Halbjahr 2011 (Quelle: congstar)

KATEGORIE DIENSTLEISTUNGEN

Kontinuität

EVOLUTION STATT REVOLUTION.
Der neue Auftritt knüpft nahtlos an die vorangegangenen Kampagnen der Marke „congstar" an, setzt aber neue Akzente.

Der Markenkern „Entscheidungsfreiheit" wird mit dem flexiblen Tarifbaukasten weiter ausgebaut und etabliert „congstar" als glaubwürdigen Player im Postpaid-Markt. Die Marke ist nicht länger nur der Marken-Discounter für Prepaid-Produkte, sondern positioniert sich stärker als Anbieter eines flexiblen Tarifsystems für Postpaid-Kunden. Aufgrund des großen Erfolges und auf Basis einer umfangreichen Zielgruppenstudie wird der Tarifbaukasten 2012 noch einmal um zahlreiche Tarifoptionen erweitert. Die erfolgreiche Strategie aus dem Jahr 2011 bildet so die Grundlage für 2012.

Auch die stärkere Sales-Orientierung der Kampagne wird als Muster für die zukünftige Kommunikation dienen, ohne dass das differenzierende Auftreten der Marke verlorengeht.

CONGSTAR GMBH

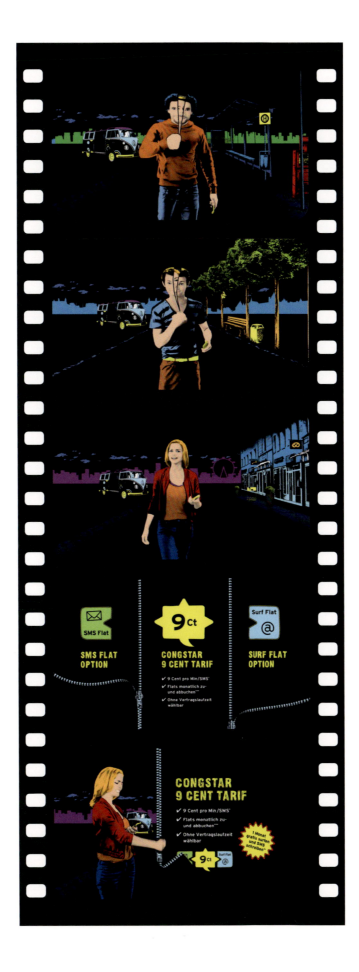

KATEGORIE DIENSTLEISTUNGEN

KUNDE

DB Mobility Logistics AG, Berlin
Verantwortlich: Ulrich Klenke (Leiter Konzernmarketing), Gabriele Handel-Jung (Leiterin Marketingkommunikation und Media), Peter Krämer (Kampagnenmanagement Fernverkehr)

AGENTUR

Ogilvy Deutschland
Verantwortlich: Dr. Stephan Vogel (Chief Creative Officer), Matthias Storath (Executive Creative Director), Bent Kroggel (Copy Writer und Art Director), Catrin Farrenschon (Art Director), Roland Stauber (Client Service Director), Martina Huschka (Management Supervisor), Jennifer Porst (Agency Producer), Michael Heinemeyer (Agency Producer)

DEUTSCHE BAHN

URLAUB AUF DEM RÜCKSITZ

Schulferien heißt in Deutschland auch Kurzurlaubszeit.
Neben dem klassischen mehrwöchigen Urlaub werden in der Schulferienzeit von Anfang Juni bis Ende August auch verstärkt ein- bis dreitägige Kurzurlaube mit der Familie gemacht – ein großes Potential für die Bahn.

Die Entscheidung fällt meist fürs Auto.
Mehr als die Hälfte aller Urlauber in Deutschland verreist mit dem Auto (52,8 Prozent). Erst an vierter Stelle kommt die Bahn mit 3,5 Prozent (Quelle: ADAC Reisemonitor 2011). Hauptsächlicher Grund: der Kostenfaktor, denn das Auto wird im Preisvergleich nicht mit den tatsächlichen Kosten, sondern meist nur den Spritkosten angesetzt.

Die Bahn braucht ein attraktives Angebot.
Ein Instrument, das Interesse der Reisenden auf die Bahn als Verkehrsmittel zu lenken, sind die Sparpreis-Angebote ab 49 Euro für zwei Personen. Sie sind ein Mittel zur Auslastungssteuerung in den Zügen und können die Bahn (neben verkehrsmittelbezogenen Vorteilen) für Reisende äußerst attraktiv machen.

Die Herausforderung 2011.
Um in der Ferienzeit das Potential der Familien auszuschöpfen, galt es, die Vorteile des Sparpreises zielgruppenrelevant zu kommunizieren. Dafür lief auch 2010 bereits eine sechswöchige Kampagne, die den „Sparpreis Familie" bewarb. Der kommunikative Erfolg war jedoch ausbaufähig: Die Aufmerksamkeit im Kampagnenzeitraum lag mit 18,6 Prozent unter dem Durchschnitt der Awarenes-Werte der Bahn von 28 Prozent im Jahr 2010. Es war demnach davon auszugehen, dass auch die Umsatzerlöse verbesserungsfähig sind.
(Quelle: TNS Werbemonitor DB 2010)

Beide Werte galt es, 2011 mit einem 7,5 Prozent geringeren Kommunikationsbudget als im Vorjahr zu verbessern. Dies konnte nur über eine deutlich verbesserte Kommunikationsleistung und einen präzise ausgerichteten Mediamix geschehen.

Ziele

Ziel 1: Das fehlende Budget mit einer aufmerksamkeitsstarken Kampagne ausgleichen. Dazu soll die Aufmerksamkeit mindestens den Durchschnittswert von 2010, also 28 Prozent, erreichen. Bestenfalls den ambitionierten Benchmark-Wert 2010 von 50 Prozent, der zur WM 2006 mit der Fan BahnCard-Kampagne mit Ballack erzielt wurde.

Ziel 2: Um die Bahn langfristig als Alternative zum Auto durchzusetzen, soll ihre Akzeptanz als Verkehrsmittel für Familien gestärkt werden. 2010 lag der Wert, der die Bahn als familienfreundlich ausweist, zum Ende der Kampagnenlaufzeit bei 43 Prozent. 2011 soll er um 10 Prozentpunkte auf mindestens 53 Prozent verbessert werden.

KATEGORIE DIENSTLEISTUNGEN

Ziel 3: Unter Berücksichtigung der schwachen Awareness-Werte 2010 wurde erwartet, dass die Bruttoerlöse 2011, trotz geringeren Budgets, um mindestens 10 Prozent gesteigert werden können. (Quelle: TNS Werbemonitor DB 2010/2011)

Zielgruppe

Wie auch 2010 galt es, Familien zu adressieren, die „Wenigfahrer" oder Neukunden sind und sich auch preissensibel verhalten. Das entspricht einem Zielgruppenpotential von 7,82 Millionen Haushalten mit Kindern zwischen 6 und 14 Jahren. (Quelle: AWA 2010)

Der Insight
Wenn Familien in einen Sommer-Kurzurlaub starten, bietet das Auto – neben dem Kostenfaktor – viele Vorteile.

Aber es gibt einen entscheidenden Nachteil des Autos bei Familienausflügen: Eltern und Kinder sind getrennt voneinander. Die Kommunikation beschränkt sich auf ein Minimum, da die Aufmerksamkeit der Eltern ganz auf die Straße gerichtet ist. So wird die Autofahrt meist zur Tortur für beide Seiten: Die Kinder sind gelangweilt und quengeln. Die Eltern sind genervt.

Die Bahn ist da das komfortablere Verkehrsmittel, mit dem Eltern und Kinder die Reisezeit ganz entspannt miteinander verbringen und so schon die Anreise als Urlaub genießen können.

Idee

Statt die Vorteile der Bahn direkt auszuloben, kommunizieren wir kompetitiv und inszenieren die Nachteile des Autos gegenüber der Bahn zugespitzt. Indem wir die Tristesse einer Autofahrt in einem TV-Spot humorvoll einfangen, adressieren wir die natürlichen Bedürfnisse von Familien auf unübliche Weise.

„Sag mal, weißt du noch, wie die beiden von vorne aussehen?"
„Was fragst du mich, du kennst sie länger als ich!"

Um zusätzlich die Wahrnehmung der Bahn als kinder- und familienfreundlich zu stärken, wurde eine Kooperation mit Langnese lanciert: ein Gratiseis für alle Kinder unter 15 Jahren.

Mediastrategie

Der Mediamix wurde primär durch einen TV-Auftritt dominiert. Das Budget wurde von sechs auf vier Wochen komprimiert und ein starkes Frontloading im Kampagnenzeitraum eingeplant. So konnte der erinnerungsstarke 27-Sekünder schon in der ersten Woche eine sehr hohe Reichweite aufbauen.

DEUTSCHE BAHN

Vor dem Hintergrund, dass immer mehr Menschen online Fahrkarten bestellen, umfasste die Kampagne ein zum Vorjahr verdoppeltes Online-Budget mit starkem Fokus auf SEM. Damit sollten die Käufer bei den Online-Suchanfragen zielführend zum DB Portal gelenkt werden.

Die dritte Säule im Kommunikationsmix war eine optimale Streuung der Botschaft durch Außenwerbung. 18/1-Plakate, CLPs sowie Blow-ups in allen Großstädten mit ICE-Anbindung machten die Kampagne gerade in den Sommermonaten zum Hingucker. Ergänzt wurde die Mediaplanung durch gezielte Kooperationen mit Familienzeitschriften.

Ergebnisse

Ergebnis 1:

Dank der starken kreativen Umsetzung erreichte die Kampagne und somit der Sparpreis Familie 2011 eine Aufmerksamkeit von 57 Prozent. Damit überstieg sie nicht nur bei weitem den Zielwert von 28 Prozent, sondern setzte sogar einen neuen Benchmark, der alle Kampagnen 2010 und 2011 übertraf.

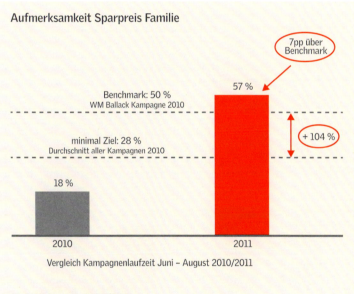

Ergebnis 2:

Die Bahn wird nun bei der Mehrheit als familienfreundlich angesehen. 67 Prozent stimmen dieser Aussage zu, was einer Steigerung von mehr als 55 Prozent im Vergleich zum Vorjahreswert entspricht. Der Zielwert von 53 Prozent wird somit um 26 Prozent übertroffen.

Ein weiterer Beleg für die Familienfreundlichkeit: 30 Prozent mehr Kinder als im Vorjahr sind mit dem Sparpreis Familie Ticket mit der Bahn gereist.

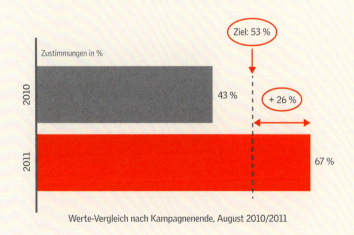

KATEGORIE DIENSTLEISTUNGEN

Umsatzerlöse

Ergebnis 3:

Die Umsatzerlöse konnten um 27,2 Prozent gesteigert werden und überboten so die Zielvorgabe von 10 Prozent deutlich. Die Kampagne erzielte demnach nicht nur eine verbesserte Wahrnehmung, sondern auch deutliche Umsatzsteigerungen.

(Quelle: Werbemonitor DB 2010/2011)

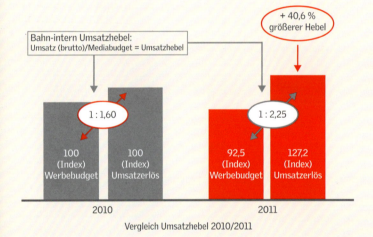

Effizienzsteigerung der Kampagne

Durch die aufmerksamkeitsstarke Kampagnenidee konnte das Budgetloch von 7,5 Prozent nicht nur ausgeglichen, sondern es konnten sogar 27,2 Prozent mehr Umsatz generiert werden. Es ergibt sich ein Umsatzhebel von 1:2,25 – das ist 40,6 Prozent besser als der Vorjahreswert.

(Quelle: Werbemonitor DB 2010/2011)

Fazit

Insgesamt hat der neue Kampagnenansatz sehr effizient gearbeitet und mit weniger Budget durchweg bessere Ergebnisse erzielt als im Vorjahr.

Die Deutsche Bahn positioniert sich zudem als das Verkehrsmittel, mit dem man am „ausgeruhtesten und entspanntesten" an seinem Reiseziel ankommt.

Mit der Angebots-Kampagne „Urlaub auf dem Rücksitz" wurde nicht nur ein Preis beworben, sondern auch gezielt auf den Kernmarkenwert „Komfort" der Deutschen Bahn eingezahlt.

Trotz des kompetitiven Ansatzes wurde das Kampagnenprinzip mit den kleinen Kammerspielen im Zug nicht verlassen.

DEUTSCHE BAHN

KATEGORIE DIENSTLEISTUNGEN

KUNDE

Kabel BW GmbH, Heidelberg
Verantwortlich: Jessica Peppel-Schulz (Bereichsleiterin Markenkommunikation), Andreas Mauer (Gruppenleiter klassische Markenkommunikation), Tina Aakerlund-Lindner (Managerin Markenkommunikation), Mario di Carlo (Abteilungsleiter Online)

AGENTUR

Serviceplan Campaign 2, München
Verantwortlich: Henning Patzner (Geschäftsführer Kreation), Christoph Kunzendorf (Geschäftsführer Beratung), Philipp Steinle (Management Supervisor), Anja Steinert (Etatdirektorin), Stefanie Paulus (Senior Art Director), Valerie Koch (Texterin)

PlanNet Campaign 2, München
Verantwortlich: Markus Maczey (Geschäftsführer Kreation), Claudia Asmus (Management Supervisor), Michael Reill (Creative Director Art), Christian Aussem (Creative Director Text)

PlanNet Solutions, München
Verantwortlich: Andreas Walde (Geschäftsführer Beratung), Kerstin Neckel (Junior Kundenberatung)

Mediaplus Media 2
Verantwortlich: Mark Hinderberger (Unitleitung), Heike Liebermann (Medialeitung), Andreas Grumbt (Mediaplanung)

Mediascale, München:
Verantwortlich: Wolfgang Bscheid (Geschäftsführer), Dominik Frings (Geschäftsleiter), Norma Poggensee (Teamleiterin)

Serviceplan One
Verantwortlich: Axel Windhorst (Geschäftsführung Kreation), Christoph Gottschalk (Management Supervisor), Reimar Walter (Senior Art Director), Alexandra Gothe (Beratung)

KABEL BW

DAS LEBEN SCHREIBT DIE SCHÖNSTEN GESCHICHTEN – KABEL BW MACHT'S MÖGLICH

Marktsituation

Den Kabelnetzbetreiber Kabel BW gibt es nur in Baden-Württemberg. Seit Kabel BW seine Angebotspalette um Telefonie und Internet erweitert hat, muss er sich gegen nationale Giganten wie Telekom, Vodafone, Alice sowie 1&1 behaupten.

Dies schaffte Kabel BW bis 2010 durch eine preisgetriebene Kommunikation. Doch Ende 2010 verlor Kabel BW die Preisführerschaft und hatte bis dahin noch kaum Brand Equity aufgebaut.

Die preisgetriebene Kommunikation musste daher durch eine Markenkampagne abgelöst werden, die Kabel BW als nutzenbringende Premiummarke bekannt und sympathisch macht und für deren Dienstleistung Kunden bereit sind, mehr Geld auszugeben.

Zielgruppe und Ziele

Zielgruppe von Kabel BW sollen nicht länger die rationalen Billigheimer aus Baden-Württemberg sein, sondern jene Baden-Württemberger, die nach einem vertrauensvollen Partner suchen, der ihnen mit seiner Dienstleistung die Kommunikation via Telefon und Internet so einfach und unkompliziert wie möglich macht.

Diese Menschen interessieren sich weniger für technische Details als vielmehr für den Nutzen: schnell ins Netz kommen, um mit Freunden und Familie zu kommunizieren, Erlebnisse zu teilen, zu planen und vieles mehr.

Unsere Marketing- und Werbeziele:

- Einen Spitzenplatz in der Werbeerinnerung belegen
- Steigerung der ungestützten Markenbekanntheit
- Anzahl der Internet-Kundenverträge steigern
- Steigerung des Internet-Search-Volumens
- Effizientere Marktanteile gewinnen als der Wettbewerb

KATEGORIE DIENSTLEISTUNGEN

Kreativstrategie

Wir übersetzen die stärksten Produktnutzen von Kabel BW – Servicequalität und Schnelligkeit – in einen emotionalen Konsumentennutzen: reibungslose Verbindung zu anderen Menschen.

Zu diesem Zweck entwickeln wir eine zweistufige Kampagne.

In der ersten Stufe machen wir die reibungslose Verbindung deutlich, indem wir die Servicequalität über unsere Mitarbeiter und über Servicegarantien kommunizieren.

In der zweiten Stufe emotionalisieren wir den Kernnutzen, indem wir beweisen, dass Kabel BW durch modernste Technologie gefühlvolle Momente zwischen Menschen möglich macht.

Diese setzen wir in einem TV-Spot in Szene. In einer Geschichte, die nur durch die Übertragungsgeschwindigkeit von Kabel BW möglich wird: zum Beispiel über eine Kabel BW Internetvideoschaltung ein Geburtstagsständchen von Freunden aus aller Welt zu bekommen.

Mediastrategie

Regionaler Medieneinsatz inklusive regionales TV:

Um uns mit kleinem Budget gegen die nationalen Big Player durchzusetzen, nutzen wir unseren Lokalvorteil. Wir setzen auf lokal steuerbare Medien wie Radio und Outdoor (City-Light-Poster, Megalights, Riesenposter, stadtbildprägende Großflächenpräsenz) sowie Anzeigen in Regionalbelegungen großer Publikumszeitschriften und in ausgewählten Tageszeitungen. Um den lokalen Mediamix im Hinblick auf Storytelling und Emotionalisierung zu optimieren, wird dieser erstmals durch regionales TV ergänzt. ProSieben, SAT.1 und Kabel Eins, also alles nationale Privatsender, zeigen unseren Spot nur in Baden-Württemberg, was uns Streuverluste erspart. Diese regionale Aussteuerung nationaler TV-Sender wird erstmals für einen Werbekunden ermöglicht.

Online wird die Kampagne sowohl auf die Portale von ProSiebenSat1 mit Bewegtbildformaten verlängert als auch auf diversen reichweitenstarken Portalen mit verschiedenen Werbemitteln und -formaten geschaltet. Auch die Website von Kabel BW wird komplett überarbeitet, um die in der Werbung geschaffenen emotionalen Geschichten aufzugreifen und den User mit einem einheitlichen Erscheinungsbild vom ersten Werbemittelkontakt über den Klick auf die Seite bis hin zum Abschluss zu begleiten.

Der Offline-Dialog mit bestehenden und potentiellen Kunden wird ebenfalls persönlicher und nutzenorientierter gestaltet. Die Mailing-Anstöße werden inhaltlich, gestalterisch und zeitlich mit der Above-the-Line- und Online-Kampagne synchronisiert und unterstützen den lokalen und kundennahen Charakter der Gesamtkampagne mit deckungsgleichen Bildern und Storys.

KABEL BW

Ergebnisse

Binnen eines Jahres hat es die Kampagne geschafft, Kabel BW vom Preiskämpfer zum relevanten Nutzenbringer in Sachen zwischenmenschlicher Kommunikation zu machen. Ganz ohne marktschreierische Abverkaufsmethoden haben wir gezeigt, dass es auch ein kleiner Player wie Kabel BW trotz wesentlich geringeren Budgets mit den großen nationalen Anbietern aufnehmen kann und ihnen beachtliche Kundenanteile wegnimmt.

Ziel: In der Werbeerinnerung trotz geringerem Werbedruck gegenüber den Konkurrenten von Platz 4 auf Platz 2 kommen
Ergebnis: Während der Wettbewerb nur Verluste hinnehmen musste, steigerte sich die Kontakterinnerung von Kabel BW im Kampagnenverlauf enorm. Kabel BW schoss auf den ersten Platz in der Kontakterinnerung.

Ziel: Steigerung der ungestützten Markenbekanntheit um 100 %
Ergebnis: Kabel BW schaffte innerhalb eines Jahres einen Riesensatz von 216 % in der spontanen Bekanntheit.

Ziel: Steigerung der Anzahl an Kundenverträgen um 50 %
Ergebnis: Als einzige Marke konnte Kabel BW bei den Kunden-Marktanteilen gewinnen und 82 % mehr Internet-Kundenverträge verkaufen.

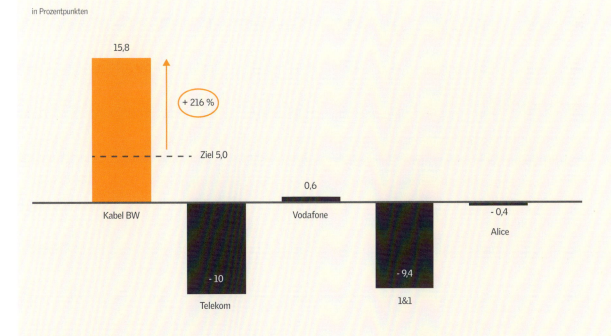

Veränderung spontane Markenbekanntheit von Q4 2010 zu Q4 2011

Quelle: IMPACT IRC Marken-/Touchpoint Monitoring BaWue 2012, Item: „Welches Unternehmen kennen Sie aus dem Bereich Telekommunikation als Anbieter für Zu-Hause-Telefonieren und -Surfen, wenn auch nur dem Namen nach?"

KATEGORIE DIENSTLEISTUNGEN

Ziel: Steigerung des Internet-Search-Volumens von Kabel BW um 50 %

Ergebnis: Das mit der Kampagne massiv wachsende Interesse an den Dienstleistungen von Kabel BW wird besonders durch das um 85 % gesteigerte Suchaufkommen bei Google 2011 gegenüber 2010 deutlich.

Ziel: Fünfmal effizientere Marktanteile gewinnen als der Wettbewerb

Ergebnis: Während von 2010 auf 2011 weder das Werbe- noch das Marketing-Budget nennenswert stiegen und Kabel BW in Sachen Share of Advertising in Baden-Württemberg den Big Playern weit hinterherhinkt, können wir den Markt mithilfe der Kampagne von hinten aufrollen. Kabel BW ist damit mehr als zwölfmal effizienter als der stärkste Wettbewerber.

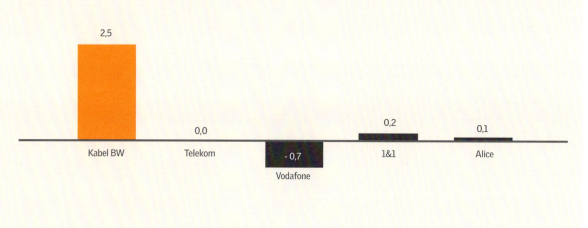

Prozentpunkte Veränderung des Kundenanteils pro Mio. Euro Spendings

Quelle: IMPACT IRC Marken-/Touchpoint Monitoring BaWue 2012

Kontinuität

Interessant ist die Beobachtung, dass mit der Bekanntheit der beworbenen Internet- und Telefonie-Produkte auch Bekanntheit, Relevant Set und First Choice der anderen Kabel BW Produkte, TV, Pay-TV sowie Mobiltelefonie, signifikant gestiegen sind. Ein Grund mehr, die Kampagne weiterzuentwickeln und auch in Zukunft stets die nutzenorientierten, emotionalen Momente nach vorn zu stellen.

KABEL BW

KATEGORIE DIENSTLEISTUNGEN

KUNDE

McDonald's Deutschland Inc.
Rainer Saborny, Marketing Director
Birte Teufel, Senior Department Head Marketing

AGENTUR

Razorfish GmbH
Alina Hueckelkamp, Head of Planning
Aline Zentsch, Senior Strategic Planner
Mathias Sinn, Managing Director
Sven Kuester, Managing Director
Oliver Stubel, Creative Director

Heye & Partner GmbH
Thomas Diekmann, Geschäftsführer Beratung
Markus Lange, Group Executive Creative Director
Henny Steiniger, Strategic Planning Director
Stefanie Daub, Strategic Planning Director
Sebastian Laritz, Account Manager

MCDONALD'S DEUTSCHLAND

MEIN BURGER: VON DEN FANS FÜR DIE FANS – DIE ERSTE CROWDSOURCED KAMPAGNE

Erfolgreich, aber in der Gefahr, den Anschluss an den Puls der Zeit und damit den Konsumenten zu verlieren.

McDonald's ist Deutschlands beliebteste und führende Restaurantkette. 2,5 Millionen Gäste täglich beweisen das. Sie freuen sich auf immer gute und vertraute Produkte bei McDonald's. Einfach locker genießen durch verlässlichen, guten Geschmack, das ist es, was McDonald's seinen Gästen bietet. Einen Burger bei McDonald's zu bestellen, das ist wie einen guten Freund zu treffen. Das gilt für die Heros Big Mac, Cheeseburger & Co genauso wie für die jährlich wiederkehrenden Promotion-Klassiker wie Big Jalapeño oder McRösti. Die Gäste wissen, was sie erwartet. Diese Erwartungshaltung seitens der Gäste hat ihre Vorteile für McDonald's, aber sie bietet auch wenig Raum für Innovatives und Überraschendes.

2011 aber wollte McDonald's genau das tun: 2,5 Millionen Gäste sollten überrascht werden. Denn der Markt war rückläufig, die Aktionen der Wettbewerber im Wettstreit um die Gäste wurden zunehmend austauschbar. Um in Markt zu bestehen, musste den Menschen etwas geboten werden, das sie bei keinem der anderen Wettbewerber erleben konnten.

Mit einer neuartigen Promotion wollte McDonald's sich als Innovationsführer präsentieren und gleichzeitig die Weichen für die Zukunft stellen. Eine Zukunft, die durch die zunehmende Digitalisierung und neue Kommunikationswege geprägt ist. Eine Zukunft, die heute schon stattfindet, in der die Menschen über Erfolg oder Nichterfolg entscheiden und in der Marken von Menschen nicht nur miterlebt, sondern aktiv mitgestaltet werden.

Diesen Wandel galt es für sich zu nutzen und den Sprung von der analogen Marke hin zur digitalen Marke zu schaffen. Eine große inhaltliche und logistische Herausforderung, denn für McDonald's bedeutete das die Verabschiedung vom Promotion-Diktat und den Schritt zur Promotion-Demokratie, in der die Konsumenten das Sagen haben.

Ziele & Zielgruppe

Genauso innovativ wie erfolgreich sein.
Der neuartigen Promotion muss es gelingen, mindestens so erfolgreich zu sein wie die herkömmlichen McDonald's Promotions. Das sind ehrgeizige Umsatzziele, denn die Benchmarks für Umsatzsteigerung und Umsatzanteil einer Promotion sind hoch.

1. **Die Umsatzziele:**
    - mindestens 25 % Umsatzsteigerung (Comparable Sales) über Durchschnitt
    - mindestens 45 % Umsatzsteigerung (Incremental Sales) über Benchmark
    - mindestens 20 % Promotion-Anteil über Benchmark

KATEGORIE DIENSTLEISTUNGEN

Im Sinne der Weichenstellung für die Zukunft muss sich die neue Promotion vor allem auch dadurch auszeichnen, dass sie die neuen Kommunikationswege für McDonald's erschließt und die Gäste auf noch nie dagewesene Art involviert.

2. Die Kommunikationsziele:
- mindestens 75.000 aktive Promotion-Gäste
- deutliche Steigerung der Werbeerinnerung

Genauso innovativ wie breitenwirksam sein.
Um diese ehrgeizigen Ziele zu erreichen, gilt es, so viele Gäste wie möglich zu erreichen – den Querschnitt der deutschen Bevölkerung, denn dieser bildet die Gästestruktur von McDonald's ab. Das bedeutet aber auch, dass die gesamte Zielgruppe in Bezug auf ihre digitale Mediennutzung und ihr Marken-Commitment sehr individuell eingebunden und erreicht werden muss.

In einer ersten Phase gilt es diejenigen für die neue McDonald's Promotion zu gewinnen, die eine hohe digitale Affinität aufweisen und zum anderen echte McDonald's Fans sind. Sie verfolgen McDonald's Aktivitäten über Social Media und sorgen für Gesprächsstoff rund um McDonald's. In der Mehrzahl 18- bis 30-jährige Teenager, Studenten und junge Berufstätige, auf ihnen soll das Hauptaugenmerk liegen. Im späteren Verlauf dann auch die weniger Technik- und Social-Media-affinen McDonald's Gäste, um ausreichend Besuche in den Restaurants sicherstellen zu können.

Kreativstrategie

Mein Burger: Von den Fans für die Fans – die erste Crowdsourced Promotion.
Was wir wissen: Viele der McDonald's Gäste teilen einen Traum. Sie wollen ihren eigenen Burger kreieren und genießen können. Der Wunsch nach dem eigenen Burger bei McDonald's wird damit zur zentralen Idee der neuen McDonald's Promotion: Erstmals können McDonald's Fans ihren ganz persönlichen Burger kreieren.

Eine starke Motivation – der eigene Burger bei McDonald's – war gefunden. Aber das alleine reicht nicht aus, um die Online-Community zu aktivieren. Es wurde daher ein Wettbewerb ins Leben gerufen. Der Gewinn: der selbstkreierte Burger für kurze Zeit in jedem McDonald's Restaurant. Das Erlebnis, sich selbst zu feiern und feiern zu lassen, war die Motivation, die den Buzz anheizen und für Verbreitung jenseits von Paid-Media dienen sollte.

Kreation Phase 1: Do-it-yourself-Marketing und Media für digital aktive Fans.
Als Vehikel zur Aktivierung der digital aktiven Fans dienen ein eigens entwickeltes Online-Tool, der Burger-Konfigurator, und eine individualisierbare Werbekampagne. Aus über 70 verschiedenen Zutaten kann jeder seinen eigenen, individuellen Burger zusammenstellen, diesen in der Burger-Galerie öffentlich zur Wahl stellen, mit Hilfe einer eigenen Werbekampagne aus Bannern, Postern und Videos zusätzlich seine Community aktivieren und Stimmen sammeln – und auf diese Weise für Verbreitung der Neuigkeit bei McDonald's sorgen.

MCDONALD'S DEUTSCHLAND

Kreation Phase 2: „Mein Burger" jetzt für euch bei McDonald's.

Zur Erreichung und als Besuchsanreiz für die weiteren McDonald's Gäste dient das Finale: Für kurze Zeit wird es die fünf besten Burger von Fans für Fans in jedem McDonald's Restaurant geben. Auch in dieser Phase bewerben die Erfinder ihre Burger-Kreationen selber, denn hier sind sie die Protagonisten für die breit angelegte Kampagne in TV, Radio und Online. So können sie sich und ihre Burger nochmals der breiten öffentlichen Meinung stellen, und die Nummer 1, der erste Crowdsourced Burger, kann gekürt werden.

Das Resultat: Ein Wettbewerb, der die Fans vereint und bei dem wirklich jeder die Chance hat, die Nummer 1 zu werden. Ein Wettbewerb, der nicht nur die neuen Kommunikationswege und -mechaniken nutzt, sondern auch dafür sorgt, dass die Gewinner den Geschmack der McDonald's Gäste repräsentieren und zum Besuchsanreiz werden.

KATEGORIE DIENSTLEISTUNGEN

Mediastrategie

Auch hier gilt: Von den Fans für die Fans.
Gemäß der auf die beiden unterschiedlichen Zielgruppen abgestimmten Kreationsphasen wurde die Mediastrategie geplant.

In der ersten Phase lag der Fokus auf den digital aktiven McDonald's Fans. Sie sollten für den nötigen Buzz sorgen. Ihnen wurde als Erstes die Möglichkeit gegeben, ihren eigenen Burger mit Hilfe des Burger-Konfigurators zu kreieren und in ihrer Fangemeinde zu promoten. Mit ihrer eigenen Werbekampagne konnten sie Stimmen für ihren Burger gewinnen, neue Fans auf die „Mein Burger" Promotion aufmerksam machen und sie zur Teilnahme ermutigen.

Eine echte Do-it-yourself-Marketing- und Media-Kampagne auf den beliebtesten Social-Media-Plattformen unserer Fans (Facebook, Twitter und YouTube). Auf diese Weise wurde nicht nur das Angebot, sondern auch die Bekanntheit der Aktion maßgeblich von dem Engagement der Fans mitbestimmt. Mit wenig Budget sollte hier der Grundstein für eine erfolgreiche Promotion gelegt werden, deren Helden nicht die Produktinnovationen der Marke und ihre Mediaspendings sind, sondern die Wünsche der Fans und ihre Communities.

In der zweiten Phase galt es, die breite McDonald's Zielgruppe zu erreichen und so schnell wie möglich Traffic in den Restaurants zu erzeugen. In dieser zweiten Phase wurde daher auf eine integrierte, reichweitenstarke Mediastrategie aus TV, Radio und Online gesetzt.

MCDONALD'S DEUTSCHLAND

Ergebnisse

Der Mut von McDonald's hat sich ausgezahlt. „Mein Burger", die erste Crowdsourced Promotion bei McDonald's, übertrifft die Umsatz- und Kommunikationsziele bei weitem. Der Grundstein für eine neue Promotion-Ära bei McDonald's, in der Gäste die Marketing- und Mediakampagne maßgeblich selbst gestalten, ist gelegt.

1. Marktleistung: Signifikante Umsatzsteigerung, erfolgreiche Produkte und eine positive Entwicklung im Vergleich zum Gesamtmarkt.

1.1 Mit einer Steigerung des Promotion-Anteils am Umsatz um 50 % konnte das Ziel von 25 % Umsatzsteigerung gegenüber Promotion-Durchschnitt deutlich übertroffen werden. Die Incremental Sales lagen sogar 135 % über der Benchmark. Damit ist „Mein Burger" die erfolgreichste McDonald's Promotion aller Zeiten und ein wichtiger Erfolgsfaktor für die auch weiterhin positive Entwicklung von McDonald's gegenüber dem Gesamtmarkt.

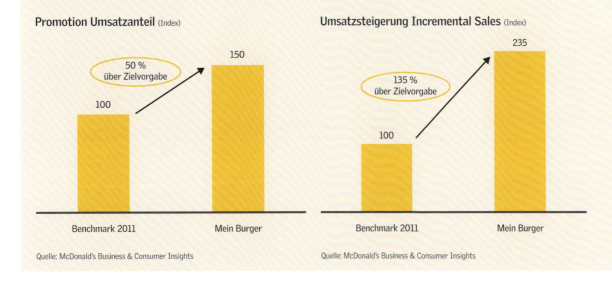

KATEGORIE DIENSTLEISTUNGEN

1.2 Die von den Fans kreierten Burger erzielten Top-Verkäufe und waren teilweise sogar ausverkauft. Ein besonderer Erfolg waren die zwei „Mein Burger" Chicken-Burger, die alle Erwartungen übertrafen. Denn noch nie erfreute sich ein Premium-Chicken-Produkt so großer Beliebtheit und ging so häufig über die Theke wie die von den Fans kreierten Burger. Auch der Gewinner „Just Stevinho" war ein Chicken-Burger und nicht, wie erwartet, ein Beef-Burger.

1.3 Insgesamt schaffte es McDonald's, seine positive Entwicklung entgegen dem Markt auch 2011 fortzusetzen. Ein Erfolg, der nicht zuletzt auch der Promotion „Mein Burger" zuzuschreiben ist.

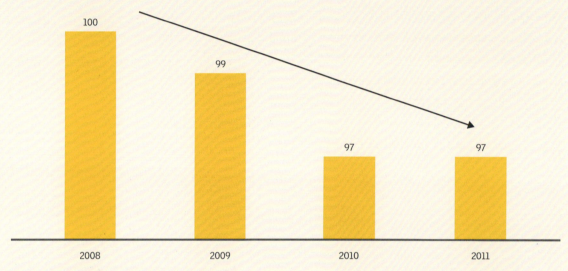

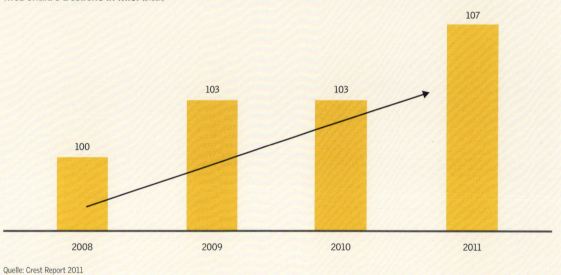

MCDONALD'S DEUTSCHLAND

2. „Mein Burger" involviert Fans auf nie dagewesene Art und ist die erfolgreichste McDonald's Kampagne im Jahr 2011.

2.1 Über einen Zeitraum von 5 Wochen wurde alle 26 Sekunden ein neuer Burger von den Fans kreiert. Insgesamt waren es über 116.000 und damit 55 % mehr als angestrebt. Nahezu 10 % der Teilnehmer unterstützten ihre Kreationen mit einer eigenen Kampagne. Und insgesamt wählten 1,5 Millionen McDonald's Fans ihren Favoriten. Insgesamt erreichte die Kampagne jeden vierten deutschen Online-User.

2.2 Die Promotion „Mein Burger" hinterlässt einen starken Eindruck. Sie ist vielbeachtet und beliebt. Die ungestützte Werbeerinnerung liegt 7 % über dem Durchschnittswert von 2011. Der Anteil derjenigen, die sich an konkrete Werbeinhalte erinnern, liegt sogar 147 % über den Durchschnittswerten 2011. Auch in den Likeability-Werten erzielt die Kampagne mit den Fans als Protagonisten Bestwerte.

KATEGORIE DIENSTLEISTUNGEN

Effizienz

Effizienteste McDonald's Kampagne dank hohem Fan-Involvement.

Der Ansatz einer Do-it-yourself-Marketing- und Mediakampagne und damit das Initiieren einer digitalen Begeisterungswelle hat sich positiv auf die Effizienz ausgewirkt. Die von den „Mein Burger" Protagonisten gestaltete Kampagne ist um 24 % erfolgreicher als die Benchmark 2011 und erzielt in der Werbeeffizienz absolute Bestwerte.

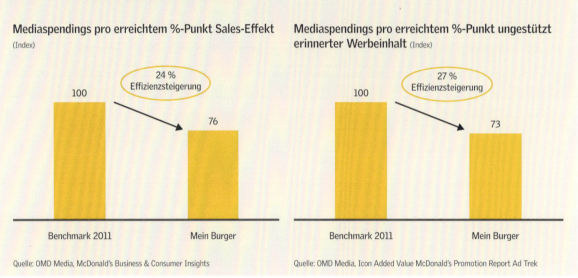

Kontinuität

Eine richtungsweisende Plattform, die die Marke McDonald's gleichermaßen analog wie digital kontinuierlich weiterentwickelt.

Die „Mein Burger" Promotion geht auch 2012 weiter. Über 300.000 Burger-Fans kreierten in 2012 ihren Burger und promoteten damit nicht nur McDonald's und ihre Burger, sondern auch alles, was ihnen wichtig ist: ihre Vereine, ihre Liebsten, ihren Sport und vieles mehr. Die „Mein Burger" Promotion wird zu einer wahren Plattform für Crowdsourced-Themen. Eine Weiterentwicklung, die von den Fans gesteuert wurde und die McDonald's zum festen Bestandteil ihres digitalen und realen Social Life macht.

Die Strategie, die Macht in die Hände der Konsumenten zu legen, und die von McDonald's angestrebte Weiterentwicklung von der analogen Marke zur digitalen Marke zahlen sich aus. „Mein Burger" wurde damit zum Vorreiter für weitere Promotions, die die Fans zu Helden der Marke machen und die in diesem Jahr folgen werden.

MCDONALD'S DEUTSCHLAND

KATEGORIE DIENSTLEISTUNGEN

KUNDE

Telefónica Germany GmbH & Co. OHG
Verantwortlich:
Peter Rampling, Managing Director Marketing
Tim Alexander, Vice President Brand Mangement
Jana Strauss, Bastian Lindberg, Senior Brand Manager
Tino Krause, Media Manager

AGENTUR

VCCP
Verantwortlich:
Oliver Frank, Lars Wohlnick, Creative Director
Wiebke Dreyer, Planning Director
Marco Ziegler, Andrea Foth, Kundenberatung

O₂ BLUE

O₂ BLUE – DIE MONSTERJAGD GEHT WEITER

Smartphones: Neue Hoffnung in einem stagnierenden Markt

Ende 2010 stagnierte der Telekommunikationsmarkt. Die Kundenbasis des gesamten Marktes wuchs nur 0,5 % gegenüber dem Vorjahr, der Umsatz mit Sprachtelefonie litt unter Preisverfall.

Nur ein Wachstumspotential zeichnete sich ab: die mobile Datennutzung. Der Umsatz mit „mobilem Internet" war 2010 um 30 % gegenüber dem Vorjahr gestiegen. Die Anzahl der Smartphones in Deutschland hatte sich von 3 Millionen 2009 auf 8 Millionen 2010 mehr als verdoppelt. Jeder Netzbetreiber versuchte, sich ein Stück vom viel versprechenden Kuchen zu sichern. BASE startete im Dezember 2010 mit einer Smartphone Offensive. In einer großen, nationalen Kampagne mit der Botschaft „Surfspass inklusive" wurden Smartphones inklusive Internetflatrate zu extrem niedrigen monatlichen Preisen beworben.

O₂ Blue: Smartphone-Freiheit statt Vertragslaufzeit

Im Gegensatz dazu vertrieb O₂ mit O₂ My Handy als einziger Wettbewerber im Markt Smartphones ohne Kopplung an Mobilfunkverträge. Mit Erfolg: bereits Ende 2010 verkaufte O₂ mehr Smartphones als klassische Handys. Nun galt es jedoch, das Smartphone Interesse auch in Tarifabschlüsse umzuwandeln.

Die Lösung: O₂ Blue – Smartphone-Tarif ohne Risiko

Der faire Smartphone-Tarif von O₂, der alles bietet, was ein Smartphone braucht: Flatrates ins Internet, ins Festnetz, ins O₂-Netz und großzügige Minutenpakete in andere Mobilfunknetze und auf Wunsch mit SMS-Flatrate. Vor allem aber gab es O₂ Blue auch ohne Vertragslaufzeit. O₂ Blue war der Smartphone-Tarif, mit dem man nichts falsch machen konnte. Ideal, um in die Smartphone-Welt einzusteigen.

KATEGORIE DIENSTLEISTUNGEN

Ziele

Ungestützte Werbebekanntheit auf 30 % und gestützte Kampagnenbekanntheit auf 60 %. Ungestützter Benefit Recall „Mit O_2 Blue surfen und telefonieren ohne Vertragslaufzeit" über 40 %. Die Zahl der Vertragsneukunden sollte um 6,5 % in einem stagnierenden Markt gesteigert werden. Erreichung einer höheren Werbebekanntheit (über 30 %) mit geringerem Media-Budget als BASE.

Der Insight: Smartphones – attraktiv und beängstigend zu gleich

In der breiten Bevölkerung waren neue Smartphones attraktiv, aber sie warfen eine Menge Fragen auf: „Welches Smartphone ist das Beste? Welchen Tarif brauche ich? Wie viel werde ich denn mobil im Internet surfen? Und wie soll ich das für zwei Jahre im Voraus wissen?" Alle Smartphone-Interessierten hatten die gleichen Probleme: Unerfahrenheit, Überforderung und Verunsicherung. Smartphone-Tarife mit undurchschaubaren Internetoptionen und der Zwang, sich zwei Jahre festlegen zu müssen, erhöhten die Barrieren zusätzlich.

Die kreative Idee: Schluss mit Monstervertragslaufzeiten!

Für die Kampagne wurde die erfolgreiche Monster-Kampagne aus dem Vorjahr fortgesetzt. Denn genau wie bereits O_2 o brach O_2 Blue ein weiteres Mal mit den Gepflogenheiten des Marktes: Ein Smartphone-Tarif ohne lange Vertragslaufzeiten. Inszeniert wurde die Botschaft durch freche, kleine Smartphone-Monster, die ihre Besitzer piesackten und um den Finger wickelten.

Die Botschaft: Niemand will sich an Monsterverträge binden.

Mit O_2 Blue surfen und telefonieren Sie jetzt ganz ohne Monsterlaufzeit. Auf Ihrem Smartphone. O_2 can do.

O₂ BLUE

Von breiter Awareness zu direkter Aktivierung

Die Kampagne startete zu einem denkbar schlechten Zeitpunkt. BASE hatte mit seiner Smartphone-Offensive einen Monat Vorsprung. Auch in Q1 2011 würde O₂ das geringste Media Budget im Markt haben. (O₂: 16,6 Millionen Euro / BASE: 21,2 Millionen Euro / Vodafone: 25,3 Millionen Euro / Telekom: 44,2 Millionen Euro)

Aber die Monster schlugen vom ersten Tag an ein: Mit Kampagnenstart stieg die Werbebekanntheit für O₂ deutlich an. Am Ende der Kampagnenlaufzeit lag die ungestützte Werbekanntheit 55 % über dem Ausgangswert.

Die Kampagne erreichte 70 % gestützte Kampagnenbekanntheit und verhalf der Marke zum einprägsamsten Werbeauftritt im Markt.

Doch neben der reinen Bekanntheit blieben vor allem die Inhalte hängen: Am Ende der Kampagne konnte sich jeder Zweite ungestützt an die O₂ Blue-Botschaft erinnern.

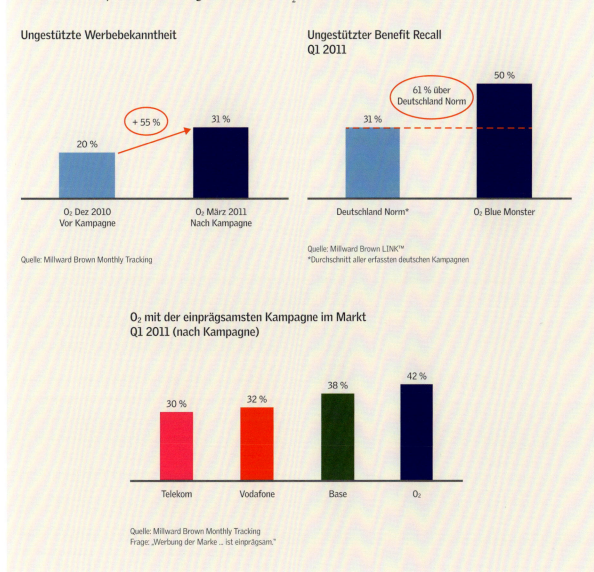

KATEGORIE DIENSTLEISTUNGEN

Veränderung Vertragskunden (Postpaid Gross Adds)
Jun–Dez 2010 (vor Kampagne) zu Jan–Jun (nach Kampagnenstart)
Durchschnittliche Vertragsneukunden pro Monat

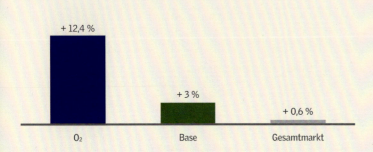

Quelle: Telefónica Germany, Quartals- und Jahresberichte

O_2 gewinnt mehr Neukunden als jede andere Marke im Markt

Die Werte für Bekanntheit und Benefit Recall schlugen sich deutlich in Verkaufszahlen nieder: O_2 gewann im ersten Halbjahr 2011 im profitablen Vertragskundengeschäft mehr Neukunden als jeder andere Bewerber im Markt.

O_2 wuchs mit einer Steigerung von 12,4 % deutlich stärker als der Markt, BASE, Telekom und Vodafone. Man wehrte nicht nur Angreifer BASE ab, sondern warb auch Interessenten von Vodafone ab, die empfindliche Verluste im Wachstum hinnehmen mussten.

Durchschnittliche Werbeeffizienz
Q1 2011 (In Tausend Euro)

- O_2: 186
- Vodafone: 253
- Telekom: 903
- Base: 482

Ø Spendings per Monat durch Ø Ungestützte Werbekanntheit
Quelle: Millward Brown, Zenithmedia, AC Nielsen

O_2 mit der höchsten Effizienz im Markt

Das Ziel der ungestützten Werbebekanntheit von 30 % im Q1 wurde erreicht, obwohl O_2 das geringste Mediabudget im Markt hatte. Im Vergleich der Netzbetreiber war O_2 mit durchschnittlichen 186.000 Euro je Prozentpunkt ungestützte Werbebekanntheit die effizienteste Marke im Q1 2011.

Konkurrent BASE hatte 25 % mehr Budget zur Verfügung als O_2, musste jedoch eine Halbierung seiner Werbebekanntheit hinnehmen. Außerdem konnte O_2 mit einem Viertel weniger Budget 28 % mehr neue Vertragskunden gewinnen als BASE.

Unterm Strich musste BASE also für jeden neu gewonnenen Vertragskunden fast doppelt soviel investieren wie O_2.

O₂ BLUE

ALLE FALLBEISPIELE DER KATEGORIE
FINANZ-DIENSTLEISTUNGEN

KATEGORIE FINANZDIENSTLEISTUNGEN

KUNDE

Deutscher Sparkassen- und Giroverband (DSGV), Berlin
Verantwortlich: Dr. Lothar Weissenberger (Leiter Marketing-Kommunikation), Ines Peippelmann (Referentin Media und Werbung in elektronischen Medien), Ulrike von Oertzen (Referentin Strategie Gemeinschaftswerbung), Katja Weber (Referentin Dialogmarketing), Till Haverkamp (Referent Digitale Medien)
DSV: Michael Prokoph (Projektmanager FFF), Lutz Plümecke (Creative Director)

AGENTUR

Jung von Matt AG, Hamburg
Verantwortlich: Mark Wilms, Helen Seiffe (Beratung), Max Millies, Marius Lohmann, Thomas Schwarz (Kreation), Nadine Müller (Planning), Julia Cramer (FFF), Marjorie Jorrot (Art Buying)
AM Agentur für Kommunikation GmbH
Verantwortlich: Jutta Herr (Leiterin Media)
MPG Germany, Frankfurt
Verantwortlich: Sandra Sattler (Media Direktion)

DEUTSCHER SPARKASSEN- UND GIROVERBAND

EINE HERO-KAMPAGNE FÜRS GIRO

Marktsituation

Wenn's um Geld geht ... auch schon im Jugendalter.
Pünktlich zum Eintritt in das Jugendalter erhalten über zwei Drittel der jungen Deutschen durch ihre Eltern das erste Girokonto. Eine bewusste Bindung an das jeweilige Kreditinstitut gibt es jedoch nicht. Mit wachsender Unabhängigkeit und dem Einstieg ins Berufsleben steigt die Wechselanfälligkeit der jungen Erwachsenen. Die Wahl des Kreditinstitutes wird auf den Prüfstand gestellt.

Die Preisspirale dreht sich.
Vor allem die Sparkasse muss sich zunehmend dem aggressiven Preiswettbewerb der Online-Direktanbieter und der großen Privatbanken stellen. Gerade bei den jungen Erwachsenen verlieren die Sparkassen an Kundenreichweite und sind in der Defensive.

Mit Leistung überzeugen.
Entgegen dem Trend zu Gratiskonten setzt die Marke Sparkasse weiterhin auf qualifizierte Beratung, neue, innovative Services und unschlagbare Nähe. Und so viel Leistung hat nun mal ihren Preis. Der entscheidende Treiber, am Konto festzuhalten oder zu wechseln, ist auch bei jungen Erwachsenen nicht allein das Thema Konditionen, sondern eben auch die wahrgenommene Leistungskompetenz.

Startschuss für eine Mehrwertoffensive.
Die Positionierung des jungen Kontos als junges, leistungsstarkes und multifunktionales Mehrwertprodukt soll junge Erwachsene stärker an die Marke binden und die Sparkasse wählbar machen.

Die Zielgruppe: anspruchsvoll und wechselbereit.
Die jungen Erwachsenen in der Etablierungsphase im Alter von 18 bis Anfang 30 Jahren stellen eine besondere Herausforderung für die Sparkasse dar. Dahinter verbergen sich sowohl Kunden, die besonders abwanderungsgefährdet scheinen, als auch Noch-Nicht-Kunden, die für die Sparkasse erreichbar scheinen. Sie weisen eine vergleichsweise geringe Bindung an ihren Finanzdienstleister auf, vergleichen kritisch unterschiedliche Angebote und sind damit besonders wechselgefährdet bzw. -bereit.

KATEGORIE FINANZDIENSTLEISTUNGEN

Marketing- und Werbeziele

Kommunikationsziel 1: Schaffen von hoher Aufmerksamkeit und Werbeerinnerung für die Marke Sparkasse insbesondere bei den 18- bis 30-Jährigen.

Kommunikationsziel 2: Verbesserung des wahrgenommenen Leistungsprofils der Marke Sparkasse im Hinblick auf „Konditionen", „Preis/Leistung" und „Kompetenz".

Kommunikationsziel 3: Aktivierung von Usern, mit der Sparkasse auf den Kampagnenseiten in Interaktion zu treten, und Erzielen einer relevanten Reichweite im Social-Media-Umfeld.

Verkaufsziel 1: Reduzierung der Abwanderung von Nachwuchskunden im Bereich Girokonto beim Berufseintritt und Stabilisierung der Girokonto-Reichweite.

Verkaufsziel 2: Signifikante Steigerung der Download-Zahlen der Sparkassen-Mobile-Apps und damit Ausbau der Marktführerschaft im Mobile Banking.

Kommunikationsstrategie

Ein Innovationsschub für die Sparkasse.
Die Sparkasse hat sich durch frühzeitige Investitionen im Mobile Banking einen Innovationsvorsprung erarbeitet. Um diese Innovationsführerschaft kommunikativ zu besetzen, soll das Sparkassen-Girokonto als führendes, innovatives Mehrwertprodukt positioniert werden.

Dafür gehen wir neue Wege im Bereich der Finanzdienstleistungskommunikation und wählen einen zielgruppenrelevanten Kontext – sowohl inhaltlich als auch kanalspezifisch. Damit werden die Themen „Junges Konto" und „Sparkasse" eng mit der Lebenswelt der Zielgruppe verknüpft.

Die Idee: das erste Testimonial-Duell der Welt!
Ein interaktiver Zweikampf zwischen den Kultmoderatoren Joko und Klaas: In insgesamt fünf Duellen treten Joko und Klaas gegeneinander an, in denen die Features des Sparkassen-Girokontos spielerisch und glaubwürdig in Szene gesetzt werden. Auf der Microsite oder der Facebook-Fanpage können die Fans über ihre Favoriten abstimmen und das Geschehen kommentieren. Auf der Facebook-Pinnwand entsteht über den gesamten Kampagnenzeitraum ein enger Dialog mit den Fans.

Die Aktivierungspotentiale von Social Content nutzen.
Unter dem Motto „Gutes tun mit einem Klick" spenden die Sparkassen 1 Euro pro Facebook-Fan und insgesamt maximal 100.000 Euro an den gemeinnützigen Verein „Junge Helden e.V.".

Nach drei Monaten steht der Sieger fest. Unser Hero fürs Giro: Klaas Heufer-Umlauf. Und auch das wird inklusive Verlierervoting- und -strafe gebührend zelebriert.

DEUTSCHER SPARKASSEN- UND GIROVERBAND

Mediastrategie

Ausschöpfen aller relevanten Touchpoints.
Mit „Giro sucht Hero" setzt die Marke Sparkasse eine perfekt integrierte Kampagne um, die von optimal ausgesteuerten, auf allen Kanälen abgestimmten Werbemitteln begleitet wird. Um den größtmöglichen Impact bei der Zielgruppe zu erzeugen, etabliert die Kampagne neben aufmerksamkeitsstarken Medien kontinuierlich neue Interaktionsmöglichkeiten. So gelingt auf Basis des produzierten Video-Contents die Realisierung einer intelligenten Doppelpassstrategie zwischen TV und Online/Mobile.

Effiziente Bündelung der Kanäle.
Um bereits im Vorfeld der Interaktionsphase eine kritische Masse zu erreichen und zu begeistern, wird die Kampagne mit einem reichweitenstarken TV-Flight angeteasert. Das Herzstück der Kampagne findet dort statt, wo junge Menschen unterwegs sind – im Internet, im Social Web und Mobile. Dort platzieren wir mit „Giro sucht Hero" eine humorvolle Webserie, die als integrierte Kampagne von allen anderen Kanälen über den Kampagnenzeitraum begleitet wird. Unser Traffic- und Interaktionshub: die Facebook-Fanpage. Flankiert wird „Giro sucht Hero" mit der Ausstrahlung einer Branded Mini-Serie im Abendprogramm von Pro7, in der zum Schluss auch die Verliererstrafe ausgeführt wird.

KATEGORIE FINANZDIENSTLEISTUNGEN

Ausgewählte Ergebnisse

Kommunikationserfolg 1: Die mit Abstand höchste Werbeerinnerung im Markt.

Die spontane Erinnerung an Sparkassen-Werbung liegt im 2. Tertial 2011 (Mai–August) in der Zielgruppe der 18- bis 30-Jährigen bei 39 %. Das sind 26 Prozentpunkte (PP) Abstand zum nächstbesten Verfolger.

Darüber hinaus bewegt sich die Markenzuordnung der Kampagne in der jungen Zielgruppe mit 85 % auf einem hervorragenden Niveau.

Spontane Werbeerinnerung bei den 18- bis 30-Jährigen 2. Tertial 2011

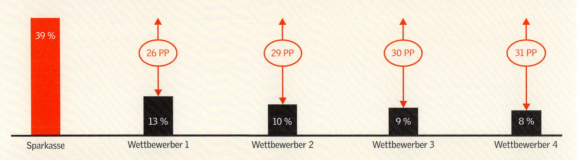

Abb.1; Quelle: ICON (09/2011): Ausgewählte Ergebnisse des Nationalen Werbetrackings.

Kommunikationserfolg 2: Steigerung der wahrgenommenen Leistungskompetenz.

Die Leistungsprofilierung der Sparkasse gelingt: Bei den eher kritischen jungen Erwachsenen schneiden die Sparkasse und ihre Produkte im Vergleich zur Gesamtbevölkerung in den Dimensionen „gute Konditionen", „Preis-Leistungs-Verhältnis", „Modernität" und „Kompetenz" eindeutig besser ab.

Leistungsprofil der Sparkasse
(Zeitraum: Mai – Aug. 2011)

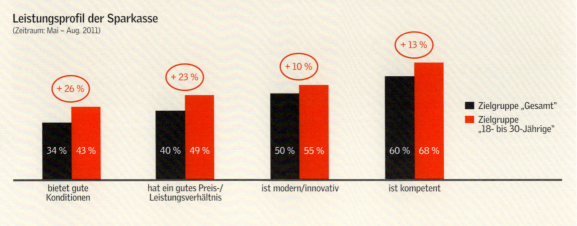

Abb. 2; Quelle: ICON (09/2011): Ausgewählte Ergebnisse des Nationalen Werbetrackings.

DEUTSCHER SPARKASSEN- UND GIROVERBAND

Kommunikationserfolg 3: Hervorragende Aktivierung und Reichweiten.

„Giro sucht Hero" sorgt für enorme Aktivierung: So verzeichnet die Kampagne 3,3 Millionen Besucher auf den Kampagnenseiten. Die Action-Rate, die Mitmachquote nach Click auf ein Werbemittel, liegt bei großartigen 28 %. Darüber hinaus zählt die Kampagne in nur zwei Monaten 210.000 Gewinnspiel-Registierungen und verbucht eine überdurchschnittlich hohe Werbeeinwilligung von 21 %.

Auch in Sachen Reichweite setzt „Giro sucht Hero" Zeichen: Bereits nach 49 Tagen wird der 100.000ste Facebook-Fan generiert. Zwischen Mai und Juli wächst die Fanpage täglich um circa 2.000 Fans. Mit Abschluss des Kampagnenzeitraums Ende August 2011 verzeichnet „Giro sucht Hero" 136.000 Facebook-Fans.

Entwicklung der Interaktionswerte im Kampagnenzeitraum

	23. Juni 2011	21. Juli 2011	01. Sept. 2011	Steig. Sept. vs. Juni
Kampagnenseiten-Besucher Gesamt	1.400.000	2.321.000	3.300.000	+ 136 %
Beitragsausspielungen im News-Feed der Facebook-Fans	5.200.000	9.500.000	16.200.000	+ 211 %
Reaktionen auf Facebook-Beiträge	10.200.	17.200	25.500	+ 150 %
Votes	500.0000	823.248	1.032.505	+ 106 %
Filmabrufe	600.000	1.138.500	1.900.000	+ 216 %

Quelle: Finanzportal (09/2011): GsH Reporting; Facbook-Insight-Auswertung (09/2011).

Verkaufserfolg 1: Ausbau der Girokonto-Reichweite.

Die Marketing-Offensive „Giro sucht Hero" stoppt die Abwanderung und kann die Girokonto-Reichweite erstmals seit drei Jahren in der jungen Zielgruppe sogar um 1,4 Prozentpunkte ausbauen. Auch der Abschluss-Goodwill konnte auf 45 Prozentpunkte und damit um 13 % gesteigert werden.

Entwicklung der Girokonto-Reichweite der Sparkasse in der Altersgruppe 14 bis unter 30 Jahre

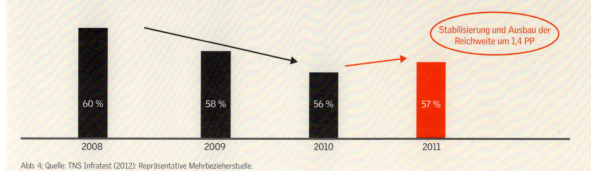

Abb. 4; Quelle: TNS Infratest (2012): Repräsentative Mehrbezieherstudie.

KATEGORIE FINANZDIENSTLEISTUNGEN

Verkaufserfolg 2: Hohe Steigerung der App-Downloads.

Jeder Wettkampf der „Giro sucht Hero"-Kampagne kommuniziert eines der innovativen Produkte und Features der Sparkasse, darunter die Mobile-Apps der Sparkasse. Die Mobile-App-Downloads registrieren im Kampagnenzeitraum hervorragende Steigerungsraten. Insgesamt werden 449.143 App-Downloads verzeichnet. Das macht eine Gesamtsteigerung um 33 % gegenüber Mai 2011. In den ersten sechs Kampagnenwochen steigen die wöchentlichen App-Downloads im Durchschnitt sogar um 62 %.

Entwicklung Download-Zahlen der Mobile-Apps der Sparkasse

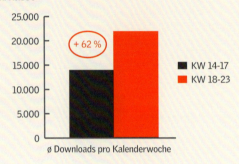

Quelle: Sparkassen-Finanzportal GmbH und Star-Finanz (9/2011): App-Reporting.

Effizienz

Effizienzerfolg: Effiziente Aussteuerung der Kampagne.

Mit weniger Mediaspendings kommuniziert die Marke Sparkasse in Bezug auf die Werbeerinnerung im zweiten Tertial 2011 dreimal effizienter als ihr unmittelbarer Wettbewerber.

Auch im Vergleich mit der analog strukturierten Kampagne „Million Voices" der Deutschen Telekom hält die Sparkasse mit der „Giro sucht Hero"-Kampagne dem Effizienzvergleich stand: Im Hinblick auf die Kosten pro Besucher der Kampagnenwebsite kommuniziert die Sparkasse mit 35 % weniger finanziellem Aufwand als die Deutsche Telekom.

Quelle: Nielsen (2012): Bruttospendings V+R Banken und Sparkasse 2. Tertial 2011

Quelle: Nielsen (2012): Bruttospendings Sparkasse 2. Tertial 2011 (Gesamt); Bruttospendings Telekom Okt-Dez 2012, nur Print und TV, alle Motive/Filme mit Thomas D

DEUTSCHER SPARKASSEN- UND GIROVERBAND

KATEGORIE FINANZDIENSTLEISTUNGEN

KUNDE

ERGO Direkt Versicherungen, Nürnberg
Verantwortlich: Peter M. Endres (Vorstandsvorsitzender), Bernd Walter (Leiter Marktkommunikation/
Zentraleinkauf/Service), Wolfgang Schmidt (Senior Manager Marketing & Verkaufsförderung)

AGENTUR

Aimaq von Lobenstein Creative Brand Consulting GmbH, Berlin
Verantwortlich: André Aimaq (Executive Creative Consultant), Hubertus von Lobenstein (Managing
Partner), Marc Wientzek (Creative Consultant), Carsten Riechert (Managing Consultant),
Timo Schips (Senior Strategic Planner)

MEDIA

Carat Deutschland GmbH, Büro Wiesbaden
Verantwortlich: Jens Erichsen (Managing Director), Wolfgang Blöcher (Managing Director
platfoming®), Kerstin Lachmann (Director Communication Consulting)

ERGO DIREKT VERSICHERUNGEN

WIR MACHEN'S EINFACH!

Marktsituation

Am 15. Februar 2010 wurden aus KarstadtQuelle Versicherungen (KQV) ERGO Direkt Versicherungen. Eine etablierte Marke verschwand, eine neue musste aufgebaut werden. Die Herausforderung: ERGO Direkt Versicherungen sind nicht „nur" ein Vertriebsweg der ERGO, sondern eine eigenständige Marke. Gefordert war eine „einigende Differenzierung" zwischen den beiden ERGO Marken. „Wir werden drei bis fünf Jahre benötigen, um wieder als Direktversicherer so bekannt zu sein wie die Marke KarstadtQuelle", beurteilte der Vorstandsvorsitzende Peter M. Endres die Marktsituation (Quelle: WiWo 2010).

Ein Markt mit sehr ähnlichen Verkaufsargumenten: Die Ausgangslage schien optimal: Durch die zunehmende Internetnutzung boomte der Markt der Direktversicherungen (Quelle: Gesamtverband der Deutschen Versicherungswirtschaft 2011). Auf den zweiten Blick wurde jedoch deutlich: Alle Wettbewerber haben nahezu identische Produktportfolios, und die Innovationen, für die KarstadtQuelle Versicherungen bekannt waren, wurden schlicht in kürzester Zeit kopiert. Bei einem physisch nicht anfassbaren Produkt liegen die Positionierungen der Marktteilnehmer zudem sehr nah beieinander (einfach, schnell, günstig, direkt und vertrauensvoll), so dass der Verbraucher verwirrt zurückbleibt.

Die Aufgabe lautete somit: eine starke, glaubwürdige und nachhaltige Positionierung für ERGO Direkt Versicherungen zu finden, um die neue Marke schnell bekannt zu machen und als eigenständig im Markt zu etablieren.

Revolution statt Evolution: ERGO Direkt kehrt der bisherigen Kommunikationsstrategie der „Alltags-Helden" den Rücken und versteht sich von Anfang an als „die innovative Direktversicherung, die es einfacher für den Menschen macht". Mit „ZAHN-ERSATZ-SOFORT" hatten wir das perfekte innovative Produkt zur Neupositionierung der Marke ERGO Direkt zur Hand.

Ziele, Zielgruppe

ERGO Direkt mit neuer Positionierung als innovativer Direktversicherer bekannt machen und Neugierde für Marke und Produkte wecken, um an die Glanzzeiten der KQV anzuknüpfen.

1. Steigerung von Markenbekanntheit und Werbeerinnerung

2. Den Imagewert „Bietet innovative Produkte" als USP im Markt verankern (unter den drei wichtigsten Imagewerten)

3. Verringerung des Abstands zu den Top-2-Playern Cosmos Direkt und Hannoversche Leben (bei Markenrelevanz)

4. Verstärkte Wahrnehmung als Direktversicherer

KATEGORIE FINANZDIENSTLEISTUNGEN

Mit den Richtigen reden: die Zielgruppe.
Die Neupositionierung der ERGO Direkt als innovativer Direktversicherer sichert Zukunftspotentiale durch die Einbeziehung direktversicherungsaffiner Kunden. Es handelt sich dabei um serviceorientierte und internetaffine Kunden, die Wert auf spezielle Problemlösungen legen, die ihnen unkompliziert zur Verfügung stehen. Sie sind mit 35 bis 45 Jahren eher jünger als die Bestandskunden (50 Jahre und älter).

Kreativstrategie

Innovativ sein? Wir machen's einfach!
„ZAHN-ERSATZ-SOFORT" ist ein echtes Rule-Breaker-Produkt, welches die Konventionen der Versicherungsbranche auf den Kopf stellt. Der Clou: Man kann die Versicherung noch abschließen, NACHDEM der Schaden eingetreten ist. Patienten können hiermit noch eine Zahn-Zusatzversicherung abschließen, wenn der Heil- und Kostenplan bereits vorliegt und sogar die Behandlung schon angefangen hat.

Wie ließe sich das Streben von ERGO Direkt nach innovativen, neuen Lösungen und Produkten für die Kunden besser dramatisieren als durch die Etablierung eines eigenen ERGO Direkt „INNOVATIONS-LABORS"?

Um die Glaubwürdigkeit der kreativen Idee noch zu verstärken, nutzen wir den Vorstandsvorsitzenden, Peter M. Endres, als Hauptdarsteller. Stellvertretend steht er für das Commitment des Unternehmens in Bezug auf Innovation und stellt das Bindeglied zwischen der realen Geschäftswelt und der fiktiven Kommunikationswelt des „INNOVATIONS-LABORS" dar.

In diesem tüfteln zwei skurrile Wissenschaftler an Lösungen für die aktuellen Probleme der Kunden – wenn auch mit eher bescheidenem Erfolg. Dennoch ist der Zuschauer beim Entstehen einer neuen Produktidee dabei, denn Peter M. Endres bekommt durch die Versuche stets die entscheidende Inspiration für ein neues Produkt – getreu dem Kampagnenmotto: „Aber die Idee ist gut! Wir machen's einfach!" So z.B. bei „ZAHN-ERSATZ-SOFORT" – eine Zeitmaschine, welche die Kunden in die Lage versetzen soll, zum Zeitpunkt VOR der Zahndiagnose und -behandlung zurückzureisen, um noch schnell eine Zahn-Zusatzversicherung abzuschließen. Peter M. Endres bekommt dann die Idee für eine Zahn-Zusatzversicherung, die man noch abschließen kann, wenn es eigentlich schon zu spät ist.

Mediastrategie

Eine neue Markenpositionierung braucht ein starkes Sprachrohr.
TV und Social Media eigneten sich am besten dafür, die ungewöhnlichen Geschichten im ERGO Direkt „INNOVATIONS-LABOR" zu erzählen und die Marke emotional aufzuladen. Innovation als Markenversprechen wurde dabei konsequent mit individuellen Sonderwerbeformen weiter gelebt.

ERGO DIREKT VERSICHERUNGEN

Effizienz

Ein Senkrechtstart in puncto Markenbekanntheit:

In wenigen Monaten konnte ERGO Direkt einen Zuwachs von 15 Prozentpunkten (entspricht einer Steigerung um 28 %) bei der Markenbekanntheit verzeichnen.

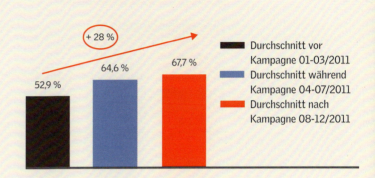

Gestützte Markenbekanntheit ERGO Direkt

Quelle: ICON ADDED VALUE GmbH - AD TREK Werbetracking Versicherungen, 2011

Die Erwartungen bezüglich spontaner Markenbekanntheit übertroffen:

Der durchschnittliche Zuwachs der spontanen Markenbekanntheit aller Versicherer im Jahresvergleich 2010–2011 beträgt circa 10 %. Mit unserer Kampagne konnten wir die Markenbekanntheit mit einem Zuwachs von 120 % steigern.

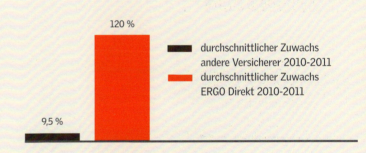

Zuwachs Spontane Markenbekanntheit ERGO Direkt versus durchschnittlicher Zuwachs anderer Direktversicherer (2010 vs. 2011)

Quelle: ICON ADDED VALUE GmbH - AD TREK Werbetracking Versicherungen, 2011

Werbeerinnerung gelingt:

Die Marke ERGO Direkt Versicherungen wird mit einem Zuwachs von 44 % nach der Kampagne von knapp einem Drittel der Menschen (gestützt) erinnert.

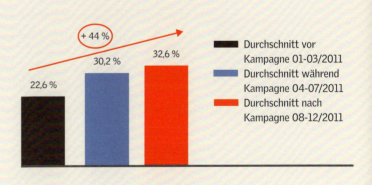

Gestützte Werbeerinnerung ERGO Direkt

Quelle: ICON ADDED VALUE GmbH - AD TREK Werbetracking Versicherungen, 2011

KATEGORIE FINANZDIENSTLEISTUNGEN

Nicht nur bekannt, sondern auch verbesserte Imagewerte

Der neueste USP „Innovative Produkte" ist mit 25 % auf Anhieb der zweitwichtigste Imagewert in der Markenwahrnehmung der ERGO Direkt Versicherungen und stark im Markt verankert.

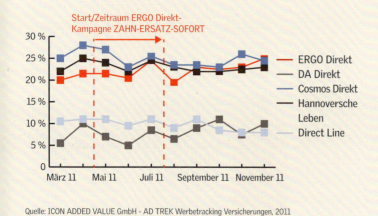

In kürzester Zeit auf Platz 2 im Relevant Set katapultiert und mittelfristig Platz 1 erreicht:

Bereits im Kampagnen-Flight wird der Abstand zu den Top-2-Playern Cosmos Direkt und Hannoversche Leben verringert. Längerfristig erreicht ERGO Direkt Versicherungen Ende des Jahres 2011 Platz 1.

Kontinuität

Langfristige Kreativplattform statt Kreatividee für einen Spot.

Das ERGO Direkt „INNOVATIONS-LABOR" wurde nicht nur zur Einführung von „ZAHN-ERSATZ-SOFORT" konzipiert, sondern ist seit der Neupositionierung die kreative Plattform für alle Kommunikationsthemen. Im Herbst 2011 folgte eine Kampagne für „RISIKO-LEBEN", seit Ende 2011 ist die Kampagne für den „GEGENSTANDS-SCHUTZ" on air. Das „INNOVATIONS-LABOR" ist damit als langfristige Kreativplattform zu sehen.

Innovation auch verankert in der Social-Media-Strategie.

Der Innovationsgedanke spielt auch in den sozialen Medien eine entscheidende Rolle. Die beiden „INNOVATIONS-LABOR"-Wissenschaftler sind nicht nur Teil des Facebook-Auftritts der ERGO Direkt Versicherungen, jeder Post von ERGO Direkt auf Facebook steht zudem unter dem Motto „Innovation" (z.B. Innovationen im Bereich Medizinforschung).

ERGO DIREKT VERSICHERUNGEN

ALLE FALLBEISPIELE DER KATEGORIE
GEBRAUCHSGÜTER

KATEGORIE GEBRAUCHSGÜTER

KUNDE

LEGO GmbH, Grasbrunn
Verantwortlich: Christian Korbes, Vice President Marketing CE

AGENTUREN

Mediaplus Media 1, München
Verantwortlich: Mirko Becker, Geschäftsleitung
Serviceplan Campaign 1, München
Verantwortlich: Stefan Schütte, Geschäftsführer; Monika Klingenfuß, Management Supervisor
Plan.Net Gruppe, München
Verantwortlich: Michael Frank, Geschäftsführer
FischerAppelt Relations, München
Verantwortlich: Andreas Haas, Geschäftsführer

LEGO

LEGO® – FOR MEN

Martktsituation

Als eine der bekanntesten Spielzeugmarken steht die LEGO GmbH Anfang 2010 vor großen Herausforderungen:

Zahlreiche Wettbewerber bringen vergleichbare und mit LEGO® kompatible Bausteine auf den Markt. Darüber hinaus sorgen seit Jahren rückläufige Geburtenzahlen für ein stetig schrumpfendes Zielgruppenpotential – weniger Kinder heißt für LEGO automatisch weniger junge Fans und damit weniger Absatz. Dies betrifft nicht nur die breite Produktpalette von LEGO Spielthemen, sondern insbesondere auch LEGO TECHNIC, welches sich im Kern an Jungen im Alter von 6 bis 13 Jahren wendet. LEGO TECHNIC muss neue Zielgruppen erschließen – denn nur so kann die Marke weiter wachsen und sich vom reinen Verdrängungswettbewerb unabhängig machen.

Zielgruppe

Auch Männer wollen spielen. Technisch anspruchsvolle und thematisch wenig kindhafte Produkte wie die Carrera-Bahn oder Nintendo werden schon seit Langem auch von erwachsenen Männern für sich selbst gekauft. Außerdem erinnern sich viele Männer noch Jahrzehnte nach ihrer Kindheit an die vielen schönen Stunden, die sie mit diesen Marken verbracht haben. In unserem Fall mit LEGO Steinen und LEGO TECHNIC.

Auf dieses positive Image setzen wir und sprechen für LEGO TECHNIC Männer zwischen 25 und 55 Jahren an, die oft (noch) keine Kinder haben. Die meisten von ihnen lieben technische „Spielereien". Dennoch ist es für sie wichtig, dass diese von anderen nicht als kindlich angesehen werden, sondern ihre Männlichkeit sogar noch unterstreichen.

Marketing- und Werbeziele

Folgende konkret messbare Ziele haben wir für die ersten zwei Jahre Kampagnenlaufzeit (2010 und 2011) festgelegt:

Ziel 1: Nummer 1 in der Werbeerinnerung der neuen Zielgruppe der erwachsenen Männer werden – und das wesentlich effizienter als der Wettbewerb.

Ziel 2: Stärkere Verankerung der Marke LEGO TECHNIC im Relevant Set der Männer.

Ziel 3: Steigerung Kaufplanung und Kauf um jeweils 20 %.

Ziel 4: Nummer 1 bei der Effizienz der Kundengewinnung werden.

KATEGORIE GEBRAUCHSGÜTER

Kreativstrategie

Wir möchten mit LEGO TECHNIC den Jungen im Mann herauslocken, ohne dem Mann das Gefühl zu geben, ein Kind zu sein.

Mit unserer langfristig angelegten Kampagne wollen wir deshalb Männer herausfordern, sich dem maskulinen Abenteuer des Selberbauens zu stellen. Der Claim „FOR MEN" und die kernige Tonalität machen klar: Das ist LEGO mal nicht für Kinder, sondern für echte Kerle.

Mit unserer Kampagne zeigen wir, dass die LEGO TECHNIC Hero-Produkte technisch genauso anspruchsvoll und komplex sind wie andere Faszinationsobjekte der Männer: Autos, Smartphones oder Computer. Die Leistungsdaten der LEGO TECHNIC Hero-Produkte Raupenbagger und Unimog erwecken wir auf eine Art und Weise zum Leben, die man eher aus den „erwachsenen" Produktkategorien wie Automotive kennt. Die Copy greift mit einem Schmunzeln typisch männliche Attitüden auf und erzeugt dadurch höchste Relevanz.

Mediastrategie

Neben klassischen TV-Spots, TV-Specials, Print-Anzeigen, PR sowie Online-Bannern in männeraffinen Umfeldern (Kampagnenzeitraum in 2010 und 2011: jeweils August bis Oktober) bieten wir auf der Website www.LEGOmen.de die Möglichkeit zur Interaktion mit den LEGO TECHNIC Hero-Produkten an. Wie Autohersteller in ihren virtuellen Showrooms setzen wir dort die beeindruckenden Leistungsdaten der Hero-Produkte in Szene und lassen die Männer ihre Funktionen in allen Details entdecken. Die interaktiven Spiele engagieren und schaffen interessierte Beschäftigung mit den LEGO TECHNIC Produkten – und locken von dort weiter zum direkten Kauf im Online-Shop.

Ergebnisse

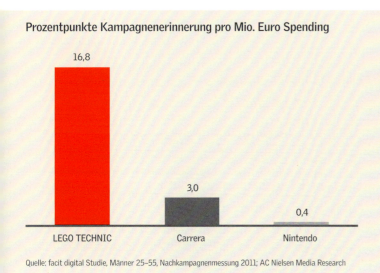

Quelle: facit digital Studie, Männer 25–55, Nachkampagnenmessung 2011; AC Nielsen Media Research

Ziel 1: Nummer 1 in der Werbeerinnerung der neuen Zielgruppe der erwachsenen Männer werden – und das wesentlich effizienter als der Wettbewerb.

Ergebnis: Die hervorragende Durchschlagskraft der Kampagne gepaart mit cleverem Mediaeinsatz kann die Zielgruppe hocheffizient erreichen. Die Erinnerung an die gesehene Werbung liegt bei LEGO TECHNIC pro ausgegebenen Werbeeuro um ein Vielfaches höher als bei den Wettbewerbern.

LEGO

Ziel 2: Stärkere Verankerung der Marke LEGO TECHNIC im Relevant Set der Männer.

Ergebnis: Die Kampagne macht echten Eindruck auf die Zielgruppe. Ein Drittel der Männer haben LEGO TECHNIC nach der Kampagne in ihrem Relevant Set. Während die persönliche Relevanz von TECHNIC bei der Zielgruppe spürbar steigt, verlieren die Wettbewerber im Vergleich.

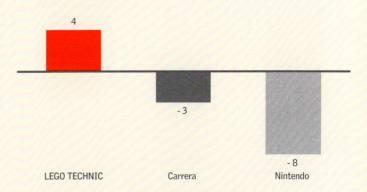

Veränderung Relevant Set in Prozentpunkten vor vs. nach Kampagne

Quelle: facit digital Studie, Männer 25–55, Vorkampagnenmessung 2010 versus Nachkampagnenmessung 2011

Ziel 3: Steigerung Kaufplanung und Kauf um jeweils 20 %.

Ergebnis: Die gestiegene Relevanz von LEGO TECHNIC bei der Zielgruppe schlägt sich durch die Kampagne extrem positiv auf den Kauf aus. Die Kampagne zeigt damit klare Marktwirkung – und schlägt die Konkurrenten weit über die Zielerreichung hinaus.

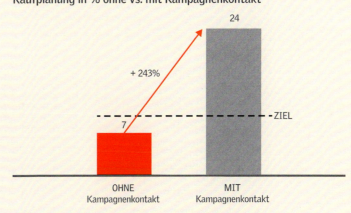

Kaufplanung in % ohne vs. mit Kampagnenkontakt

Quelle: facit digital Studie, Männer 25–55

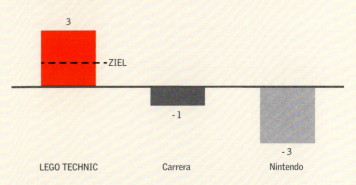

Veränderung Item Markenkauf in Prozentpunkten vor vs. nach Kampagne

Quelle: facit digital Studie, Männer 25–55, bezogen auf Item „Von welcher Marke haben Sie als Erwachsener für sich selbst schon Produkte gekauft?", Vorkampagnenmessung 2010 versus Nachkampagnenmessung 2011

KATEGORIE GEBRAUCHSGÜTER

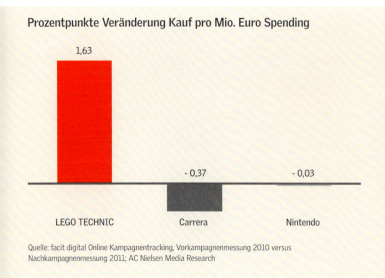

Quelle: facit digital Online Kampagnentracking, Vorkampagnenmessung 2010 versus Nachkampagnenmessung 2011; AC Nielsen Media Research

Ziel 4: Nummer 1 bei der Effizienz der Kundengewinnung werden.

Ergebnis: Die größte Bestätigung für die Kraft der Kampagne ist vor allem die hohe Effizienz, mit der sie neue Konsumenten gewinnt. Mit wesentlich geringerem Budget-Einsatz als die Wettbewerber Carrera und Nintendo kann LEGO TECHNIC mehr Männer für seine Produkte begeistern und sie zum Kauf bewegen. Damit hat die Kampagne nicht nur geholfen, den Umsatz von LEGO TECHNIC innerhalb der beiden Kampagnenjahre um 29 % (Quelle: LEGO) zu steigern, sondern auch eine wesentlich höhere Effizienz bewiesen als die Wettbewerber.

Fazit

Die „LEGO FOR MEN"-Kampagne zeigt über zwei Jahre hinweg, dass Männer ihren Spieltrieb nie verlieren. Zwar wächst der Anspruch an die technische Herausforderung, aber die Faszination des Erschaffens lässt sich auch bei echten Männern noch immer herauskitzeln. Diesen Nerv hat die Kampagne getroffen und somit LEGO TECHNIC in Sachen Image und Relevant Set bei Männern ganz nach vorn gebracht. Doch nicht nur das: Innerhalb der beiden Kampagnenjahre hat LEGO TECHNIC seinen Umsatz um 29 % gesteigert – und das wesentlich effizienter als die Wettbewerber.

Als besonders effektivitätsfördernd zeigt sich dabei vor allem das optimale Zusammenspiel zwischen den klassischen Kommunikationskanälen und der Interaktionsfaszination einer Online-Plattform, die rund um Produkt und Marke (sozial) engagiert.

Die „LEGO FOR MEN"-Kampagne hat sich über zwei Jahre bereits ausgezahlt und wird nun auch im dritten Jahr weiter ausgebaut. LEGO TECHNIC hat bewiesen, dass eine ruhige Hand bei der Markenführung – gepaart mit innovativen und interaktiven Tools – nach wie vor der Königsweg zum Erfolg ist. Ein Erfolg, der auf andere Segmente ausgeweitet wurde: Auch LEGO Star Wars™ und LEGO Architecture sprechen erwachsene Männer an.

LEGO

KATEGORIE GEBRAUCHSGÜTER

KUNDE

Leineweber GmbH & Co. KG
Wolfgang Drewalowski (Geschäftsführer), Marc Freyberg (Geschäftsleitung Marketing)

AGENTUR

thjnk ag (ehemals kempertrautmann gmbh)
Dr. Michael Trautmann (Vorstand), Nils Wollny (Head of Strategic Planning), Matthias Juhnke (Strategic Planner)

loved gmbh
Sandra Rehder (Geschäftsführende Gesellschafterin), Mieke Haase (Creative Director Art), Judith Stoletzky (Creative Director Text), Joanna Swistowski, Julia-Christin Holtz (Art Director), Antje Wiedemann (Account Managerin)

mediaplus fünfte mediaagentur hamburg gmbH & co. kg
Andreas Bahr (Geschäftsführer), Cornelia Brucker (Unitleiterin), Nora Schmitz (Teamleiterin)

BRAX

MEIN LEBEN PASST MIR

Marktsituation

Deutsche Bekleidungsindustrie unter Druck.
Die Textil- und Bekleidungsindustrie ist die zweitgrößte Konsumgüterbranche Deutschlands. Bereits seit Jahren müssen europäische Hersteller jedoch deutliche Rückgänge beim Inlandsumsatz von Bekleidung hinnehmen. Besonders hart traf es die stark fragmentierte Branche in den Krisenjahren 2008 und 2009: Die Umsätze schrumpften jeweils um über 10 % zum Vorjahr. Lediglich Marken im Discountsegment oder mit einem eindeutigen Lifestyle-Versprechen konnten in diesem Zeitraum Umsatzzuwächse im deutschen Markt verzeichnen und sich so wertvolle Marktanteile sichern – nicht zuletzt aufgrund von markenbildenden Kampagnen mit Werbespendings in Millionenhöhe. Der seit Jahren zu den Top-Spendern gehörende BRAX Hauptwettbewerber investierte laut Nielsen 2009 insgesamt 2,9 Millionen Euro in Werbung.

Die Marke BRAX – Qualität ganz oben, Image ganz unten.
Seit Jahrzehnten erfolgreich mit Herren- und Damenhosen von ausgezeichneter Qualität und exzellenter Passform, hat sich BRAX seit 2003 sukzessive zum Komplettanbieter von hochwertiger Freizeitmode für Männer und Frauen entwickelt – mit einem Sortiment, das neben Hosen auch Oberteile sowie Outdoorjacken umfasst. Aufgrund der langen Historie als Hersteller von Herrenhosen sowie eines hohen Durchschnittsalters der Stammkäufer haftete BRAX allerdings das Image der „Altherrenhose mit Gummizug" an – dem Herforder Traditionsunternehmen wurde weder die nötige Sympathie noch eine echte Kollektions-/Modekompetenz zugeschrieben. Kurzum: BRAX war eine Marke, die man kaufte, aber nicht liebte.

Eine schwierige Ausganglage, um unter den gegebenen Marktvoraussetzungen mit etablierten europäischen Lifestyle-Marken zu konkurrieren und weiter zu wachsen. Erstmals in der Unternehmensgeschichte sollte daher ab der Saison Herbst/Winter 2010 eine breitenwirksame Imagekampagne lanciert werden, um die Bekanntheit und die Sympathie von BRAX nachhaltig zu verbessern.

Ziele, Zielgruppe

Vom Qualitäts-Produkt zur Qualitäts-Marke.
Im Vorfeld der Imagekampagne wurden vier Ziele zur Werbewirkung und drei Ziele zur Marktleistung definiert, die bis Ende 2011 erfüllt werden sollten:

Ziel 1: Steigerung der Markenbekanntheit um 10 % (ungestützt) bzw. 15 % (gestützt) innerhalb der Zielgruppe im Vergleich zum Vorkampagnenzeitraum.
Ziel 2: Erzielung einer markengestützten Werbeerinnerung von 5 % innerhalb der Zielgruppe.

KATEGORIE GEBRAUCHSGÜTER

Ziel 3: Verbesserung der Imagedimensionen „sympathisch", „zeitgemäß", „aktiv" und „vielseitig" um 20 % im Vergleich zum Vorkampagnenzeitraum – ohne dabei die etablierten Kernwerte „Qualität" und „Passform" zu vernachlässigen.

Ziel 4: Steigerung der Produktbekanntheit in den Bereichen „T-Shirts/Poloshirts", „Blusen bzw. Hemden", „Strickjacken/Pullover" und „Jacken/Mäntel" um jeweils 20 % im Vergleich zum Vorkampagnenzeitraum.

Ziel 5: Erhöhung der Besucherzahlen des BRAX Onlineshops um 50 % sowie Erhöhung des Umsatzes im BRAX Onlineshop um 20 % im Vergleich zum Vorjahr.

Ziel 6: Steigerung des Gesamtumsatzes um 5 % und bei Hemden/Blusen um 10 % im Vergleich zum Vorjahr.

Eine Zielgruppe im besten Alter – die Generation Good Life.
Wir sprechen mit Männern und Frauen im Alter 45 plus. Die Kinder sind aus dem Haus, die Schäfchen im Trockenen. Ob noch im Berufsleben oder schon im wohlverdienten Ruhestand – unsere Zielgruppe schätzt echte Werte weitaus mehr als bloße Oberflächlichkeiten. Ganz klar, dass zu diesem Lebensstil auch die richtige Mode gehört. Bequem soll es sein – aber ohne, dass der Look darunter leidet. Unsere Zielgruppe zeigt ein hohes Markenbewusstsein und bezahlt dafür gerne einen entsprechenden Preis – vorausgesetzt, die Qualität stimmt. Ob bei Mode, Reisen, Kultur oder Restaurants – es ist der Anspruch, gut zu leben und zu genießen, der unsere Zielgruppe auszeichnet. Daher nennen wir unsere Zielgruppe Generation Good Life. Mit einem Anteil von 22 % an der deutschen Bevölkerung über 45 Jahre stellt die Generation Good Life ein attraktives Marktpotential für BRAX dar.

Kreativstrategie

Lebenslust statt Altersfrust.
Eine ausführliche Zielgruppenanalyse offenbarte eine deutliche Positionierungslücke innerhalb der Modekommunikation: Während die übertriebene Jugendlichkeit vieler Lifestyle-Marken auf Ablehnung bei den Männern und Frauen der Generation 45 plus stößt, fehlt klassischen „Best Ager"-Ansätzen in der Regel die nötige Attraktivität und Begehrlichkeit. Der Grund: Unsere Zielgruppe ist zu erfahren und zu selbstbewusst, um dem Jugendwahn zu folgen – zu aktiv und lebensfroh, um als „alt" bezeichnet und angesprochen zu werden. Der strategische Ansatz: Wir bekennen uns zu unserer lebenserfahrenen Zielgruppe und machen als erste Modemarke in Deutschland die Lebenslust und das Selbstbewusstsein einer ganzen Generation – der Generation Good Life – zum Kern einer Kampagne.

Lässigkeit statt Lifestyle.
Der Grundidee von Lebenslust und Selbstbewusstsein folgt auch die Umsetzung der Kampagne: Statt in typischen Modeposen zeigen wir reifere Männer und Frauen in eher unkonventionellen, lässigen Lebenssituationen und an den Orten ihres Interesses. Ob in der freien Natur oder in der Stadt, in Restaurants oder am Meer – unsere Motive sind stets nahbar und sympathisch. Wir orientieren uns konsequent an den Freizeitinteressen der Generation Good Life und begleiten unsere Protagonisten, wie sie gemeinsam jede Saison einen anderen Ort in Europa genießen, entdecken und erleben.

BRAX

Statements statt Stillleben.

Statt sich wie die meisten Modemarken mit der Abbildung eines Models zu begnügen, ergreifen unsere BRAX Protagonisten gerne das Wort: Mit Statements wie „Ich gehe lieber raus als aus", „Es hat Zeit bis morgen, um über morgen nachzudenken" oder „Ich trinke immer Rotwein zum Fisch" bringen sie ihr Selbstbewusstsein und ihren Optimismus zum Ausdruck. Der Kampagnenclaim bringt dieses Lebensgefühl der Generation Good Life in Einklang mit den rationalen BRAX Produktvorteilen Qualität und Passform: **Mein Leben passt mir.**

Mediastrategie

Ein maßgeschneiderter Mediaplan für die Generation Good Life.

Die Zielgruppe 45 plus weist die höchste Affinität zu Print- und Onlinemedien auf. Entsprechend wurden auch die Medien für die Kampagne gewählt: Print als Leitmedium zur Steigerung der Bekanntheit und Verbesserung des Images und Online als Ergänzungsmedium zur Steigerung der Besuche und des Umsatzes im Onlineshop. Die Kampagne wird darüber hinaus saisonal ausgesteuert: Die Einsatzzeiträume konzentrieren sich jeweils auf September bis November (Herbst/Winter-Kollektion) und von März bis Mai (Frühjahr/Sommer-Kollektion).

Anders als der restliche Modemarkt setzen wir jedoch nicht ausschließlich auf Modeumfelder und Modezeitschriften, sondern auf die Interessen unserer Zielgruppe. Medium, Themenumfeld und Kreation zahlen auf diese Weise gemeinsam auf die kommunikative Plattform ein und erzeugen so eine höhere Aufmerksamkeit innerhalb der Zielgruppe.

Parallel zum Printeinsatz werden die Motive in vergleichbaren Onlineumfeldern eingesetzt, die unsere Zielgruppe immer direkt zu den entsprechenden Kollektionsteilen im BRAX Onlineshop führen.

Ergänzend zu den Printanzeigen erscheinen die Motive auch als Titel von Prospekten und Mailings sowie als Großfotos in den Shops. Die Promotions im Facheinzelhandel transportieren die Idee in die Läden und verstärken die Vernetzung der handelskooperierenden Werbung mit der Imagekampagne von BRAX.

KATEGORIE GEBRAUCHSGÜTER

Ergebnisse

1. Die Markenbekanntheit steigt deutlich an.

Sowohl die ungestützte als auch die gestützte Markenbekanntheit von BRAX innerhalb der Zielgruppe wurde deutlich gesteigert. Der positive Effekt der Kampagne lässt sich insbesondere bei den Werbeerinnerern (Recognizer) ablesen: Hier verdoppelt sich die ungestützte Markenbekanntheit.

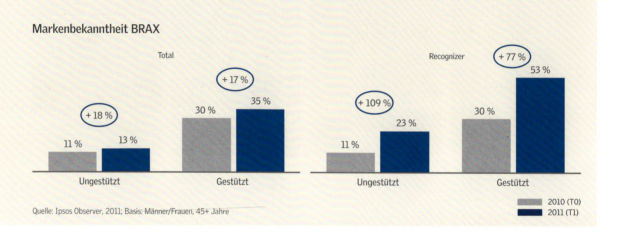

2. Die Werbeerinnerung übertrifft Wettbewerber.

Die markengestützte Werbeerinnerung der Kampagne liegt nach zwei Saisons bei 9,6 % innerhalb der Zielgruppe – damit wurde nicht nur die Zielvorgabe um fast 100 % übertroffen, sondern auch auf Anhieb das Niveau des Hauptwettbewerbers. Noch deutlicher wird der Erfolg der Kampagnenstrategie bei der Betrachtung des reiferen Zielgruppensegments „50–59 Jahre": Hier kann BRAX eine Werbeerinnerung von 10,9 % erzielen – ganze 3,6 Prozentpunkte mehr als der Hauptwettbewerber. Ein großer Erfolg für Werbeneuling BRAX.

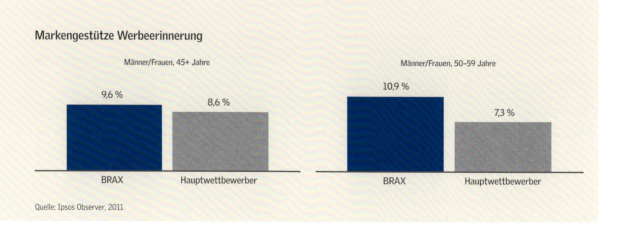

BRAX

3. BRAX wird deutlich sympathischer und moderner wahrgenommen.

Die Kampagne konnte sämtliche Imagedimensionen der Marke deutlich verbessern – ohne dabei die etablierten Werte Qualität und Passform zu vernachlässigen. Werbeerinnerer (Recognizer) verbinden BRAX neben Qualität und Passform nun gleichermaßen mit den Attributen sympathisch, zeitgemäß, aktiv und vielseitig. BRAX wird von der Zielgruppe als eine höchst relevante Marke im gehobenen Markt für Freizeitbekleidung wahrgenommen.

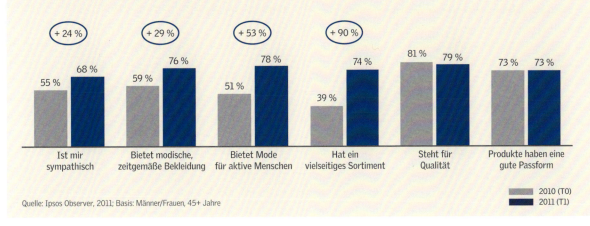

Imagedimensionen BRAX (Top-2-Boxes)

Quelle: Ipsos Observer, 2011; Basis: Männer/Frauen, 45+ Jahre

4. BRAX etabliert sich als Komplettanbieter.

Die Produktbekanntheit in den einzelnen Kategorien ist im Vergleich zum Vorkampagnenzeitraum deutlich angestiegen – in der Spitze um bis zu 290 %. Die Werbeerinnerer (Recognizer) verbinden BRAX nicht länger nur mit Hosen, sondern verstärkt auch mit Oberteilen. Ein wichtiger Schritt für weiteres Wachstum.

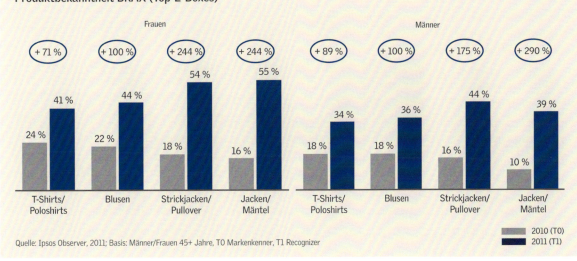

Produktbekanntheit BRAX (Top-2-Boxes)

Quelle: Ipsos Observer, 2011; Basis: Männer/Frauen 45+ Jahre, T0 Markenkenner, T1 Recognizer

KATEGORIE GEBRAUCHSGÜTER

5. Die Besucherzahlen und Umsätze des Onlineshops steigen deutlich an.

Die Kampagne hat nicht nur imagebildend auf die Zielgruppe gewirkt, sondern auch stark vertriebsunterstützend: Die Zugriffe auf den BRAX Onlineshop haben sich im Kampagnenzeitraum mehr als verdoppelt. Der Umsatz konnte um deutliche 67 % gesteigert werden und der digitale Vertriebskanal ist zur umsatzstärksten „Filiale" herangewachsen.

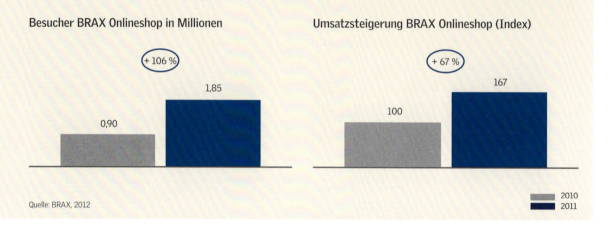

Quelle: BRAX, 2012

6. Der Umsatz klettert auf Rekordniveau.

BRAX konnte den Umsatz 2011 um 6 % im Vergleich zum Vorjahr steigern und sich so wichtige Marktanteile im Segment der gehobenen Freizeitmode erobern. In den Teilsegmenten Hemden/Blusen gelang BRAX ein Umsatzplus von 36,4 % bzw. 13,6 %. Das Wachstumsziel von 10 % wird deutlich übertroffen. Selbst bei den Hosen konnte das hohe Vorjahresniveau noch einmal um 5,9 % bzw. 3,7 % gesteigert werden. Ein Rekordjahr für BRAX.

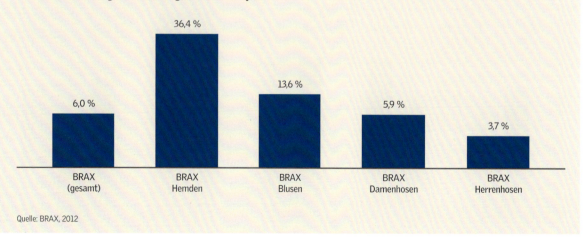

Quelle: BRAX, 2012

BRAX

Effizienz

BRAX wirbt bereits im ersten Jahr effizienter als der Hauptwettbewerber.

Die BRAX Imagekampagne konnte auf Anhieb das Werbeerinnerungsniveau des Hauptwettbewerbers übertreffen. Setzt man sie ins Verhältnis mit den Brutto-Werbespendings, so wird deutlich, dass die BRAX Kampagne bereits im ersten Jahr ein besseres Effizienzniveau als die Kampagnen des Hauptwettbewerbers erzielte: Während der Hauptwettbewerber im Zeitraum September 2010 bis August 2011 insgesamt 524.400 Euro Brutto-Werbespendings pro Prozentpunkt Werbeerinnerung ausgab, lagen die Ausgaben von BRAX unter diesem Wert – bei insgesamt nur 523.500 Euro Euro pro Prozentpunkt Werbeerinnerung (Quelle: Nielsen 2011 und Ipsos Observer 2011).

Kontinuität

Mein Leben passt mir – ein Kampagnenprinzip mit Langzeiteffekt.

Im September 2010 fiel der Startschuss für die langfristige Imagekampagne der Marke BRAX. Die Kampagne ist derzeit (Frühjahr/Sommer 2012) in ihrer vierten Saison und wird auch darüber hinaus fortgesetzt. Anders als bei Modemarken üblich, „überrascht" BRAX seine Kunden nicht alle halbe Jahre mit einer gänzlich neuen Fashion-Inszenierung, sondern setzt bewusst auf eine langfristige Kommunikationsstrategie, um bei der Zielgruppe das gewünschte Image zu erzeugen und sich eindeutig im Markt der gehobenen Freizeitmode zu positionieren.

Diese Kontinuität endet jedoch nicht beim Kampagnenprinzip, sondern gilt auch für den Einsatz der Modelle – die sich so als echte „BRAX-Gesichter" etablieren können. Auch hier unterscheidet sich BRAX deutlich von den meisten Modemarken. Die nötige Abwechslung wird durch wechselnde Orte, unkonventionelle Situationen, überraschende Statements – und natürlich die jeweilige Kollektion erzielt.

KATEGORIE GEBRAUCHSGÜTER

KUNDE

Ravensburger AG, Ravensburg
Verantwortlich: Dr. Simone Meyer (Leiterin Zentrales Marketing)

AGENTUR

Serviceplan Health & Life, München
Verantwortlich: Mike Rogers (Geschäftsführer), Christoph Bohlender (Senior Konzeptionstexter), Saskia Jilge (Art Direktorin), Claudia Locherer (Art Direktorin), Rebecca Amann (Art Direktorin), Annabelle Zöllner (Etat-Direktorin)

Mindshare, Frankfurt am Main
Verantwortlich: Christian Gaffal (Media Direktor)

RAVENSBURGER AG

MARKTEINFÜHRUNG TIPTOI

Marktsituation

Bislang gab es im wachsenden Segment für elektronisches Lernen den Platzhirsch VTech, der mit mehreren Produkten nahezu den gesamten Markt beherrschte. Bei einem Marktvolumen von 18,6 Millionen Euro konnte VTech mehr als 88 % Marktanteil für sich verbuchen.

Im September 2010 trat Ravensburger mit dem Launch des Produktkonzepts tiptoi in den Markt des elektronischen Lernens ein. tiptoi ist ein innovatives audiodigitales Lernsystem, das Kinder durch einen elektronischen „Stift" verschiedene Elemente von Spielen, Büchern und Puzzles durch Sounds, Spiele und erzählte Worte ganz neu entdecken lässt.

tiptoi erschließt ganz neue Dimensionen des Lernens und ist damit wesentlich komplexer als die anderen, bislang marktbeherrschenden elektronischen Lernspiele. Das macht die Einführung des Produkts, das sehr erklärungsbedürftig ist, nicht leicht.

Unsere kommunikative Herausforderung besteht deshalb darin, für Mütter und ihre Kinder die vielen Funktionen des Produkts schnell verständlich zu machen. Denn Komplexität von Handhabung und Gebrauchsanweisung ist oftmals eine Barriere bei der Entscheidung für ein Spiel.

Marketing- und Werbeziele

Konkret legen wir folgende messbaren Ziele für die nachhaltige Einführung von tiptoi über die Jahre 2010 und 2011 hinweg fest:

Ziel 1:
Den Marktanteil von 0 auf 30 % steigern bis Ende 2011.

Ziel 2:
Ein größeres Search-Volumen als der Wettbewerber VTech generieren.

Ziel 3:
Die durchschnittliche deutsche CTR (Click-Through-Rate) für Standard-Banner um das Fünffache übertreffen.

Ziel 4:
Aus dem Stand 100.000 Unique User auf die neue tiptoi Website ziehen.

Ziel 5:
Eine höhere Werbeeffizienz als der Wettbewerber VTech erreichen.

KATEGORIE GEBRAUCHSGÜTER

Zielgruppe

Unsere Zielgruppe sind in erster Linie Mütter, denn sie entscheiden über den Kauf von Spielzeug und Lernmaterialien. Sie suchen stets nach neuen Möglichkeiten, ihren Kindern die Welt spielerisch näherzubringen und deren geistige Fähigkeiten, Neugier und Entdeckergeist schon früh zu entwickeln. Besonders bei Spielzeug sind sie skeptisch, ob es ihre Kinder wirklich zum Denken und Entdecken anregt und diesen auch Spaß macht. Denn ohne den Spaßfaktor werden die Kinder das Spiel ablehnen.

Kreativstrategie

tiptoi schafft eine Brücke zwischen dem haptischen, analogen Spielerlebnis und der digitalen Interaktion mit Büchern, Spielen und Puzzles. Durch diese Kombination wird das Spiel lebendig. Dies ist die Grundidee der Kampagne, die durch den Claim auf den Punkt gebracht wird: tiptoi „macht Wissen lebendig".

Wir inszenieren eine Momentaufnahme des Spielens mit tiptoi und visualisieren die Interaktion mit dem Stift durch grafische Elemente, z. B. Noten. Damit zeigen wir auf der einen Seite den Müttern die didaktische Essenz des Spiels – nämlich dass tiptoi das Beste aus zwei Welten verbindet, der digitalen und der analogen. Auf der anderen Seite zeigen wir den „Hot Button" für Kinder, also den magischen Moment, in dem bei den Kindern die Augen zu leuchten beginnen. Denn das vermittelt Spaß und Freude.

Mediastrategie

Je nach Kaufentscheidungsphase werden die ausschlaggebenden Kommunikationskanäle gezielt ausgesteuert.

Awareness:
Über TV-Spots machen wir tiptoi schnell verständlich. Diese schalten wir in hochaffinen Kinderumfeldern, flankiert von Print-Anzeigen in „Eltern family". Ebenso nutzen wir gezielte PR in Medien mit Elternfokus, um Interesse für das Konzept zu schaffen. Online-Banner wecken zudem das Interesse der Mütter und lenken sie auf die Website.

Interesse:
Die Website bietet eine konkrete und detaillierte Erklärung des Konzepts von tiptoi. Neben ausführlichen Erklärfilmen findet man Filme für die drei unterschiedlichen Anwendungsbereiche von tiptoi: Bücher, Puzzles und Spiele.

Kaufimpuls:
Besonders für den Weihnachtseinkauf kreieren wir Demo-Stationen am PoS, um ein direktes Produkterlebnis für Mütter und Kinder zu schaffen. Hier werden die Mütter haptisch-spielerisch vom didaktischen Wert von tiptoi überzeugt und Kinderaugen zum Leuchten gebracht. Parallel dazu wird im Vertriebskanal www.amazon.de der TV-Spot online geschaltet.

RAVENSBURGER AG

Ergebnisse

Ziel 1:
Den Marktanteil von 0 auf 30 % steigern bis Ende 2011.

Ergebnis:
Vor 2010 hatte VTech 88 % Marktanteil. Das Ziel von Ravensburger war, 30 % Marktanteil zu gewinnen. Die Zielsetzung wird deutlich übertroffen: Innerhalb von 14 Monaten sichert sich Ravensburger über 50 % Marktanteil.

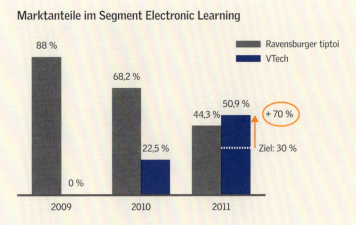

Ziel 2:
Ein größeres Search-Volumen als der Wettbewerber VTech generieren.

Ergebnis:
Die Wirkung der Kampagne wird klar erkennbar anhand des Google-Search-Volumens, das schon nach drei Monaten den Marktdominator VTech überholt.

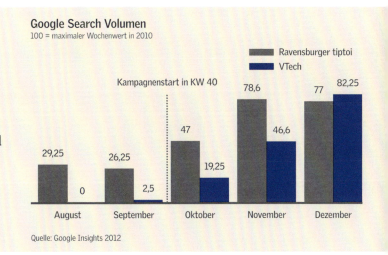

Ziel 3:
Die durchschnittliche deutsche CTR (Click-Through-Rate) für Standard-Banner um das Fünffache übertreffen.

Ergebnis:
Die Kampagne wirkt auch über Online-Banner und liefert eine beeindruckende Click-Through-Rate, die das Ziel ums Sechsfache übertrifft. Damit setzen wir das latente Interesse für tiptoi effizient in eine tiefere Beschäftigung mit tiptoi auf der Website um.

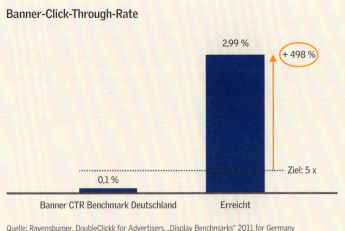

KATEGORIE GEBRAUCHSGÜTER

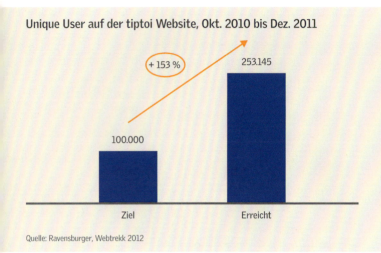

Unique User auf der tiptoi Website, Okt. 2010 bis Dez. 2011
Quelle: Ravensburger, Webtrekk 2012

Ziel 4:

Aus dem Stand 100.000 Unique User auf die neue tiptoi Website ziehen.

Ergebnis:

Das Ziel wird um 153 % übertroffen. Eine überwältigende Anzahl von Usern will genauer wissen, was tiptoi alles kann. Statt wie erhofft 100.000 User können wir bis Ende 2011 253.145 Menschen für die tiptoi Website begeistern.

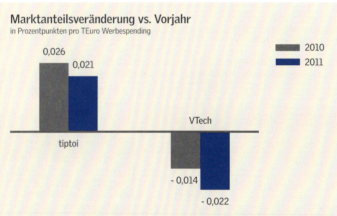

Marktanteilsveränderung vs. Vorjahr
in Prozentpunkten pro TEuro Werbespending
Quelle: npdgroup deutschland GmbH, Segment Electric Learning 2009 bis 2011; Nielsen (tiptoi Gesamtspendings, VTech Spendings nur bezogen auf Mobigo und Smile Motion)

Ziel 5:

Eine höhere Werbeeffizienz als der Wettbewerber VTech erreichen.

Ergebnis:

Mit nur einem Viertel des VTech-Mediabudgets macht die Kampagne tiptoi vom unbekannten und hochkomplexen Neuling zum Marktführer mit über 50 % Marktanteil.

Fazit

Ravensburger gelingt mit der Markteinführung von tiptoi ein fulminanter Start in den Markt des elektronischen Lernens. Die kreative Idee der Kampagne sowie die gezielte Mediastrategie, bei der klassische und digitale Kanäle Hand in Hand gearbeitet haben, sind voll aufgegangen. So kann tiptoi die kritischen Mütter überzeugen und Kinderaugen zum Leuchten bringen. Innerhalb von nur 14 Monaten hat sich Ravensburger mit einem Marktanteil von über 50 % die Marktführerschaft gesichert und den Dominator VTech vom Thron gestoßen – und das mit einem Viertel des Mediabudgets des bisherigen Marktführers.

RAVENSBURGER AG

KATEGORIE GEBRAUCHSGÜTER

KUNDE

Reuter GmbH
Verantwortlich: Bernd Reuter (Geschäftsführer), Daniel Goertz (Marketing)

AGENTUR

Jung von Matt AG, Hamburg
Glashüttenstraße 79
20357 Hamburg
Verantwortlich: Rolf Kutzera, (Geschäftsführung Beratung), Wolf Heumann (Geschäftsführung Kreation), Peter Kirchhoff (Creative Director Text), Andreas Ottensmeier (Creative Director Art), Jochen Schwarz (Kommunikationsberater), Sabine Windthorst (Projektmanagement), Toan Nguyen (Strategische Planung)

OMD Germany
Grünstraße 15
40212 Düsseldorf
Verantwortlich: Bettina Beier (Director Planning)

REUTER GMBH

DIE SCHÖNSTEN BÄDER REUTERT MAN HEUTE

Marktsituation

Deutschland kauft online.
Online-Shopping in Deutschland boomt. 2010 landeten Artikel im Wert von 23,7 Milliarden Euro in den digitalen Warenkörben. Ein Trend, von dem Online-Badshops jedoch nicht profitieren. Denn während jeder fünfte Deutsche seine Konzertkarten, Bücher und T-Shirts online bestellt, werden Sanitärprodukte im Internet von nicht einmal 2 Prozent der Bevölkerung gekauft.

Die Badezimmereinrichtung online? Lieber nicht.
Kein Wunder! Schließlich werden Badezimmer in zeitlich großen Abständen renoviert oder gebaut. Eine meist teure Angelegenheit, bei der jede Fehlentscheidung folgenschwer ist. Für die Deutschen ist also klar: Alles was die Einrichtung betrifft, wird lieber stationär gekauft.

Schlechte Vorzeichen für Reuter und seinen Online-Shop.
Mit fast 50.000 Fachhändlern und gut 4.000 Baumärkten in Deutschland mit exorbitanten Werbespendings ist der stationäre Handel so stark wie nie. Dabei sprechen viele Argumente für das Shoppen im Internet. Die größere Auswahl, kürzere Lieferzeiten und natürlich: die besseren Preise!

Die Herausforderung: Missionarsarbeit.
Um in einer so komplexen Marktsituation erfolgreich zu sein, muss Reuter echte Überzeugungsarbeit leisten. 2011 soll die Badezimmereinrichtung online gekauft werden – und das bei Reuter!

Ziele, Zielgruppe

Die Ziele: Vier gewinnt!
Ziel Nr. 1: Mehr Bekanntheit.
Wir wollen die Markenbekanntheit und Werbeerinnerung erhöhen.

Ziel Nr. 2: Mehr Aktivierung.
Wir wollen mehr Besucher auf die Website locken.

Ziel Nr. 3: Mehr Kunden.
Wir wollen, dass Reuter für mehr Menschen relevant ist und die Kaufbereitschaft steigt.

Ziel Nr. 4: Mehr Bestellungen.
Wir wollen mehr Abverkauf generieren.

KATEGORIE GEBRAUCHSGÜTER

Qualität muss nicht teuer sein!
Die Zielgruppe sind Haus- und Wohnungseigentümer zwischen 30 und 59 Jahren. Junge Nestbauer und ambitionierte Heimverschönerer. Sie alle sind marken- und qualitätsbewusst – schließlich soll ein Bad lange halten und gut aussehen. Deswegen ist jede Entscheidung gründlich durchdacht. Denn alles kostet Zeit und Geld.

Preisbewusst – aber nicht preissensibel!
Das Problem dabei: Sanitärprodukte werden so selten gekauft, dass Preis- und Referenzpunkte schwach ausgeprägt sind. Den meisten Käufern sind echte Einsparpotentiale bei Sanitärprodukten gar nicht bewusst. Eine große Chance für Reuter!

Kreativstrategie

Wir müssen die Preissensibilität erst einmal erzeugen!
Dabei leisten wir Aufklärungsarbeit. Denn der größte Unterschied zwischen dem digitalen und dem stationären Kauf sind die versteckten Kosten. Also: keine verkettete Abfolge von Zwischenhändlern, die mitverdienen wollen! Denn das bedeutet jedes Mal: weitere Margen für die Beteiligten und höhere Preise für den Konsumenten.

Unser Hebel: „Wissen Sie eigentlich, wie viele Leute an Ihrem Bad mitverdienen?"
Diesen Kerngedanken überspitzen wir und zeigen Menschen, die ihr eigenes Bad betreten. Dort treffen sie auf eine Masse von suspekt wirkenden Menschen, die den Weg zum Waschbecken oder zur Dusche blockieren. Egal was gekauft wird, überall haben zahlreiche Großhändler, Zwischenhändler und Handwerker ihre Finger im Spiel. Und jedes Mal, wenn man in sein Bad möchte, kommen die Erinnerungen daran wieder hoch. Ein beklemmendes Gefühl, von dem Reuter Badshop seine Kunden befreien kann!

Mediastrategie

Zwei Zündstufen für maximale Durchschlagskraft.
In zwei saisonal ausgesteuerten Wellen wollen wir Missionarsarbeit leisten. Und das über alle Ziel- und Lebensgruppen hinweg. Deswegen erweist sich TVC aufgrund seiner hohen Reichweite als ideales Leadmedium.

In der ersten Stufe legen wir den Grundstein für die Marke.
Im Frühling inszenieren wir moderne Produkte auf einem klaren und unverwechselbaren Key-Visual: bunte Tropfen auf schwarzem Hintergrund. Als visuelles Markensignal sorgen sie für sofortige Wiedererkennung, Progressivität und Wertigkeit. Dabei setzen wir auf kurze TVC-Formate, Web-Banner und eine hohe Taktung, um schnell viel Reichweite und Bekanntheit zu erzielen.

REUTER GMBH

In der zweiten Stufe wird erobert!

Im Herbst wird einen Gang höher geschaltet. Der „Mitverdiener"-Spot soll auch die letzten Zweifel aus dem Weg räumen. Flankiert wird der Spot von Anzeigen in Printmedien auf regionaler und nationaler Ebene sowie regionaler Außenwerbung auf Großflächen.

Ergebnisse

Mit der Kampagne erzielen wir Ergebnisse, die sich gewaschen haben!

Mehr Bekanntheit. Mehr Aktivierung. Mehr Kunden. Mehr Bestellungen. Unsere Missionarsarbeit war erfolgreich. Deutschland wurde überzeugt.

Ziel 1: Mehr Bekanntheit!

Bei über der Hälfte unserer Zielgruppe hinterlässt die Kampagne Spuren.

Ziel #1 erreicht. Markenbekanntheit und Werbeerinnerung werden enorm gesteigert.
„Welche der folgenden Onlineshops für Badezimmereinrichtung kennen Sie, wenn auch nur dem Namen nach?"
„Für welchen dieser Onlineshops für Badezimmereinrichtung ist Ihnen in den letzten Monaten Werbung aufgefallen, egal in welchem Medium (TV, Zeitschriften, Internet, Plakate, etc.)?"

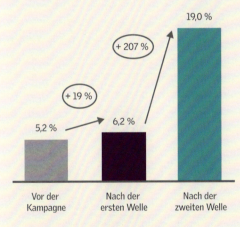
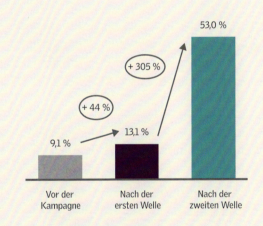

Quelle: BrandScience, 2011; Forsa/SevenOne Media 2012. Basis: Erw., 30-59 Jahre

KATEGORIE GEBRAUCHSGÜTER

Ziel 2: Mehr Aktivierung!

11,59 Millionen Besucher auf der Webseite – und damit 30.000 Besucher pro Tag – sind ein tolles Ergebnis.

Ziel #2 erreicht. 25 Prozent mehr Besucher auf der Webseite!
Vergleich der Webseitenbesucher Dez. 2010 (vor der Kampagne) und Jan. 2012 (nach der Kampagne).

Quelle: BrandScience, 2011; Forsa/SevenOne Media 2012. Basis: Erw., 30-59 Jahre

Ziel 3: Mehr Kunden!

Die Kampagne spült Reuter ins Relevant-Set. Über die Hälfte der Zielgruppe würde beim Reuter Online-Badshop kaufen!

Ziel #3 erreicht. Die Kaufbereitschaft steigt um über 160 Prozent.
„Angenommen, Sie würden in nächster Zeit Sanitärprodukte, wie etwa Badarmaturen oder Badezimmermöbel, einkaufen wollen. Bei welchen der folgenden Händler würden Sie den Einkauf tätigen?"

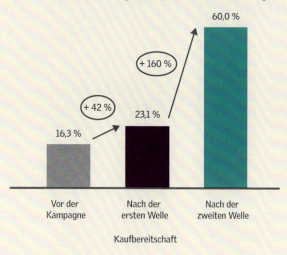

Quelle: BrandScience, 2011; Forsa/SevenOne Media 2012. Basis: Erw., 30-59 Jahre

REUTER GMBH

Ziel 4: Mehr Bestellungen!

50 Prozent mehr Bestellungen beweisen: Deutschland wurde überzeugt. Vor allem der „Mitverdiener"-Spot motiviert die Menschen zum Kauf. Badezimmer-Einrichtungen werden jetzt online gekauft – und das bei Reuter!

Ziel #4 erreicht. 50 Prozent mehr Bestellungen.
Vergleich der Gesamtbestellungen: 2010 versus 2011

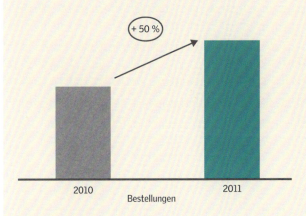

Quelle: reuter Onlineshop GmbH, 2012. Basis: KPI Messung

Effizienz

Effizienznachweis ohne verstecke Kosten!

Unsere Kommunikation ist nicht nur wirksam, sondern auch wirtschaftlich! Denn pro eingesetztem Media-Euro haben wir 27 Euro umgesetzt und beweisen: Unsere Kommunikation zahlt sich aus:

Effizienz: Aus einem Euro werden siebenundzwanzig.

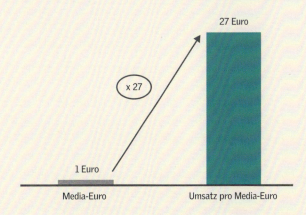

Quelle: Market Response Finder, 2011; reuter Onlineshop GmbH, 2012. Basis: KPI Messung

KATEGORIE GEBRAUCHSGÜTER

Kontinuität

Ein eindeutiges Profil und eine einfache Botschaft.
Wir haben mit dem modernen und vor allem unverwechselbaren Auftritt den Grundstein für die Marke gelegt. Eine Handschrift, die sich klar vom Wettbewerb absetzt und für sofortige Wiedererkennung sorgt. Dabei setzen wir auf eine einfache Botschaft: online lohnt sich.

Das Fundament ist gelegt. Jetzt wird weiter gebaut.
Die Bekanntheit ist in kürzester Zeit gestiegen, doch es bleibt Luft nach oben. In Zukunft sollten die Ziele sein auch (a) die ungestützte Markenbekanntheit zu steigern und (b) die gestützte deutlich zu stärken.

Unsere Vision: Vom Kategorie-Held zum Kategorie-Synonym.
Das Ziel ist es, nicht nur faktisch die Nummer 1 der Online-Badshops zu werden, sondern weitaus mehr. In Zukunft gilt es, die ganze Kategorie zu besetzen. Langfristig soll Reuter das Amazon der Sanitärbranche werden! Mit dem Claim: „Die schönsten Bäder reutert man heute" haben wir dafür bereits den Weg geebnet.

REUTER GMBH

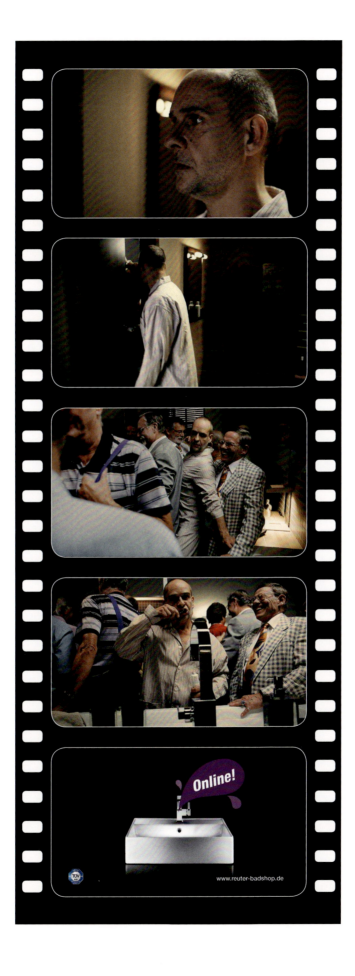

KATEGORIE GEBRAUCHSGÜTER

> Stellen Sie sich vor, ein Unternehmen könnte zum Maßstab einer ganzen Branche werden.
>
> Suntech kann das.

KUNDE

Suntech Power Deutschland GmbH, München
Verantwortlich: Vedat Gürgeli (Vice President Sales & Marketing), Pawel Nowotny (Director Marketing Suntech Europe), Gino Mamoli (Brand Marketing Manager)

AGENTUR

gürtlerbachmann GmbH, Hamburg
Verantwortlich: Uli Gürtler (Kreation), Anne Kukereit (Beratung), Thomas Canzar (Beratung), Frank Bachmann (Beratung)

SUNTECH POWER DEUTSCHLAND GMBH

SUNTECH KANN DAS

Marketingsituation

Januar 2011. Der Bundesverband Solarwirtschaft e.V. veröffentlicht die Zahlen zum Photovoltaikmarkt 2010 und bilanziert, dass außergewöhnlich viele neue Solaranlagen in Deutschland installiert wurden. Von 3.854 MWp im Jahr 2009 sprang die installierte Leistung um 92,22 % auf 7.408 MWp 2010. Ein kräftiger Anstieg, der zu einer Sonderkonjunktur in der Solarbranche mit einem Umsatz im Allzeithoch von mehr als 20 Milliarden Euro führte. Doch nicht mit Champagner, nur mit Selters wird darauf angestoßen. Der Grund dafür ist die Angst vor den Vorzeichen für 2011.

Profitierten die Hersteller 2010 noch erheblich von der großzügigen staatlichen Solarförderung, droht diese 2011 nun sehr stark gekürzt zu werden. Erfolgreich am Markt positionierte und bei Installateuren sehr gut distribuierte deutsche Hersteller müssen sich nun einem nach marktwirtschaftlichen Prinzipien funktionierenden Wettbewerb stellen. Und sich obendrein gegen chinesische Wettbewerber behaupten, die mit günstigen Modulen den deutschen Markt überschwemmen. Ein Markt, in dem „Made in Germany" aber noch immer etwas zählt, in dem die hohe Qualität eines Moduls das wichtigste Entscheidungskriterium bei den Zielgruppen ist (Quelle: Solar-Brand-Monitor 2010). Nicht zuletzt deshalb, da die Banken bessere Kreditkonditionen beim Kauf von Qualitätsprodukten einräumen (Quelle: Handelsblatt 2010).

Auch Suntech kommt aus China, allerdings ein untypischer Vertreter der chinesischen Solarindustrie. Ein Premiumanbieter mit höchster Produktqualität und dem Ziel, eine Spitzenposition im Markt einzunehmen. Dabei kann Suntech nicht im Preiswettkampf mit den chinesischen Herstellern, sondern muss im Qualitätswettkampf mit den etablierten deutschen Herstellern bestehen. Die Suntech-Module können das, die Marke Suntech noch nicht. Deutschen Zielgruppen ist der Qualitätsanspruch nicht klar, die Marke hinkt den gut positionierten deutschen Marken weit hinterher. Es bedarf einer Kampagne, die die Marke Suntech als Qualitätsmarke positioniert und zusätzlich emotional positiv auflädt.

Marketing- und Werbeziele

1. Die Markenbekanntheit in B2B und B2C um mindestens 25 % steigern.

2. Das Markenimage in den prägenden Dimensionen deutlich verbessern.

3. Die Empfehlungsbereitschaft der Installateure um mindestens 25 % nach oben treiben.

4. Den Absatz signifikant um mindestens 20 % steigern.

KATEGORIE GEBRAUCHSGÜTER

Zielgruppe

Wenn Endkunden die Kaufentscheidung für oder gegen ein Solarmodul abwägen, sind die Zuverlässigkeit und Langlebigkeit des Moduls, dessen Effizienz und „der gute Ruf" des Herstellers die zentralen Treiber (Quelle: Solar-Brand-Monitor 2010). Ein Kriterium übertrifft allerdings alles, der letztendliche Schlüssel zum Erfolg: die Empfehlung des Photovoltaik-Installateurs. Er bestimmt, welches Modul vom Kunden gekauft wird und welches nicht. Für 81 % der Installateure ist die Produktqualität das wichtigste Empfehlungskriterium (Quelle: Apel + Hoyer 2010), bislang denkt nur jeder fünfte an die Marke Suntech (Quelle: Installer-Monitor 2010).

Kreativstrategie

Die Kampagne muss auf den Installateur als effizienten Multiplikator fokussieren, ihn mit überraschenden Fakten zu Marke und Produkt informieren. Um zudem im Markt neben dem Pushaber auch einen Pull-Effekt auszulösen, müssen parallel die Endkunden für die Marke begeistert werden. Eine zweigeteilte Kampagne kann beides schaffen.

Die Informationskampagne zeigt die Marke Suntech als „Möglichmacher", ihre Stärken werden in einfachen, merkfähigen Aussagen kommuniziert. Laute, plakative Headlines zielen auf die Treiber von Installateuren. Auch wenn die Sonne mal nicht scheint, wollen deren Kunden Geld verdienen und mit der Anschaffung einer Solaranlage nicht nur etwas für die eigene Kasse, sondern auch für die Umwelt tun (Quelle: Solar-Brand-Monitor 2010). Eine auf hohe Wiedererkennung hin gestaltete Textkampagne, aufmerksamkeitsstark, differenzierend und überraschend.

Die Begeisterungskampagne hat ihre Grundlage im Sportsponsoring der Marke, die zur Saison 2011/2012 Trikotsponsor von 1899 Hoffenheim wurde. Eine Serie von zwanzig Motiven wird als Anzeigen und Online-Banner eingesetzt. Dazu ein humorvoller Viral mit Spielern und Trainern, der seinen Weg durch das Web 2.0 findet und auf YouTube, Facebook und Twitter tausendfach geklickt, geliked und geteilt, ganz einfach sehr gemocht wird. Wie auch die Aktion „Doppelte Freude": Für jeden Heimsieg von 1899 baut Suntech eine Solaranlage auf das Dach einer karitativen Einrichtung. Die Aktion findet großen Beifall in der Offline- und Online-Öffentlichkeit.

SUNTECH POWER DEUTSCHLAND GMBH

Mediastrategie

Das Ziel der Mediastrategie ist die maximale Sichtbarkeit in beiden Zielgruppen – gegen die deutlich höheren Mediabudgets der Wettbewerber. Fokussierung ist notwendig, um ausreichend sichtbar zu sein, so konzentriert sich der effiziente Mediabudgeteinsatz auf Anzeigen in zielgruppenaffinen Printmedien. Print ist mit hoher Kontaktqualität zur Verstärkung der Glaubwürdigkeit und der Verankerung der Botschaft bestgeeignet, die Imagedimensionen der Marke Suntech nachhaltig aufzuladen.

Die Informationskampagne erreicht die Installateure in Fachtiteln wie „Photovoltaik" und „Regenerative Energien", darüber hinaus in der „Wirtschaftswoche" und im „Handelsblatt". Die hohe Fußballaffinität von Installateuren und Endkunden führt die Begeisterungskampagne in Sporttitel wie „Sportbild" und „Kicker", wie auch in die Sportseiten der Montagsausgabe der „Welt".

Für 67,4 % der Installateure und 35,9 % der Endkunden ist das Internet Informationsquelle Nummer eins bei der Suche nach Informationen zu Solarmodulen (Quelle: Solar-Brand-Monitor 2010). Konsequenterweise sind aufeinander abgestimmte Maßnahmen in einem umfassenden Web-2.0-Auftritt das zweite zentrale Standbein der Kampagne. Print und insbesondere Online-Banner lenken die Zielgruppen auf die Suntech-Homepage. Für den Erfolg der Kampagne im Netz sehr wichtig, sie dient nicht nur als aktives Kommunikationsmedium, sondern auch als Verteilzentrum in die digitale Suntech-Welt mit Anbindung an Social-Media-Plattformen, für den direkten Dialog und die Interaktion mit den Zielgruppen.

Eine Mediastrategie, die aufgeht, wie das Ergebnis einer Endkundenbefragung klar bestätigt: 39,7 % der Endkunden hörten über die Marke Suntech zum ersten Mal durch werbliche Kommunikation (Quelle: Solar-Brand-Monitor 12/2011). Gemessen am Vorhaben, auch einen Pull-Effekt im Markt initiieren zu wollen, eine starke Basis.

KATEGORIE GEBRAUCHSGÜTER

Ergebnisse

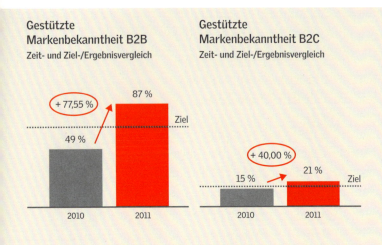

Quelle: Installer-Monitor 2010/2011, Solar-Brand-Monitor 2010/2011

Ziel: Die Markenbekanntheit in B2B und B2C um mindestens 25 % steigern.

Sehr erfolgreich steigert die Kampagne die Markenbekanntheit bei Installateuren und Endkunden. Das hohe zweistellige Wachstum in beiden Zielgruppen beweist, dass sich die zweigeteilte Kampagne eindrucksvoll gegen die weit höheren Mediaspendings der Wettbewerber durchsetzen konnte.

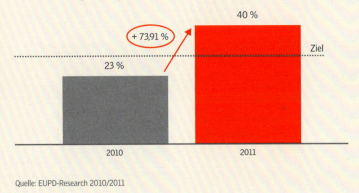

Quelle: EUPD-Research 2010/2011

Ziel: Die Empfehlungsbereitschaft der Installateure um mindestens 25 % nach oben treiben.

Zentraler Schlüssel für den Markterfolg ist die Empfehlungsbereitschaft der Installateure. Nahezu proportional wirkt sich eine Steigerung hier auf den Absatzerfolg aus. Die Kampagne führt zu einem außergewöhnlichen, das hohe Ziel weit übertreffenden Anstieg von 73,91 %, dem größten seit Start der Vertriebsaktivitäten von Suntech in Deutschland.

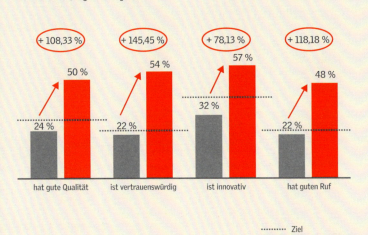

Quelle: Solar-Brand-Monitor 2011, methode-k 2010

Ziel: Das Markenimage in den prägenden Dimensionen deutlich verbessern.

Die Kampagne schafft es, die Wahrnehmung der markenprägenden Imagedimensionen bei den Endkunden deutlich zu verbessern. Außerordentlich stark steigen die zentral wichtigen Dimensionen „hat gute Qualität" und „ist vertrauenswürdig". So erreicht die Kampagne das Ziel, die Marke Suntech deutlich stärker emotional aufzuladen.

SUNTECH POWER DEUTSCHLAND GMBH

Ziel: Den Absatz signifikant um mindestens 20 % steigern.

Die Kampagne übertrifft die Kommunikationsziele deutlich und legt so die Grundlage für den überragenden Absatzzuwachs von 54,21 %. Die Marke Suntech läuft dem stagnierenden Markt und der deutschen Konkurrenz buchstäblich davon.

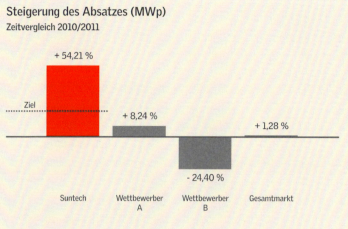

Die Kampagne arbeitet dabei in höchstem Maße effizient, wie der Vergleich mit den Wettbewerbern überaus deutlich aufzeigt. Diese erkaufen sich die Markenbekanntheit bei den Installateuren und den Endkunden mit erheblichen Mediaspendings, ganz anders als die Marke Suntech.

Fazit

Ein Verdrängungswettbewerb in einem zukünftig rückläufigen Markt. Als Premiummarke stellt sich Suntech dem Qualitätswettbewerb mit den deutschen Marken. Und kämpft um die Gunst derer, für die Qualität das oberste Entscheidungskriterium ist – noch immer die überwiegende Mehrheit (Quelle: Solar-Brand-Monitor 2011).

Der Faktor Marke ist dabei essentiell, nur eine stark aufgeladene und erfolgreich positionierte Marke Suntech setzt sich in dem immer enger werdenden Markt durch. Hierfür leistet die Kampagne einen starken Beitrag, wie nicht nur die Marktforschung, sondern insbesondere der Markt klar beweist.

KATEGORIE GEBRAUCHSGÜTER

KUNDE

WMF AG, Geislingen/Steige
Verantwortlich: Stefan Kellerer, Leiter Marketing
Stephen Schuster, Leiter Markenmanagement

AGENTUR

KNSK Werbeagentur GmbH, Hamburg
Verantwortlich: Detlef Krüger, Creative Director
Boris Schatte, Art Director
Ulrike Wegert, Creative Director Text
Kirsten Kohls, Account Supervisor
Kerstin Arndt, Head of TV

mediaplus media 1 gmbh & co. kg
Verantwortlich: Florian Ecker, Senior Mediaplanung

WMF

KALTE GRIFFE, HEISSES GESCHÄFT

Marktsitutation

WMF ist Marktführer mit über 4.000 Produkten im Warensegment Tisch- und Küchenartikel.

Als führender Anbieter muss sich WMF unterschiedlichen Angriffen aus dem Markt stellen:

1. Die Marke wird von zwei Seiten in die Zange genommen: Spezialisierte Hersteller wie Fissler und Zwilling bedrängen WMF ebenso wie preisgünstige Massenanbieter, zum Beispiel IKEA oder No-Name Brands.

2. Zusätzlich hat WMF stark damit zu kämpfen, dass eine deutliche Abkehr von hochwertigen Küchenartikeln festzustellen ist. Der Trend geht hin zu Billigprodukten und Discount-Marken.

3. Der Markt und insbesondere das Kochgeschirrsegment ist stark gesättigt.

Fazit: Das Marktumfeld ist extrem schwierig für WMF, da es von einem aggressiven Verdrängungs- und Preiswettbewerb beherrscht wird. Im lauten Rabattgeschäft der Billiganbieter ist die Durchsetzung für eine Premiummarke wie WMF extrem schwierig.

Aber: Die Konsumenten sparen zwar, doch nicht um jeden Preis. Qualität und innovative Technik bieten einen Mehrwert, für den ein höherer Preis akzeptiert und auch gezahlt wird.

Deshalb setzt WMF mit seiner Verkaufsstrategie voll auf Qualität und Innovationen: Mit der „Cool+ Technology" von WMF werden ab sofort die Topfgriffe nicht mehr heiß! Eine echte Innovation im gesamten Kochgeschirrsegment.

Mit diesem für die Verbraucher hochrelevanten Versprechen geht WMF ab November 2011 in die heiße Phase des Weihnachtsgeschäfts und konzentriert sich in der Kommunikation voll auf die „Cool+ Technology".

Ziele, Zielgruppen

Ziel 1: Umsatzsteigerung von 30 % im Weihnachtsgeschäft mit dem innovativen „Cool+"-Kochgeschirr.

Ziel 2: Mit Innovationen sich dem Billigtrend widersetzen: Verdreifachung des Jahresumsatzes 2011 im Segment „Cool+"-Kochgeschirr gegenüber Vorjahr.

Ziel 3: Umsatzsteigerung von 10 % (zum Vorjahr) über das gesamte Sortiment durch positive Abstrahl-Effekte von „Cool+"-Kochgeschirr.

Ziel 4: Durchsetzung von WMF mit einem außergewöhnlichen TV-Spot im lauten „Weihnachts-Werbedschungel" und Verankerung der „Cool+ Technology" bei den Kunden.

KATEGORIE GEBRAUCHSGÜTER

Ziel 5: Platzierung von WMF bei Relevant-Set und First Choice/Kaufentscheidung vor den Hauptwettbewerbern.

Ziel 6: Signifikante Steigerung von interessierten Besuchern auf der WMF-Homepage, um sie mit weiteren Informationen von der „Cool+ Technology" zu überzeugen.

Zielgruppe

Gehobene Endverbraucher als Kernzielgruppe
(SINUS-Milieus „Postmaterielle", „Moderner Performer", „Modern Mainstream", „Etablierte" im Alter zwischen 30 und 60 Jahren).

Wahrnehmung von WMF in der Zielgruppe:
„WMF ist der Vorreiter im Markt: Edelstahlperfektion für Tisch und Küche."
(Quelle: ICON Added Value)

Consumer-Insights: Relevant sind funktionale Aspekte wie lange Lebensdauer und praktisch in der Anwendung, zum Beispiel viele Größen, energiesparend und „dass die Topf-Griffe kalt bleiben sollen", der als wichtigster Consumer-Insight identifiziert wurde.
(Quelle: ICON Added Value)

Kreativstrategie

Der Consumer-Insight: Verbraucher wünschen sich Griffe an den Töpfen, die beim Kochen kalt bleiben.

Die Leitidee: Sprudelnd kochendheißes Wasser wird überraschenderweise von zwei Händen angefasst.

Die Kreativkonzept:
Zunächst wird das Problem – die gefährliche HITZE beim Kochen – dramatisiert. Spannung baut sich durch ungewöhnliche Nahaufnahmen und Toneffekte von kochendem, brodelndem Wasser auf.

Dann kommt die Lösung durch die „WMF-Cool+ Technology": Trotz des kochenden Wassers werden die Griffe nicht heiß und können gefahrlos angefasst werden. Jetzt erkennt man, dass das kochende Wasser die Form eines Topfes hat.

Die Kernaussage:
„Griffe, die beim Kochen nicht heiß werden. Das WMF-Kochgeschirr Premium One mit Cool+ Technology."

Der zusätzliche Kauf- und Geschenkanreiz:
„Cool+"-Kochtopf-Set mit Einblendung „Jetzt zu Weihnachten: Premium One 3-teilig ab 249 Euro."

WMF

Zusätzlich werden „im Handel oder online" und die WMF-Homepageadresse eingeblendet.

Der Spot ist auf 22 Sekunden Länge begrenzt, um bei dem äußerst geringen Mediabudget von nur 1,3 Millionen Euro eine maximale Anzahl von Ausstrahlungen zu erzielen.

Mediastrategie

Für eine schnelle Durchdringung und Aktivierung zur Weihnachtszeit wird als Lead-Medium TV gewählt:

1. Zum Auftakt der Kampagne wurde direkt vor der Tagesschau und ZDF heute die sogenannte „Best Minute" belegt, um sehr schnell hohe Awareness und eine hohe Reichweite in der Zielgruppe aufzubauen.
2. Belegung von themenaffinen Programmumfeldern wie zum Beispiel Kochshows.
3. Schaltung in ausgewählten Qualitäts- und Reichweitenumfeldern auf den Sendern ARD, ZDF, VOX, RTL II, Kabel 1, SAT 1, RTL und Super RTL.
4. Der Schwerpunkt der TV-Kampagne liegt im November, da hier höchste Reichweiten und ideale Leistungswerte erzielt werden.

Um zusätzlich besonders kochinteressierte Personen anzusprechen, wird die Kampagne ONLINE verlängert:

1. Flankierend zu TV wird der TV-Spot auf www.wmf.de platziert.
2. Auf Chefkoch.de kommuniziert ein animiertes Teaser- und ein Skyscraper-Banner das Key-Visual und die Kernaussage „Griffe, die beim Kochen nicht heiß werden".

PRINT hat zum Ziel, Abverkaufsimpulse bis kurz vor Weihnachten zu setzen und so die TV-Kampagne zu verlängern. Ein Weihnachtsbeihefter wird in den reichweitenstarken Zeitschriften meine Familie & ich, Lust auf Genuss, Focus, Der Spiegel und Bunte eingesetzt und zusätzlich über den Handel und die WMF-Filialen gestreut.

Für eine optimale Wiedererkennung im HANDEL sorgen Schaufensterplakate und POS-Aufsteller mit dem Weihnachtsangebot „Cool+"-Kochtopf-Set und der Kernaussage „Griffe, die beim Kochen nicht heiß werden".

KATEGORIE GEBRAUCHSGÜTER

Ergebnisse

„Cool+" steigert Umsatz um 44 % höher als der Effie-Gewinner „WMF Vitalis"!

Umsatz in Mio. Euro

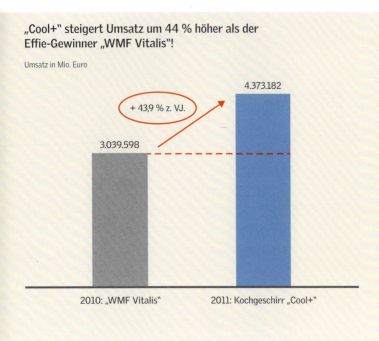

Quelle: BIW, TM-Tool

Ziel 1: Umsatzsteigerung von 30 % im Weihnachtsgeschäft mit dem innovativen „Cool+"-Kochgeschirr.

Ambitioniertes Ziel noch deutlich übertroffen: Umsatzsteigerung um sagenhafte 43,9 %!

Die Kampagne zur „Cool+ Technology" verkauft noch erfolgreicher als die Kampagne für den Effie-Gewinner „WMF Vitalis".

Jahresumsatz „Cool+" in 2011 verfünffacht!

Umsatz in Mio. Euro

Quelle: WMF AG
Einführung „Cool+": August 2010

Ziel 2: Mit Innovationen sich dem Billigtrend widersetzen: Verdreifachung des Jahresumsatzes 2011 im Segment „Cool+"-Kochgeschirr gegenüber Vorjahr.

Hocheffektive „Cool+"-Kampagne: Jenseits aller Erwartungen übertrifft der Jahresumsatz des „Cool+"-Kochgeschirrs das hochgesteckte Ziel. Umsatz mehr als verfünffacht!

WMF

Ziel 3: Umsatzsteigerung von 10 % (z. VJ) über das gesamte Sortiment durch positive Abstrahl-Effekte von „Cool+"-Kochgeschirr.

Die Kampagne „Cool+"-Kochgeschirr pusht das Weihnachtsgeschäft über das gesamte Sortiment: Die Umsatzsteigerung übertrifft das Ziel um mehr als das Doppelte.

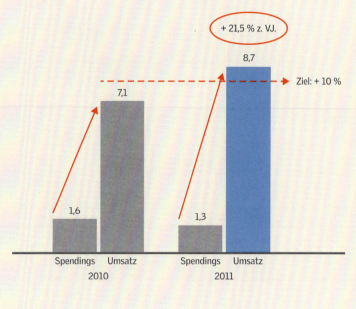

Ziel 4: Durchsetzung von WMF mit einem außergewöhnlichen TV-Spot im lauten „Weihnachts-Werbedschungel" und Verankerung der „Cool+ Technology" bei den Kunden.

Durchsetzung des TV-Spots in der werbeintensiven Vorweihnachtszeit bewiesen!

Die Werbeerinnerung mit ungestützter Marke(!) stieg im Vgl. zur Nullmessung um 12 %-Punkte!

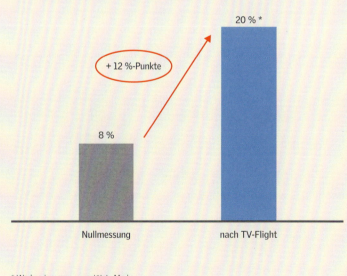

KATEGORIE GEBRAUCHSGÜTER

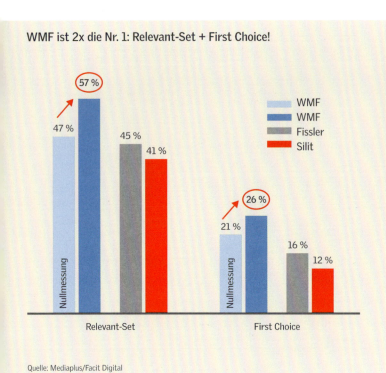

Ziel 5: Platzierung von WMF bei Relevant-Set und First Choice/Kaufentscheidung vor den Hauptwettbewerbern.

WMF ist die Nr. 1 im Relevant-Set und auch Nr. 1 bei der wichtigen Kaufentscheidung = First Choice – mit sehr deutlichem Abstand zu den Wettbewerbern!

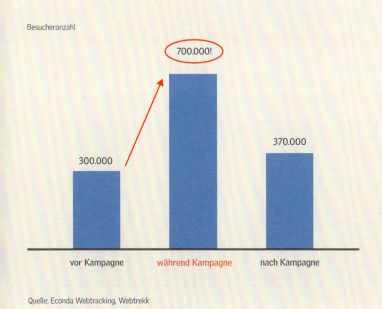

Ziel 6: Signifikante Steigerung von interessierten Besuchern auf der WMF-Homepage, um sie mit weiteren Informationen von der „Cool+ Technology" zu überzeugen.

Die Visits auf der WMF-Homepage wurden im Werbezeitraum mehr als verdoppelt. 700.000 Besucher innerhalb von 4 Wochen! Ein absoluter Spitzenwert in der Historie von WMF.

WMF

Effizienz

• **Effizienz-Beweis 1:**

WMF wirbt im Weihnachtsgeschäft 2011 deutlich effizienter als mit der Kampagne für den Effie-Gewinner „WMF Vitalis" in 2010: Trotz geringeren Mediabudgets von nur 1,3 Millionen Euro hat jeder eingesetzte Werbe-Euro seine Wirkung auf den Weihnachts-Umsatz mehr als verdreifacht.

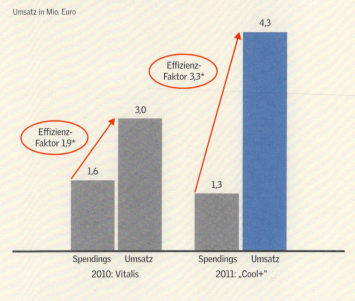

• **Effizienz-Beweis 2:**

Deutlich höhere Effizienz als bei der Kampagne für den Effie-Gewinner „WMF Vitalis" 2010: Jeder eingesetzte Werbe-Euro mit fast 7-facher (!) Wirkung auf den Gesamtumsatz trotz geringeren Budgets.

KATEGORIE GEBRAUCHSGÜTER

Kontinuität

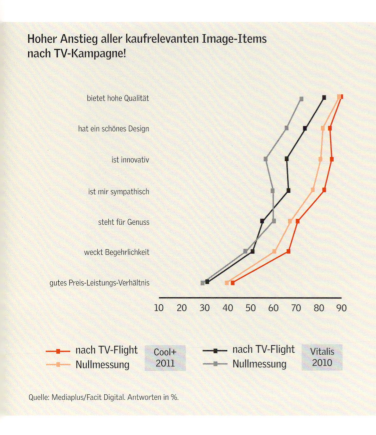

Durch die alljährliche Konzentration auf die wichtige Weihnachtszeit, durch den jährlichen Fokus auf eine konsumentenrelevante Produktinnovation und durch eine hocheffiziente Kommunikation werden alle kaufentscheidenden Markenwerte signifikant verbessert. WMF ist als Marke – vor den großen Wettbewerbern – fest im Relevant-Set und als First Choice bei den Verbrauchern verankert.

Fazit

Die WMF „Cool+"-Kampagne war effektiv und hocheffizient im Weihnachtsgeschäft:

• WMF ist zweimal Nr. 1 vor den Wettbewerbern: bei Relevant-Set und Kaufentscheidung/First Choice.

• Trotz geringeren Mediaspendings als im Jahr 2010 wurde der Umsatz des „Cool+"-Segments um 44 %, sowie des gesamten WMF-Sortiments um 21,5 % dramatisch stärker gesteigert als im Vorjahr.

• „Cool+" hat deutlich effizienter gearbeitet als die Kampagne für den Effie-Gewinner Vitalis: Jeder Werbe-Euro hat eine 3-fache Wirkung auf den „Cool+"-Umsatz und eine fast 7-fache Wirkung auf den Gesamt-Umsatz von WMF.

WMF

ALLE FALLBEISPIELE DER KATEGORIE
INSTITUTIONELLE KAMPAGNEN

KATEGORIE INSTITUTIONELLE KAMPAGNEN

KUNDE

1. FC Union Berlin
Christian Arbeit, Pressesprecher
Jörg Taubitz, Marketing

AGENTUR

A&B One Kommunikationsagentur GmbH
Alice Gittermann, Etatdirektion
Cornelis Stettner, Text & Konzeption
Daniel F. Zimniak, Text & Konzeption
Ralf Kuschka, Art-Direktion & Konzeption
Olivia Jüstel, Junior-Art-Direktion

1. FC UNION BERLIN

DIE „ALTE-FÖRSTEREI-AKTIE": STADION-KAMPGANE DES 1. FC UNION BERLIN

Ausgangssituation

Der 1. FC Union Berlin ist ein besonderer Fußballverein. Das liegt an seiner Geschichte und an seinen Fans. Zwischen ihnen und dem Köpenicker Verein bestand schon immer ein außergewöhnliches Verhältnis. So bauten vor einigen Jahren Union-Fans und Mitglieder des Vereins eigenhändig das Stadion um. Spätestens seit dem ist das Stadion „An der Alten Försterei" noch stärker als die Seele des Vereins bei Fans und Mitgliedern verankert.

Nun soll das Stadion Alte Försterei eine neue Haupttribüne erhalten. Die Finanzierung (15 Millionen Euro) ist über Fremdkapital gesichert. Trotzdem hat der Vorstand beschlossen, die Stadiongesellschaft in eine Aktiengesellschaft umzuwandeln und dafür zu sorgen, dass ausreichend Aktien abgesetzt werden. Nur Mitglieder und Sponsoren des Vereins können Aktien erwerben. Sie werden nicht frei gehandelt und werfen keine Rendite ab. Aber: Die Aktionäre können darüber entscheiden, was künftig mit ihrem Stadion geschieht. So haben sie auch Einfluss darauf, ob ihr Fußballstadion einen Namen bekommt, der uns an Gummibärchen oder Hygieneprodukte erinnert.

Damit setzt der Verein der Kommerzialisierung im Profifußball ein eigenes Modell entgegen.

Darum geht es

Mit einer Kampagne von nur sechs Wochen Laufzeit galt es,

- die Mitglieder und Fans des 1. FC Union Berlin über den Stadionverkauf und die Aktienausgabe zu informieren,
- Neumitglieder zu gewinnen,
- das Image des Vereins als einen der letzten echten Bewahrer des puren Fußballs zu verstärken.

Daneben lautete das Geschäftsziel, ausreichend Aktien abzusetzen, um den Aktieninhabern Mitspracherecht zu gewährleisten.

KATEGORIE INSTITUTIONELLE KAMPAGNEN

Schnell und laut

Die Kampagne ist kompromisslos. Sie zeigt, was der Verein will und nicht will. In der ersten Phase stellt sie darauf ab, die Alte-Försterei-Aktie bekannt zu machen. Gleichzeitig motiviert sie Fans und Sympathisanten, Mitglied des Vereins zu werden.

Mit provokanten Motiven macht die Kampagne schnell das Anliegen deutlich und schafft dafür eine sehr hohe Aufmerksamkeit. Eine breite Berichterstattung in lokalen, nationalen und internationalen Medien stellt den Gesamtzusammenhang her und erläutert die Hintergründe und Motive, die den Verein dazu bewegen, diesen besonderen Weg zu gehen. Im Stadion an der Alten Försterei wird unverfälschter, echter Fußball gelebt – ohne gesponserte Eckbälle und gelbe Karten. Genau hier setzt auch der Viralspot konzeptionell an. Er markiert den Unterschied zwischen dem kommerziellen Ausverkauf und dem Gegenmodell des 1. FC Union Berlin, das auf die Kraft der Mitglieder setzt.

Aktionäre werben für Aktienkauf

Die zweite Kampagnenphase startet mit Beginn der Zeichnungsfrist. Sie arbeitet mit stolzen Stadionbesitzern als authentischen Botschaftern des Union-Weges und schafft weitere Impulse für den Aktienerwerb.

Um die Kernzielgruppen, 1. FC Union-Fans und -Mitglieder, Sympathisanten und Multiplikatoren zu erreichen, liegt der Fokus der Kampagne in der zweiten Phase auf Außenwerbung. Auch in dieser Phase wird der Flight mit begleitender Presse- und Medienarbeit sowie Social-Media-Aktivitäten unterstützt.

1. FC UNION BERLIN

Seelenverkäufer auf allen Kanälen

In der crossmedialen Kampagne kommen verschiedene Instrumente in unterschiedlichen Kanälen zum Einsatz. Dazu gehören CLPs, 18/1, ÖPNV- und Bauzaunplakatierung, Blow-ups, Litfaßsäulen, Plakate, Taxi Ads und Bewegtbildmedien im Berliner Raum. Hinzu kommen eine Sampling-Aktion im Stadion, ein Viralspot und begleitende Aktivitäten in der Presse- und Medienarbeit sowie Social Media. Durch die Synchronisation der Kampagnenaktivitäten werden die Zielgruppen im Kampagnenzeitraum immer wieder auf die Alte-Försterei-Aktie aufmerksam.

KATEGORIE INSTITUTIONELLE KAMPAGNEN

Von Köpenick nach Barcelona und zurück

Wie ein Lauffeuer verbreitet sich die Alte-Försterei-Aktie erst in Köpenick und Berlin, dann in Deutschland und im Ausland. Interessant daran ist, dass dieser Schritt des Vereins nicht nur in fußballaffinen Öffentlichkeiten, sondern weit darüber hinaus Beachtung findet. Auch die Qualität und Quantität der Medienberichterstattung ist bemerkenswert. Neben den Berliner Medien berichten Leitmedien wie Der Spiegel, Bild, The Economist, The Guardian oder die Neue Zürcher Zeitung. In zahlreichen TV-Sendungen, darunter ARD Sportschau und Das aktuelle Sportstudio, wird die Kampagne thematisiert. Dass daneben die Seelenverkäufer von Köpenick auch in der Stadionzeitung des FC Barcelona Erwähnung finden, ist ein weiterer Beleg für die Wirksamkeit der Kampagne.

Der Spot: Wir verkaufen unsere Seele. Aber nicht an jeden.

Ergebnisse

Die Bilanz der Kampagne fällt sehr positiv aus. Das Geschäftsziel wurde erreicht. Damit ist die Mitsprache der Mitglieder über die Zukunft des Stadions gesichert. Der enorme Zuwachs an neuen Mitgliedern im Kampagnenzeitraum macht den 1. FC Union Berlin zum mitgliederstärksten Verein Ostdeutschlands.

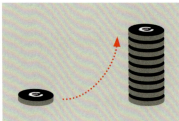

Die Ergebnisse im Einzelnen

Aus 1 Euro wurden 9 Euro: Mit einem Mitteleinsatz von 300.000 Euro wurden 2,7 Millionen Euro per Aktienverkauf eingeworben.

Knapp 5.500 Stadionaktien à 500 Euro verkauft: Aktienanteil der Mitglieder und des Vereins beträgt 76 % – ohne sie geht künftig nichts!

Fast 2.500 neue Mitglieder während des Kampagnenzeitraums – 10.000er-Marke an Mitgliedschaften geknackt.

Viralspot erreicht 400.000 Klicks – ohne Einsatz von gekaufter Online-Werbung oder Seeding des Spots.

Union wird nicht nur Stadtgespräch, sondern Talkabout – national wie international.

Herausragende Medienresonanz im Kampagnenzeitraum von über 25 Millionen Kontakten.

Bestbesuchtes Mitgliederversammlung aller Zeiten: über 2.000 Mitglieder.

Mit der Kampagne wurde die Grundlage ausgebaut, das Image des 1. FC Union Berlin als unkonventionellen Verein nachhaltig zu festigen.

1. FC UNION BERLIN

KATEGORIE INSTITUTIONELLE KAMPAGNEN

KUNDE

Deutsche Telekom AG, Bonn
Verantwortlich:
Hans-Christian Schwingen, Leiter Markenstrategie und Marketing Kommunikation
Dr. Christian Hahn, Leiter Strategie Marketing Kommunikation & Media
Ina Andree, Strategie Marketing Kommunikation
Carolin Kunz, Strategie Marketing Kommunikation

AGENTUR

Philipp und Keuntje GmbH, Hamburg
Verantwortlich:
Hartwig Keuntje, Inhaber
Andreas Müller-Horn, Unitleiter Beratung
Robert Müller, Creative-Director Text
Markus Hammer, Creative-Director Art

AGENTUR FÜR ONLINEMARKETING

webguerillas GmbH, München

DEUTSCHE TELEKOM

TELEKOM HAT „EIN HERZ FÜR KINDER"

Marketingsituation

Im Rahmen ihres Engagements für Umwelt und Gesellschaft hat die Deutsche Telekom im Jahr 2011 zwei Themen besonders in den Fokus gestellt. Dies war zum einen die Rücknahme und das Recycling von Althandys und zum anderen die Unterstützung von Kindern in Not.

Gemäß einer Studie der BITKOM liegen rund 70 Millionen Handys ungenutzt in Deutschlands Schubladen. Durch Recycling ließen sich aus ihnen viele Hundert Tonnen Wertstoffe, unter anderem Kupfer, Silber, Gold und Palladium, zurückgewinnen.

Die Handy-Rücknahme ist für die Deutsche Telekom Teil ihrer unternehmerischen Verantwortung. Die Prozesse für Sammlung, Recycling und Datenlöschung sind sehr arbeits- und kostenintensiv, daher übersteigen die Kosten die Erlöse bei Weitem. Darüber hinaus spendete die Telekom in den vergangenen Jahren für jedes eingesammelte Handy an verschiedene Spendenpartner.

Die Spendenorganisation BILD hilft e. V. „Ein Herz für Kinder" unterstützt Kinder dort, wo es am nötigsten ist: Kindergärten, Kinderkliniken, Schulen und Suppenküchen werden ebenso unterstützt wie behinderte und kranke Kinder oder Waisen im In- und Ausland. Dieses Engagement wollte die Deutsche Telekom 2011 mit einer möglichst hohen Spendensumme unterstützen.

Das Recycling alter Handys muss in Deutschland noch gelernt werden. Die Unterstützungsbereitschaft für hilfsbedürftige Kinder ist in der Bevölkerung dagegen sehr hoch. Für die Telekom haben beide Felder einen hohen Stellenwert. Lassen sich Umwelt- und Kinderschutz sinnvoll miteinander verbinden? Oder anders gefragt:

Geht das – mit alten Handys Kindern helfen? Es geht!

Marketing- und Werbeziele

Das Nützliche mit dem Guten verbinden.
1. Umweltschutz: Sammlung von 500.000 Althandys im Aktionszeitraum vom 04.10.2011 bis 17.12.2011
2. Hohe Bekanntheit und gute Performance der eingesetzten Werbemittel
3. Unterstützung hilfsbedürftiger Kinder: Erzielung eines Spendenvolumens in Höhe von mindestens 1 Million Euro
4. Hohe Medienresonanz (Earned Media) und Gewinnung prominenter „Handyspender"
5. Verbesserung des Telekom Images bezüglich Engagement für Umwelt und Gesellschaft um durchschnittlich 10 Prozentpunkte
6. Erreichung höherer Kommunikationseffizienz im Vergleich zum Telco-Markt

KATEGORIE INSTITUTIONELLE KAMPAGNEN

Zielgruppe

Die Aktion sollte alle potentiellen „Handyspender", also die breite Masse der Gesellschaft erreichen. Im Fokus der Kommunikationsoffensive standen die Endverbraucher und damit alle Kunden, aber auch Nichtkunden der Deutschen Telekom.

Kreativstrategie

„Machen Sie das Herz voll!"
Die Herausforderung für die Kreativstrategie war, die Handy-Rücknahme und die Spende an „Ein Herz für Kinder" in einer Aktion zu verbinden und dafür im Unternehmen und in der Öffentlichkeit eine breite Unterstützung zu erfahren. Um 500.000 Handys innerhalb von knapp drei Monaten zu sammeln, musste eine große Masse an Menschen mobilisiert werden, ihre alten Handys aus der Schublade zu holen und bei der Telekom abzugeben. Dafür musste kurz und prägnant deutlich gemacht werden, wofür eine Rückgabe von Althandys gut sein sollte. Da der Aspekt des Ressourcenschutzes erklärungsbedürftig ist, wurde entschieden, die Handy-Rückgabe direkt mit einer Spende an die Organisation BILD hilft e. V. „Ein Herz für Kinder" zu verbinden und dies in den Fokus der Kommunikation zu stellen. Für jedes gesammelte Althandy sollte eine Spende in Höhe von 2 Euro an „Ein Herz für Kinder" gehen. Das Herz bot die Möglichkeit, das Thema bildlich in Form eines riesigen Herzens, das von Passanten mit Althandys gefüllt wird, zu inszenieren. Die Botschaft „Machen Sie das Herz voll! Für Ihr altes Handy spenden wir 2 € für Kinder in Not!" bildete eine perfekte Verbindung zu diesem Keyvisual. Im Laufe der Aktion wurde das Visual um ein weiter gefülltes Herz aktualisiert. Zum Abschluss der Aktion wurde das komplett gefüllte Herz gezeigt. Die Aktion knüpft kreativ an die Nachhaltigkeitsoffensive an. Diese stellt seit Sommer 2009 unter dem Kampagnenmotto „Große Veränderungen fangen klein an" verschiedene Themen in den Fokus. Der Gedanke wird hier konsequent umgesetzt. Von ein paar kleinen, mit Althandys zugedeckten Stellen bis zu dem prall gefüllten Herz zeigt sich bildlich, wie viele kleine Beiträge zu einer großen Veränderung führen können. Die Umsetzung über die Tilt-Shift-Optik greift die gelernte Visualisierung der Nachhaltigkeitsoffensive auf und bildet eine stringente Verbindung zwischen Aktion und Offensive.

Mediastrategie

Print als Leitmedium.
Die Aktion wurde reichweitenstark in der BILD und Bild am Sonntag beworben. Mit dem Spendenpartner BILD hilft e. V. „Ein Herz für Kinder" ergab sich hier ein sehr guter Zielgruppen-Fit. Zeitlich etwas nachgelagert erfolgte eine Aktivierung über Funkspots und Direktmarketing. Über die bundesweite Direktmarketingmaßnahme erhielten die Haushalte eine portofreie Rücksendetasche für ein Althandy, die neben dem Keyvisual und der Botschaft auch eine kurze Anleitung für die Nutzung zeigte und damit eine unmittelbare und einfache Möglichkeit zur Teilnahme an der Aktion bot.

DEUTSCHE TELEKOM

Die junge Zielgruppe wurde über Social Media, insbesondere Facebook, angesprochen. Neben Posts auf den eigenen Facebook-Plattformen (Owned Media) wurden auch Facebook-Ads geschaltet. Diese leiteten die User auf eine eigens gestaltete Facebook-App, mit der sie virtuelle Herzen an Freunde und Verwandte schicken und ein Etikett für den portofreien Versand von Althandys an die Telekom herunterladen konnten.

Online-Banner verlinkten auf eine Landing Page, die neben weiterführenden Informationen zur Aktion ebenfalls die Möglichkeit zum Download eines portofreien Versandetiketts bot.

Die Handy-Rücknahme-Aktion wurde im gesamten Aktionszeitraum in den Telekom Shops und an vielen weiteren Kundenkontaktpunkten präsentiert, unter anderem in:

- Rechnungsbeilagen
- Kundenmagazinen
- Mailings
- Shop-Flyern

Zusätzlich wurde über bestehende Sponsoringpartner wie die Deutsche Fußball-Nationalmannschaft und den FC Bayern München eine weitere Verbreitung der Aktion angestoßen.

Auch im Unternehmen wurde intensiv für die Aktion geworben. Neben Aufrufen im konzerneigenen Intranet erhielten alle Mitarbeiter eine portofreie Rücksendetasche für ein Althandy.

KATEGORIE INSTITUTIONELLE KAMPAGNEN

Ergebnisse

Anzahl gesammelter Handys (Altgeräte)

Quelle: Deutsche Telekom in Zusammenarbeit mit Electrocycling GmbH

1. Zielmarke deutlich übertroffen! Insgesamt 762.641 Althandys gesammelt, d. h. Anzahl gegenüber 2010 verdreifacht.

Bereits nach acht Wochen war das Ziel von 500.000 Althandys erreicht und im gesamten Aktionszeitraum wurden 585.758 Handys gesammelt. Auch nach der Aktion gingen noch zahlreiche Handys bei der Telekom ein, so dass insgesamt im Jahr 2011 ein Sammelvolumen von 762.641 Handys erreicht wurde. Dies war mit Abstand die größte Sammelmenge aller Zeiten in der Geschichte der Deutschen Telekom.

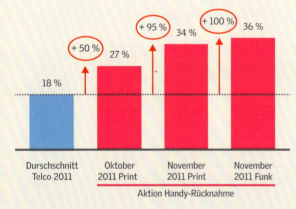

Bekanntheit der Aktion: Recognition Print und Funk

Quelle: TNS Infratest, Konzern Image- und Werbemonitor

2. Bekanntheitsgrad der Telekom Aktion ist 100 % höher als der Telco-Durchschnitt.

Die Recognition der Werbemittel lag bereits im Startmonat um 50 %, nach einem Monat sogar um 95 % über dem Durchschnitt für den Telco-Markt.

Scheckübergabe in der Spendengala für „Ein Herz für Kinder"

Quelle: Bild hilft e. V. „Ein Herz für Kinder"

3. Telekom sammelt 1,5 Millionen Euro für Kinder in Not.

Für jedes Althandy, das im Aktionszeitraum zurückgegeben wurde, spendete die Deutsche Telekom 2 Euro für Kinder in Not. Somit wurde allein durch die Handy-Rücknahme-Aktion eine Spendensumme in Höhe von 1,17 Millionen Euro generiert. Zusammen mit weiteren Aktivitäten der Telekom ergibt das eine Gesamtsumme von 1,5 Millionen Euro, die der Vorstandsvorsitzende René Obermann in der großen „Ein Herz für Kinder"-Gala am 17.12.2011 überreichte.

DEUTSCHE TELEKOM

4. Überwältigende Medienresonanz: 152 Millionen zusätzliche Kontakte durch Earned Media.

Im gesamten Aktionszeitraum fanden Berichterstattungen zu der Aktion in verschiedenen Print- und Online-Medien statt. In der Sendung „Wetten, dass ..?" griff Thomas Gottschalk die Aktion auf und forderte die Telekom zur Deutschlandwette „Schafft es die Deutsche Telekom, 500.000 Handys einzusammeln?" heraus. Zahlreiche Prominente, z. B. Tim Mälzer, Heino, Sarah Connor, warben in der BILD und Bild am Sonntag für die Aktion. Auch die Fußballspieler der Nationalmannschaft und des FC Bayern München stellten sich hinter die Aktion und spendeten öffentlichkeitswirksam ihre alten Handys. In der „Ein Herz für Kinder"-Spendengala wurde die Aktion mit zwei unterhaltsamen Einspiel-Filmen präsentiert. Allein die Präsentation im Rahmen dieser Gala hatte eine Reichweite von 4,7 Millionen Zuschauern. Insgesamt generierte die Berichterstattung 152 Millionen zusätzliche Kontakte für die Aktion.

Quellen: BILD 8.10., BILD 17.10., HNA-Hessische Allgemeine 1.11., PC Go 3.11., Die Tageszeitung 7.11., Wiesbadener Kurier 14.11., Berliner Zeitung 14.11.

5. Image der Telekom in Bezug auf Verantwortung steigt um bis zu 23 Prozentpunkte.

Die Aktion wirkt sich positiv auf die Wahrnehmung der Telekom im Hinblick auf ihre gesellschaftliche Verantwortung und ihr Engagement für den Erhalt der Umwelt aus. Relevante Imagefaktoren sind nach der Aktion um bis zu 23 Prozentpunkte höher als vor der Aktion.

Image im Bezug auf Verantwortung für Gesellschaft und Umwelt ...

... wird gesellschaftlicher Verantwortung gerecht*: 42 % Vor Aktion → 50 % Nach Aktion (+8 PP)
... engagiert sich für den Erhalt der Umwelt**: 34 % → 57 % (+23 PP)
... unterstützt das Recycling von Geräten**: 51 % → 73 % (+22 PP)

Quellen: *TNS Infratest, Konzern Image- und Werbemonitor; **Deutsche Post DHL: Success Tracking Haushaltsdirektverteilung

Die Aktion wurde in der Öffentlichkeit sehr positiv aufgenommen und diskutiert. Die Nachhaltigkeits-Community Utopia lobte die Aktion als „großartigen Erfolg für den Umweltschutz". Auf Facebook gab es diverse Kommentare zur Aktion. Insbesondere das Ergebnis, 585.758 Althandys einzusammeln, wurde positiv aufgenommen. Nach Experteneinschätzungen werden weltweit nur circa 2,5 % der in den Handel gebrachten Handys einem Recycling zugeführt. Für Deutschland würde dies im Jahr 2011 einer Recyclingmenge von insgesamt nur 685.000 Handys entsprechen (2,5 % von 27,4 Millionen Handys).

KATEGORIE INSTITUTIONELLE KAMPAGNEN

Daraus wird deutlich, dass diese Aktion einen signifikanten Beitrag zur Steigerung der Recyclingquote für Althandys in Deutschland geleistet hat. Der Nachhaltigkeitsbeitrag, gemessen an der Menge wiederverwertbarer Rohstoffe, war ebenfalls sehr hoch. Aus den gesammelten Handys können 5272 kg Kupfer, 146 kg Silber, 14 kg Gold und 6 kg Palladium zurückgewonnen werden.

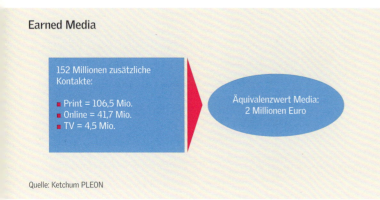

Quelle: Ketchum PLEON

6a. Earned Media in Höhe von 2 Millionen Euro realisiert.

Es wurden zahlreiche Beiträge in verschiedenen Print- und Online-Medien registriert. Durch diese Berichterstattung und die Präsentation der Aktion in der Spendengala für „Ein Herz für Kinder" wurden über 152 Millionen zusätzliche Kontakte realisiert, was einem (unbezahlten) Mediawert von circa 2 Millionen Euro entspricht.

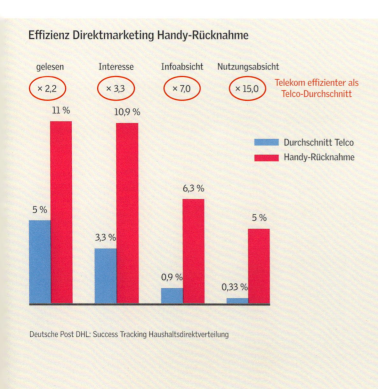

Deutsche Post DHL: Success Tracking Haushaltsdirektverteilung

6b. Direktmarketing-Maßnahme um bis 15 Mal effizienter als Wettbewerbsdurchschnitt.

Beim Direktmarketing (Verteilung einer portofreien Rücksendetasche an die Haushalte) zeigten die Marktforschungsergebnisse eine deutlich überdurchschnittliche Wirkung im Hinblick auf die Aktivierungsleistung des Werbemittels. Mit einer Nutzungsabsicht in Höhe von 5 % und einer tatsächlichen Nutzung in Höhe von über 2 % der adressierten Haushalte wurde der Durchschnitt für den Telco-Markt (Nutzungsabsicht = 0,3 %) deutlich überschritten. Im Ergebnis nahmen so viele Haushalte an der Aktion teil, dass eine einzige Verteilung zur Erreichung der Zielmenge ausgereicht hat.

Die Handy-Rücknahme-Aktion im Jahr 2010 war bereits sehr erfolgreich. 2011 konnten weitere Optimierungen in der Kreativ- und Mediastrategie vorgenommen werden, so dass die Sammelmenge 2011 bei gleichbleibendem Mediabudget nochmals um 206 % gesteigert werden konnte.

DEUTSCHE TELEKOM

Die Deutsche Telekom engagiert sich seit vielen Jahren für ökologische und gesellschaftliche Themen.

Im Rahmen der Nachhaltigkeitsoffensive stellt die Telekom seit Sommer 2009 verschiedene Themen dieses Engagements in den Fokus der Corporate-Kommunikation und zeigt, wie der Einzelne durch Nutzung von Produkten und Services der Telekom Energie oder Ressourcen einsparen kann.

Die Handy-Rücknahme war von Beginn an ein wichtiges Thema der Nachhaltigkeitsoffensive und Gegenstand von verschiedenen Aktionen. Um die Wichtigkeit des Themas zu unterstreichen, wurde die Handy-Rücknahme in das Changemaker-Manifest aufgenommen, das der Vorstandsvorsitzende der Telekom René Obermann im Frühjahr 2010 bei der Nachhaltigkeits-Community Utopia unterzeichnete. Dort wurde das Ziel definiert, innerhalb von zwei Jahren eine Million Althandys zu sammeln. Dieses Ziel wurde mit Hilfe der Aktion zum Jahresende 2011 bereits vorzeitig erreicht.

An den Ergebnissen zeigt sich, dass die Telekom das Thema innerhalb der vergangenen zwei Jahre gut besetzen konnte und aufbauend auf Erfahrungen vorangegangener Handy-Rücknahme-Aktionen eine gute Kreativstrategie und einen erfolgreichen Mediamix für die Aktion entwickelt hat.

Bereits im Jahr 2010 unterstützte die Deutsche Telekom „Ein Herz für Kinder". In Verbindung mit der Mitmach-Kampagne „Million Voices" wurden damals 250.000 Euro für Kinder in Not gespendet.

ALLE FALLBEISPIELE DER KATEGORIE
KONSUMGÜTER FOOD

KATEGORIE KONSUMGÜTER FOOD

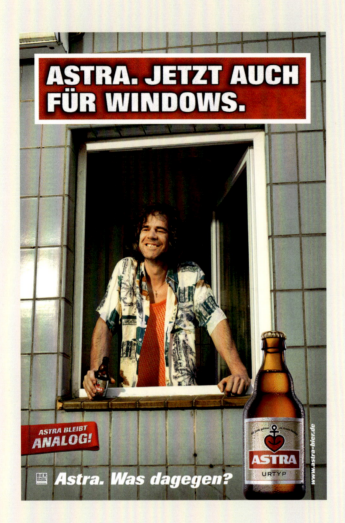

KUNDE

Carlsberg Deutschland Markengesellschaft mbH
Firmensitz: Hamburg
Verantwortlich: Dr. Holger Liekefett (Geschäftsführer Marketing), Bianca Mittelstädt (Director Brand Management, Sponsoring & Event), Claudia Schubert (Senior Brand Manager)

AGENTUREN

Philipp und Keuntje GmbH
Firmensitz: Hamburg
Verantwortlich: Hartwig Keuntje (Inhaber), Andreas Müller-Horn (Unitleitung Beratung), Julia Cornils (Projektleitung), Oliver Zacharias-Tölle (Unitleitung Kreation), Robert Müller (Unitleitung Kreation), Markus Hammer (Kreativ-Direktor Art), Michael Biwoll (Art-Direktor), Lisa Port (Art-Direktorin), Tomma Ruschmeyer (Art-Direktorin), Nina Meyer (Texterin), Christopher Nothegger (Texter), Julian Witzel (Texter)

OMD Germany
Firmensitz: Hamburg
Verantwortlich: Kirstin Gallasch (Group Manager, Planning.)

ASTRA

ASTRA BLEIBT ANALOG

Marktsituation

Der Markt schrumpft, das Spiel wird härter.
Rückläufiger Pro-Kopf-Konsum, Alterspyramide, Preiskampf – was tun?

1996 tranken die Deutschen pro Kopf im Schnitt circa 132 Liter Bier, 2011 waren es nur 105 Liter (Quelle: Stat. Bundesamt). Und die Deutschen werden immer älter. Die brutale Wahrheit: Immer weniger Menschen befinden sich im „trinkfähigen" Alter für ein gutes Bier.

Und natürlich nehmen die Wettbewerber nicht einfach widerstandslos hin, dass Astra sich seit 14 Jahren in seiner Heimat Hamburg und Umland behauptet. Nun muss die Marke auch verteidigen, was sie sich einverleibt hat. Denn die Marktposition als regionales Szenebier wird von Gegnern attackiert.

Zum Beispiel von nationalen Marken, die auf ihre norddeutschen Werte setzen (Beck's, Jever); von norddeutschen Platzhirschen, die auch Regionalität und Charakter inszenieren (Holsten, Flensburger); dazu Szenegetränke, die in der Astra-Verwenderschaft wildern (z.B. Beck's).

Je höher der Wettbewerbsdruck, desto mehr versuchen die Brauereien, ihre Absatzmengen auf promotionalem Wege zu verteidigen. So werden bei Krombacher 43,7 % der gesamten Absatzmenge im Rahmen einer Promotion verkauft (Quelle: GfK Consumer Tracking, 1. Halbjahr 2011, Nordwest). Gegen diesen massiven Angebots- und Preisdruck muss sich Astra (Promotionanteil von 31,4 %) durchsetzen.

Ziele, Zielgruppen

Wir sind Astra.
Astra definiert seine Verwender sowohl situativ und psychologisch als auch klassisch soziodemografisch. Natürlich hat die Kommunikation einen jungen Fokus (18–39 Jahre) und einen geografischen Schwerpunkt (Hamburg und Umland). Aber viel wichtiger ist die emotionale Heimat: Astra spricht Menschen an, die tolerant, bodenständig, lebensbejahend und fähig zur Selbstironie sind.

Was sie mit der Marke Astra verbindet, ist ein Lebensgefühl des „Sich-nicht-verstellen-Müssens". Das differenziert sie von der Scheinwelt anderer Marken.

KATEGORIE KONSUMGÜTER FOOD

Ziele: Überall ein bisschen mehr!

1. **Durch mehr Kenner** (Steigerung der gestützten Markenbekanntheit um 5 Prozentpunkte)
2. **Mit mehr Überzeugungskraft** (Werbewirkung liegt mindestens 10 Prozentpunkte über dem deutschen Werbedurchschnitt)
3. **Und mehr Lust** (Verwendungs- und Kaufbereitschaft für Astra Urtyp um 5 Prozentpunkte erhöhen)
4. **Zu mehr Bindung** (Anteil der Bedarfsdeckung mit Astra auf über 20 % steigern)
5. **Und mehr Absatz** (Steigerung der gesamten Absatzmenge im Aktionszeitraum um mindestens 3 %.)
6. **Bei weniger Ausgaben** (Spendings pro hl um 20 % senken)

Kreativstrategie

Aus Prinzip dagegen!
Astra hat seit 1998 weit über 100 Motive und jedes Jahr diverse Aktionsideen lanciert. Immer nach der Leitlinie „Was dagegen?". Die Herausforderung: dem Konzept und der Haltung treu bleiben und dennoch jedes Mal wieder überraschen, um eine aktive Auseinandersetzung mit der Markenbotschaft herbeizuführen.

Die Idee: Astra bleibt analog. Was dagegen?
Der Web-Wahnsinn greift um sich: Wir gehen online einkaufen, arbeiten, flirten und treffen Freunde. Wo bleibt da das wahre Leben? Gut, dass es Astra gibt. Denn Astra hat ein Herz für alle, die sich im World Wide Web verheddert haben. Astra macht das Digitale analog, auf gewohnte, charmante Astra-Art.

Die Umsetzung: Analog ist besser!
Unter dem Motto „Astra bleibt analog" nimmt Astra den Internet-Hype auf die Schippe und zeigt sich ganz „postdigital"! Geläufige Begriffe (z.B. Windows, Web-Design u.Ä.) und Phänomene (z.B. Twitter, Banner u.Ä.) der Netzgemeinde werden in typischer Astra-Manier uminterpretiert. Außerdem werden aus digitalen „Dingen" kurzerhand analoge Versionen gemacht.

Mediastrategie

Wer nur kleckern kann, muss klotzen!
Ein kleines, aber feines Budget erlaubt Astra keine ganzjährige Präsenz. Deshalb muss jeder Flight größer wirken, jedes Thema zugleich verkaufen und Markensubstanz aufbauen. So auch hier:

ASTRA

- Für Stadtpräsenz sorgte der bewährte Einsatz von CLPs zum Kampagnenmotto.

- Die Flaschenetiketten wurden im wahrsten Sinne des Wortes im Webdesign gestaltet.

- Für die Internetgemeinde gab es die erste analoge Website der Welt. Die normale Markenseite wurde abgeschaltet. Unter der bewährten Domain www.astra-bier.de ersetzte das von einer Webcam übertragene Bild der Hamburger Szene-Bar „freundlich + kompetent" den eigentlichen Webauftritt für einen Monat.

- Wer wollte, konnte sich in voller Lebensgröße in diese „Website" hineinbegeben, persönlich und ohne Avatar: In der Bar fanden täglich Veranstaltungen unter dem Motto „Astra bleibt analog" statt. Die Öffnungszeiten wurden synchronisiert: Es gab also nur dann einen Livestream aus der Bar auf die Website, wenn dort auch etwas los war.

- Astras Analog-Fans konnten – als Paradoxon – auf der eingerichteten Facebook-Motto-Seite über CLPs und die analogen Aktionen diskutieren.

- Als Guerilla-Maßnahme sorgte der Astra-Zwitscherer für allerlei Reaktionen: Ein mürrischer Mann im Kostüm, dem blauen Twitter-Vogel nachempfunden, fuhr U-Bahn oder saß in der Kneipe und sonderte jede Menge trockener „Tweets" (= Sprüche) ab.

Ergebnisse

1. Mehr Kenner: Steigerung der gestützten Markenbekanntheit um 5 Prozentpunkte.

Trotz der bereits hohen Basis wurde das Ziel einer Steigerung um 5 Prozentpunkte auf die stolze Zahl von 97 % gestützter Markenbekanntheit erreicht.

Bekanntheit erreicht!

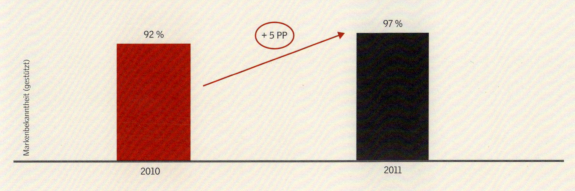

Quelle: Millward-Brown Tracking Dip 1/2010 (Juli), Dip 1/2011 (Region: Nordwest)

KATEGORIE KONSUMGÜTER FOOD

2. Mehr Überzeugung: Die Werbewirkung soll mindestens 10 Prozentpunkte über dem deutschen Werbedurchschnitt liegen.

Als wesentliche Indikatoren für die erfolgreiche Werbewirkung wurden die Präferenz sowie Key-Items der Werbereaktion herangezogen. Die Wirkung sollte jeweils mindestens 10 Prozentpunkte über dem deutschen Werbedurchschnitt liegen. Als Vergleichsmaßstab diente die deutsche Norm laut Millward-Brown.

Die Kampagne erreichte überall überdurchschnittlich gute Werte im Vergleich zur Norm.

Klarer Markenfit (um 28 Prozentpunkte höhere Markenbezogenheit) und hohes Involvement der Konsumenten (um 22 Prozentpunkte höheres Interesse) belegen die Auseinandersetzung mit der Werbung. Die im Schnitt um 18 Prozentpunkte höher ausfallenden positiven Reaktionen bestätigen die präferenzbildenden Inhalte der Kampagnenmotive.

Reaktionsperformance deutlich über dem deutschen Werbedurchschnitt

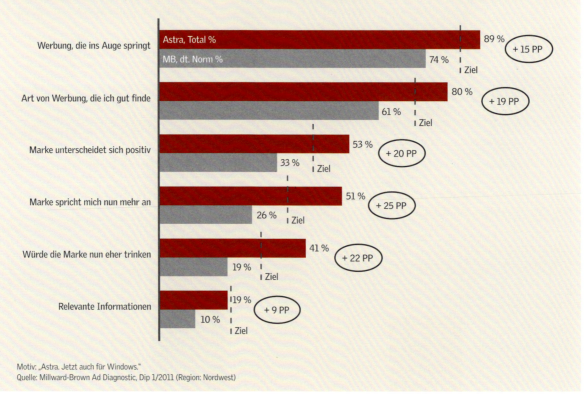

Motiv: „Astra. Jetzt auch für Windows."
Quelle: Millward-Brown Ad Diagnostic, Dip 1/2011 (Region: Nordwest)

ASTRA

3. Mehr Lust: Verwendungs- und Kaufbereitschaft für Astra Urtyp um 5 Prozentpunkte erhöhen.

Die Kampagne hat in allen Bereichen des Brand Funnel eine deutliche Steigerung gebracht. Alle Zuwächse lagen über den anvisierten 5 Prozentpunkten. Besonders erwähnenswert dabei: Die echte, direkte Absatzwirkung der Kampagne (Recent Trial = „Verwendung innerhalb der vergangenen sechs Monate") hat mit einer Steigerung um 9 Prozentpunkten das beste Ergebnis.

Verwendungsbereitschaft und Verwendung steigt!

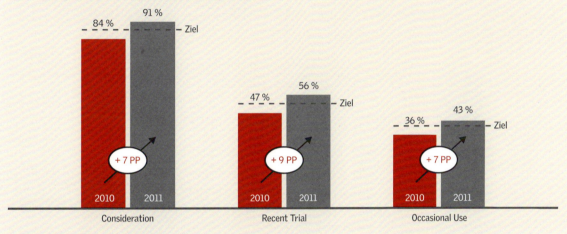

Quelle: Millward-Brown Tracking Dip 1/2010 (Juli), Dip 1/2011 (Region: Nordwest)

4. Mehr Absatz: Steigerung der gesamten Absatzmenge im Aktionszeitraum um mindestens 3 %. Der Absatzzuwachs soll in erster Linie über Gewinne von den regionalen Hauptwettbewerbern kommen.

Astra schaffte es, mit einem Wachstum von 5 % das Ziel deutlich zu übertreffen. Die Kraft des Erfolges zeigt sich aber vor allem daran, dass der Biermarkt gerade einmal um 0,8 % im gleichen Zeitraum zulegte.

Deutlich übertroffen: 5 % Absatzwachstum in einem gesättigten Markt

Quelle: ACNielsen Market Track/ACNielsen Media, national, Astra gesamt vs. Bier + Biermix, 1. Halbjahr 2010 vs. 1. Halbjahr 2011

KATEGORIE KONSUMGÜTER FOOD

Effizienz

Dagegen sein heißt effizient sein!

Astra bleibt seinem David-Status treu, um den Goliaths unter den Bieren eins auszuwischen. Konkret bedeutet das eine Verringerung der Werbeausgaben in der ersten Jahreshälfte 2011 gegenüber dem Vorjahreszeitraum um ein gutes Viertel. Trotzdem stieg der Absatz um 5 %. Unterm Strich konnten die Spendings somit um knapp 50 Cent/hl verringert werden.

Budget verringert, Absatz erhöht, effizienter geworben: Spendings pro hl um 30 % gesenkt!

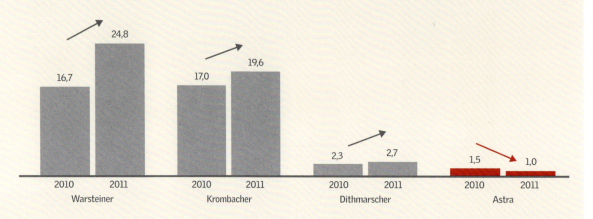

Quelle: ACNielsen Market Track/ACNielsen Media, 1. Halbjahr 2010 vs. 1. Halbjahr 2011, Spending/Absatz, national

Kontinuität

Astra – immer was dagegen, aber am Puls der Zeit.
Die Astra-Kampagne geht 2012 in ihr 14. Jahr. Sie ist also mitten in der Pubertät – und es ist nicht zu erwarten, dass sie jemals erwachsen wird.

Denn die Kampagne funktioniert: eine klare (Anti-)Haltung und das erklärte Ziel, niemals Routine einkehren zu lassen. So kann Astra innerhalb eines formal extrem eng gesteckten Rahmens (der für sofortige Wiedererkennbarkeit und Markenzuordnung sorgt) immer wieder aufs Neue für Gesprächsstoff sorgen. Die Vielfalt der Geschichten und Emotionen sorgt dafür, dass sich die heterogene Zielgruppe in der Kommunikation wiederfindet. Mit den manchmal provokanten Aussagen und dem Claim „Was dagegen?" verlangt Astra von seinen Kunden auch immer ein Bekenntnis zur Marke. Astra ist eben mehr als nur Bier.

Website www.astra-bier.de im Aktionszeitraum.

KATEGORIE KONSUMGÜTER FOOD

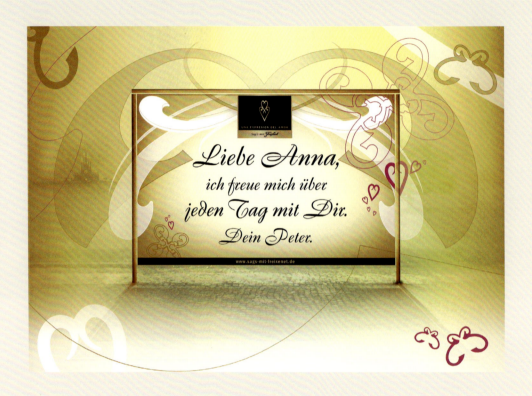

KUNDE

Freixenet GmbH, Wiesbaden
Verantwortlich: Kirstin Brunkhorst (Marketing Director), Andrea Scholaster (Senior Brand Manager Sparkling Wine)

AGENTUR

Scholz & Friends Brand Affairs GmbH (seit 2012 RessourcenReich GmbH), Hamburg
Verantwortlich: Henk Knaupe (Geschäftsführer), Franziska Narzinski (Senior PR Manager)

Scholz&Volkmer GmbH, Wiesbaden
Verantwortlich: Timo Hainmüller (Account Direction)

Vizeum GmbH, Wiesbaden
Verantwortlich: Sarah Laufer (Group Head Communication Consulting)

FREIXENET

UNA EXPRESIÓN DEL AMOR – SAG'S MIT FREIXENET

Marktsituation

Der deutsche Sektmarkt ist gekennzeichnet durch die saisonalen Höhepunkte der kalendarisch vorgegebenen Feiertage Ostern und Weihnachten/Silvester. Hierdurch ergeben sich in einem Geschäftsjahr zwei starke Absatzpeaks für das gesamte Wettbewerbsumfeld im März und November/Dezember. Ganze 20 % des Jahresabsatzes des Sektsegments werden zum Jahresende generiert (Quelle: IRI Handelspanel, LEH total inkl. Aldi + DM, Freixenet, Absatzzahlen 2009). Aus diesem Grund präsentieren sich die konkurrierenden Sektmarken an diesen zwei Jahreshighlights mit besonders hohem Werbevolumen und aggressiven Ansätzen. Es sind hohe finanzielle Aufwendungen innerhalb einer sehr kurzen Vermarktungsspanne nötig, um sich hier gegen die Mitbewerber durchzusetzen.

Kampagnenziele

Freixenet positioniert sich seit Jahren als der perfekte Begleiter für leidenschaftliche Genussmomente zwischen Liebenden und besetzt somit ein uniques Thema. Basierend darauf soll ein weiterer starker Verwendungsanlass im Jahr geschaffen werden, mit dem Ziel, zusätzliche Abverkäufe zu generieren.

Ziel 1: Abverkaufspotentiale außerhalb der klassischen Sektmarkt-Saisonalität generieren

Ziel 2: Stärkung der Markendimensionen „Liebe & Leidenschaft" in der Wahrnehmung der Zielgruppe durch hohe Kontaktzahlen

Ziel 3: Ausweitung der Käuferreichweite vs. Vorjahre

Zielgruppe

Die Freixenet-Verwender(innen) sind zwischen 30 und 59 Jahre alt, leben spontan und lieben leidenschaftlich. Sie sind selbstbewusst und qualitätsorientiert, Neuem gegenüber aufgeschlossen und zelebrieren auch im Alltag genussvolle Momente mit einem Glas Cava.

Kreativstrategie

Freixenet besetzt aus der Marke heraus die Dimensionen „Leidenschaft" und „Liebe" und hat somit einen einzigartigen Anknüpfungspunkt zum Valentinstag, den bisher kein anderer Sekthersteller beansprucht.

KATEGORIE KONSUMGÜTER FOOD

Freixenet präsentiert die Lösung für alle Liebenden, die keine passende Geschenkidee zum Valentinstag finden: Die Marke bietet eine öffentliche Bühne für leidenschaftliche Liebesschwüre und schafft Raum für große und kleine Emotionen. Die Gewinnspielteilnehmer können ihre individuellen Liebesbotschaften über die Microsite www.sags-mit-freixenet.de per E-Card an ihren Partner versenden. Individuelle Gestaltungsmöglichkeiten geben der Nachricht einen persönlichen Look. Die Gewinner der Aktion freuen sich am 14. Februar über ihre persönliche Botschaft auf einem Großflächenplakat in ihrer Heimatstadt. Eine gelungene Überraschung für den Partner – und die perfekte Möglichkeit für den spanischen Hersteller, seine Marke emotional in der Zielgruppe zu verankern.

Mediastrategie

Der Valentinstag ist nur ein Datum, dennoch beschäftigen sich Frauen wie auch Männer schon Wochen vorher damit und suchen nach der passenden Geschenkidee. Das ist der perfekte Zeitpunkt, um Freixenet als Marke zum Tag der Liebenden in Erinnerung zu rufen. Aus strategischer Sicht muss, aufgrund des kurzen Zeitfensters, eine intensive und crossmediale Inszenierung erfolgen. Darum beginnt Freixenet in der ersten Januarwoche, die Verliebten auf den 14. Februar vorzubereiten, und startet die Kampagne mit dem Aufruf zum Gewinnspiel durch einen integrierten Ansatz. Einhergehend mit der Gewinnspielmechanik müssen die zur Verfügung stehenden Kommunikationstools orchestriert und zeitversetzt gesteuert werden. So informierten ein TV-tag-on (2010), PR und online ab der ersten Januarwoche, gefolgt von PoS, OoH und Print-Maßnahmen ab der dritten Woche über das Gewinnspiel. Zur Stärkung der Markendimensionen präsentiert Freixenet im Hörfunk die schönsten Liebeslieder. 2011 unterstützen gezielte PR-Maßnahmen in Print, wie z. B. Gala, die Kampagne. Im Anschluss werden weitere Kontakte durch PR-Nachberichte generiert und die Gewinnerpaare in den regionalen Medien ihrer Heimatstädte vorgestellt.

FREIXENET

Ergebnisse

Ziel 1: Neuer leidenschaftlicher Absatzpeak im Jahr

Die Zahlen der Flaschenabverkäufe beweisen die Zielerreichung eines zusätzlichen saisonalen Höhepunktes im Jahr. Freixenet erzielte im Vergleichsmonat Februar 2009 einen Absatz von knapp 1.167.000 Flaschen und konnte den Abverkauf durch die Valentinstag-Aktionen der beiden Jahre auf 2.812.000 Flaschen 2011 mehr als verdoppeln. Auch die durchschnittliche Steigerung von 44,2 Stück mehr verkauften Flaschen pro Geschäft im Februar innerhalb der aufeinanderfolgenden Kampagnenjahre bestätigen den positiven Effekt der Aktion (Quelle: IRI Handelspanel, LEH total inkl. Aldi + DM). Außerhalb der klassischen Sektmarktsaisonalität ist es Freixenet durch die Valentinskampagne gelungen, für sich einen zusätzlichen Abverkaufspeak innerhalb des Kalenderjahres zu schaffen.

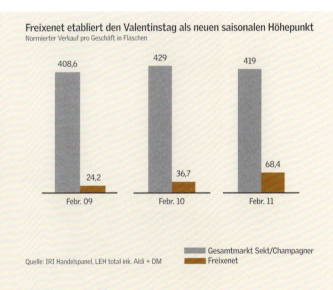

KATEGORIE KONSUMGÜTER FOOD

Effektive Brutto-Werbespendings

Ebenfalls investierte Freixenet für die Valentinskampagne die Brutto-Werbespendings effektiver als die Konkurrenz. Pro bezahltem Euro in Werbung verkaufte der Cava-Hersteller 14 Flaschen und ist somit effizienter als der Gesamtmarkt, der nur 11 Flaschen pro Werbeeuro erzielte (Quelle: IRI. LEH total inkl. Aldi + DM/Brutto-Werbespending nach Nielsen).

Ziel 2: Leidenschaftlicher Kontakt und starke Emotionen

Am Valentinstag geht es um starke Emotionen:

„Ich bin so aufgeregt und überglücklich, seitdem ich Ihre Mail bekommen habe. Ehrlich gesagt kann ich mein Glück kaum fassen. Meine Liebesbotschaft wird am Kurt-Schumacher-Platz (Berlin) prangen und alle können sie lesen", so eine Gewinnerin.

Durch eine gezielte und reichweitenstarke PR- und Mediaunterstützung konnte Freixenet in den zielgruppenaffinen Medien einen Zuwachs von 126 Millionen Kontakten generieren. Durch diese medial geschaffene Reichweite und die enge Verknüpfung zwischen der zu kommunizierenden Markenbotschaft Freixenets und der gegebenen Thematik der Kampagne (Liebe & Leidenschaft) ergeben sich klare Synergieeffekte. Nicht nur die Zielgruppe setzt sich aufgrund des Valentinstags mit der Markenbotschaft stark auseinander, sondern auch die Medien, die in leidenschaftlichen Nachberichten die Markenbotschaft transportieren, wie das Beispiel BILD Bremen zeigt.

FREIXENET

Ziel 3: Die Käuferreichweite konnte signifikant gesteigert werden – ein leidenschaftlicher Erfolg

Analog zur Steigerung des Absatzes erreichte die Freixenet-Valentinskampagne eine Ausweitung der Käuferreichweite. Lag diese im Februar 2009 noch bei 1,2 %, so stieg sie bis 2011 um 0,5 Prozentpunkte an – ein nennenswerter Erfolg im hart umkämpften Sektmarkt mit einem großen Potential für Folgekäufe und ein besonders gutes Ergebnis für das definierte Ziel.

Fazit

Freixenet hat es mit der Kampagne „Una expresión del amor – Sag's mit Freixenet" geschafft, das Thema „Liebe & Leidenschaft" für sich noch stärker zu besetzen, einen zusätzlichen relevanten Abverkaufspeak im Jahresabsatz zu erzielen und die Käuferreichweite weiter auszubauen.

KATEGORIE KONSUMGÜTER FOOD

KUNDE

Katjes Fassin GmbH + Co. KG
Tobias Bachmüller (geschäftsführender Gesellschafter), Katja Elles (International Marketing & Country Director), Lisa-Marie Bonde (Senior Product Manager)

AGENTUR

Jung von Matt AG, Hamburg
Henner Blömer (Geschäftsführer Beratung), Fabian Frese (Geschäftsführer Kreation), Melanie von der Dovenmühle (Projektleiterin), Marina Ziegler (Senior Projektmanagerin), Anja Schüling (Chefplanerin), Romy Laïb (Medialeiterin Mediaplus Hamburg)

KATJES

SAURE ZEITEN FÜR SÜSSE KÄTZCHEN

Marketingsituation

Salzige Snacks boomen – leider auf Kosten von Schokoladenwaren, Gebäck und Zuckerwaren. Folglich sank 2011 der Umsatz bei Zuckerwaren um 2,1 %. Der zunehmende Anteil an Preispromotions (+ 118 % in den vergangenen zehn Jahren) versalzen den Markenartiklern – auch Katjes – das Geschäft. (Quelle: GfK ConsumerScan, 2001–2011, Anteil der Preispromotions am Umsatz im Bereich FMCG)

Der Fruchtgummi-Markt wird von Haribo dominiert: Der Hauptwettbewerber ist um ein Vielfaches größer als Katjes.

Mit seinen massiven Werbeinvestitionen greift Haribo erfolgreich das Volumengeschäft der Familien ab. Durch Thomas Gottschalk hat Haribo im Laufe der vergangenen 20 Jahre einen starken Sympathieträger in der Werbung etabliert. Für Katjes also eine typische „David gegen Goliath"-Situation.

Eine Kampagne für die Katjes Yoghurt-Gums soll die Katze wieder zum Schnurren bringen. Statt tierischer Gelatine enthält das wichtigste Produkt der Katjes-Range fruchteigene Pektine. Leider ist das bislang für die breite deutsche Bevölkerung kein relevanter Produktvorteil – außer für überzeugte Vegetarier oder für Menschen bestimmter Glaubensrichtungen, die auf tierische Produkte bzw. tierische Zusätze verzichten.

Daher war klar: Produktkommunikation allein springt zu kurz. Wir brauchen eine Kampagne, die die Katjes Yoghurt-Gums in einen neuen Kontext setzt und auf eine höhere Ebene hebt.

Der Haken an der Sache: Das zur Verfügung stehende Mediabudget beträgt gerade einmal 15 % des Budgets von Haribo. Katjes kann sich keine Streuverluste erlauben und muss ganz gezielt Liebhaber von Fruchtgummis ansprechen.

Ziele, Zielgruppe

Ziel 1: Den Absatz beim Kernprodukt Yoghurt-Gums um mindestens 30 % steigern. Den Abverkauf der restlichen Range stimulieren.

Ziel 2: Stärker als der Marktführer Haribo wachsen.

Ziel 3: Überdurchschnittlich hohe Aufmerksamkeit für den neuen TV-Spot insbesondere bei der Kernzielgruppe der jungen Frauen (16–29) schaffen.

KATEGORIE KONSUMGÜTER FOOD

Ziel 4: Relevanz und Kaufinteresse für die Katjes Yoghurt-Gums ohne tierische Gelatine insbesondere bei der Kernzielgruppe der jungen Frauen (16–29) erzeugen.

Ziel 5: Die Käuferreichweite gegenüber dem Vorjahr um mindestens 20 % steigern.

Die Zielgruppe: junge Frauen.

1. Gerade junge Frauen naschen gern. Und Frauen sind in der Regel Haushaltsführer und somit Haupteinkäufer im Haushalt. Jedoch sind sie besonders figurbewusst und haben beim Naschen schnell ein schlechtes Gewissen. Dabei achten sie weniger auf eine gesunde Ernährung als ältere Frauen. (Quelle: Verbraucheranalyse 2011)

2. Junge Frauen ernähren sich überdurchschnittlich häufig vegetarisch. Unter den 6,38 Millionen Vegetariern (IFD Allensbach, 2011) sind doppelt so viele Frauen wie Männer. Besonders junge Mädchen sind offen dafür, sich vegetarisch zu ernähren bzw. ab und zu bewusst auf Fleisch zu verzichten. Daher erreicht der Benefit „ohne tierische Gelatine" sie am ehesten.

3. Junge Frauen wollen ein Frauenbild, mit dem sie sich identifizieren können. Ein Frauenbild, das ihnen signalisiert, dass ein unbeschwertes, genussvolles Lebensgefühl und ein sexy Aussehen einfach zusammengehören. Mit einem solchen Frauenbild kann Katjes einen „erwachsenen" Gegenpol zur sehr kindlichen Haribo-Welt etablieren.

Kreativstrategie

Der Insight: „Vegetarisch" ist mittlerweile Ausdruck einer modernen Lebensphilosophie geworden. Auch wenn sich nur eine Minderheit der Deutschen konsequent vegetarisch ernährt, so gibt es mittlerweile rund 42 Millionen sogenannter „Teilzeitvegetarier". Vegetarisch ist Zeitgeist und wird inzwischen mit „gesund" und „nachhaltig" gleichgesetzt.

Die tiergelatinefreien Katjes Yoghurt-Gums zu essen bedeutet also, **ohne Reue zu genießen.** Denn sie sind nicht nur ohne Fett, sondern auch voller Tierliebe! Somit erklären wir den reuefreien Genuss zur Lebenshaltung moderner attraktiver Frauen, ganz nach dem Motto:

„Veggie ist sexy."

Die Botschaft **„Mit den Katjes Yoghurt-Gums ohne tierische Gelatine ist Naschen besonders sexy"** wird in einem mädchenhaft verspielten, sympathischen Testimonial-Spot umgesetzt.

Ideales Role Model ist Alexandra Neldel. Als überzeugte Vegetarierin sorgt Alexandra Neldel für die notwendige Glaubwürdigkeit. Sie kann die Botschaft „Wir Vegetarier" höchst überzeugend transportieren und ein „Wir"-Gefühl bei der Zielgruppe etablieren. Hinzu kommt, dass die Historie von Alexandra Neldel und ihre Rolle in der Vorabendserie „Verliebt in Berlin" das Lebensgefühl und den Traum vieler junger Frauen widerspiegelt: die Entwicklung vom unscheinbaren Mädchen zur begehrten, selbstbewussten Frau.

KATJES

Besonderes Highlight sind die **weißen Kaninchen,** die fröhlich über den Bildschirm hoppeln und den Produktbenefit „ohne tierische Gelatine" untermauern.

Die Kampagne mündet in dem auffordernden Claim **„be Veggie".** Dieser Claim wird als Sticker auf der Verpackung, über die Medien und den PoS hinweg gespielt. Der Vorteil des Claims: Er ruft die Assoziation von vegetarisch, gesund und grün wach.

Mediastrategie

Fokus: das Massenmedium TV.
Um Streuverluste zu vermeiden, setzen wir nicht – wie allgemein üblich – auf Mediazielgruppen, die auf Basis von soziodemographischen Kriterien wie Alter, Geschlecht, Fernsehgewohnheiten etc. ausgewählt werden.

Vielmehr optimieren wir den TV-Einsatz auf Käufer von Katjes und Haribo. Um uns von Haribo abzugrenzen, die vor allem auf die Zielgruppe der Kinder setzen, fokussieren wir bewusst auf die **Käuferinnen zwischen 14 und 39 Jahren** (Potential: 8,69 Millionen Frauen). Zumal wir wissen, dass gerade jüngere Frauen sehr intensiv Fruchtgummis kaufen und genießen.

Der Vorteil: Bei dieser Käuferplanung können **doppelt so viele Käufer** bei nur durchschnittlich ein bis zwei Kontakten angesprochen werden. Somit sind weniger Kontakte erforderlich, was erheblich Budget einspart. Dieses optimierte Budget wird in einem kontinuierlichen Ansatz quasi re-investiert (9 Flightwochen im 1. Hj. 2010 vs. 17 Flightwochen im 1. Hj. 2011).

Durch diese fokussierte Mediastrategie kann im ersten Halbjahr 2011 **die Käuferreichweite für die Katjes Yoghurt-Gums um 39 % und für die gesamte Katjes Produktrange um 9 % gesteigert werden.**

Flankierend zur Kampagne findet zum **Weltvegetariertag am 1. Oktober 2011 ein PR-Event statt:** Auf der Düsseldorfer Kö werden in einer Nacht-und-Nebel-Aktion tausende Katjes Yoghurt-Gums zum Pflücken in die Bäume gehängt.

Auf der **Katjes-Facebook-Seite** wird die „be Veggie"-Kampagne konsequent weitergespielt. Innerhalb eines Jahres (Jan. 2010 vs. Jan. 2011) hat sie **rund 20.000 Fans.**

KATEGORIE KONSUMGÜTER FOOD

Ergebnisse

Ziel 1: Erreicht! Der Absatz der Yoghurt-Gums schießt in die Höhe und zieht die anderen Topseller mit.

Der Absatz der Katjes Yoghurt-Gums wächst im Kampagnenzeitraum um sagenhafte 53 %.

Veränderung Absatz konv. in Prozent zum Vorjahr

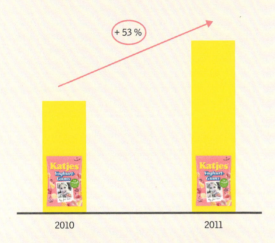

Quelle: Nielsen, LEH + DM, Absatz konv., kum. bis KW 31/2010 vs. KW 31/2011

Dabei beflügelt die Kampagne den Absatz der restlichen Range: Alle 10 Katjes-Topseller steigen um durchschnittlich 24 %.

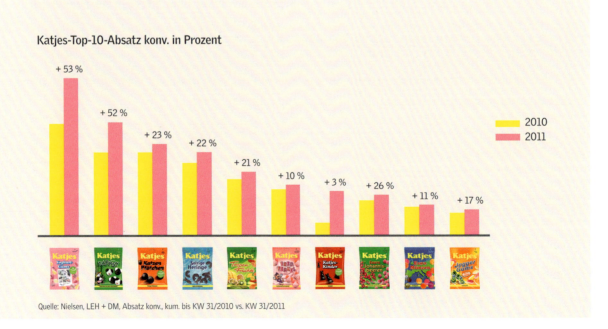

Quelle: Nielsen, LEH + DM, Absatz konv., kum. bis KW 31/2010 vs. KW 31/2011

KATJES

Ziel 2: Erreicht! Katjes ist wachstumsstärkste Marke im Fruchtgummi-Markt.

Mit einem Wachstum von 19,1 % bewegt sich Katjes deutlich gegen den schrumpfenden Zuckerwarenmarkt. Das ist 10 Mal so viel wie der Platzhirsch Haribo!

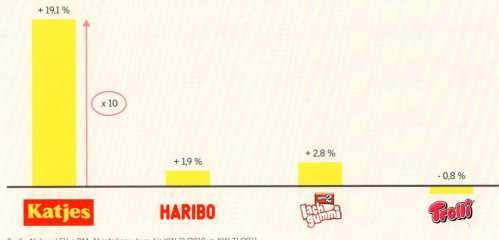

Veränderung Fruchtgummi- und Lakritzabsatz in Prozent zum Vorjahr

Quelle: Nielsen, LEH + DM, Absatz konv., kum. bis KW 31/2010 vs. KW 31/2011

Ziel 3: Erreicht! Mit „be Veggie" kann Katjes überdurchschnittlich viele Frauen erreichen.

In der Kernzielgruppe der jungen Frauen liegt die ungestützte Aufmerksamkeit bei 70 %. Das ist fast doppelt so hoch wie der Branchendurchschnitt.

Gestützt kann Katjes fast alle befragten Frauen der Kernzielgruppe – 93 % – auf sich aufmerksam machen. Bei sämtlichen befragten Frauen liegt die Spoterinnerung bei 82 %.

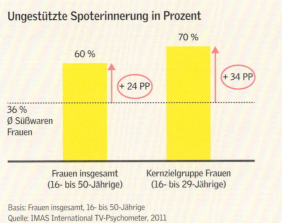
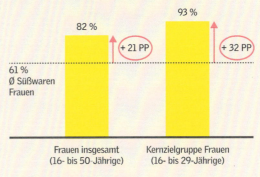

Basis: Frauen insgesamt, 16- bis 50-Jährige
Quelle: IMAS International TV-Psychometer, 2011

KATEGORIE KONSUMGÜTER FOOD

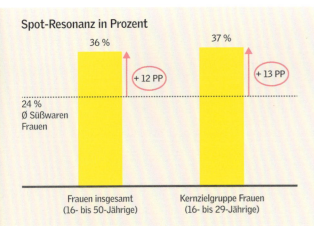

Spot-Resonanz in Prozent

Basis: Spoterinnerer Frauen, 16- bis 50-Jährige
Quelle: IMAS International TV-Psychometer, 2011

Ziel 4: Erreicht! Der Spot regt nicht nur die Kernzielgruppe der jungen Frauen zum Kauf an, sondern auch die 30 bis 50-jährigen Frauen.

Dabei liegt der Kaufanreiz bei den Frauen um 12 bzw. 13 Prozentpunkte über dem Durchschnitt.

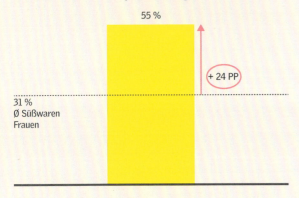

Urteil: „Ich finde den Spot überzeugend" in Prozent

Basis: Spoterinnerer Frauen, 16- bis 50-Jährige
Quelle: IMAS International TV-Psychometer, 2011

Außerdem wird der Spot als besonders überzeugend wahrgenommen: Die Überzeugungsleistung liegt um 24 Prozentpunkte über dem Durchschnitt der Frauen bei Süßwaren.

Google Search Volume Index

Quelle: Google insights for Search, Erhebung Januar 2011 bis Dezember 2011

Im Internet explodiert das Interesse an „be Veggie" nach der Schaltung des TV-Spots und hält sich auf einem konstant hohen Level.

KATJES

Ziel 5: Erreicht! Die Käuferreichweite für Katjes steigt massiv an.

Die Käuferreichweite für die Katjes Yoghurt-Gums steigt um 39 % gegenüber dem Vorjahr.

Käuferreichweite Katjes Yoghurt-Gums in Prozent der deutschen Bevölkerung

Quelle: GfK ConsumerScan 2011, kum. KW17/2010, kum. KW17/2011

Genauso schießt die Reichweite der Top-5-Katjes-Produkte in die Höhe und steigt um durchschnittlich 24 %.

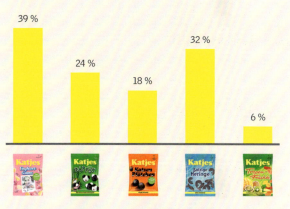

Steigerung der Reichweite in Prozent

Quelle: GfK ConsumerScan 2011, kum. KW17/2010, kum. KW17/2011

KATEGORIE KONSUMGÜTER FOOD

Effizienz

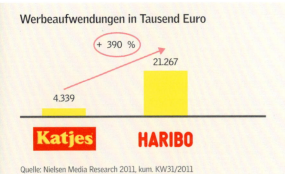

Die Kombination aus Kreativ- und Mediastrategie lässt die Kampagne besonders effizient arbeiten:

Haribo benötigt 390 % mehr Werbebudget als Katjes.

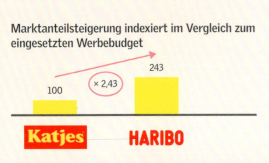

Diese hohe Effizienz schlägt sich auch beim Aufwand für die Marktanteilssteigerung nieder: Pro Einheit Marktanteilssteigerung benötigt Haribo das 2,4-fache des Werbebudgets von Katjes.

Kontinuität

Die „be Veggie"-Kampagne hat für Katjes – neben der hohen Absatzsteigerung bei höchst effizientem Mitteleinsatz – auch langfristige Impulse für die Marke gesetzt:

1. Modernisierung des Markenimages: Die Kampagne hat Katjes erfolgreich als Vorreiter in Sachen nachhaltiger Ernährung positioniert. Auch wenn die Katjes Yoghurt-Gums bereits seit 1971 auf dem Markt sind, hat die Kampagne den Katjes Yoghurt-Gums ein zeitgemäßes und visionäres Image gegeben.

2. Bewusstmachung des Benefits „tiergelatinefrei" bei der breiten Bevölkerung: Mindestens für die rund 42 Millionen Teilzeitvegetariern in Deutschland hat Katjes einen höchst relevanten Benefit etabliert. Und das haben die Menschen zu schätzen gewusst und durch vermehrte Käufe belohnt.

3. Markenaktualisierung: Die Kampagne hat einen spannenden Dialog rund um vegetarische Ernährung angeregt. Als Folgemaßnahme hat Katjes das „Tier-zu-Liebe"-Projekt initiiert, das auf der Facebook-Seite dokumentiert wird: Im März 2012 spendete Katjes 1 % seines Umsatzes an den Feuerwehr-Fonds des Deutschen Tierschutzbundes.

Ganz nach dem Motto: be Veggie.

KATJES

KATEGORIE KONSUMGÜTER FOOD

KUNDE

Alfred Ritter GmbH & Co. KG, Waldenbuch
Verantwortlich: Holger Henck (Marketing Manager), Oliver Braun (Group Product Manager),
Nadine Allgaier (Product Manager)

AGENTUR

Kolle Rebbe GmbH, Hamburg
Verantwortlich: Katrin Becker (Beratung), Tobias Fritschen (Creative Director Art),
Gunter Liermann (Creative Director Text), Daniala Pöhnl (Strategie)

RITTER SPORT

QUALITÄT IM QUADRAT

Marktsituation

Tafelschokolade: am PoS zu Spottpreisen verschleudert.
Gekauft wird, wer billig ist. Trotz teurerer Rohstoffe kämpfen die Marken mit drastischen Preisaktionen um die Aufmerksamkeit der Geschmacksnerven. Dabei sind es längst nicht nur Handelsmarken, auch Herstellermarken verschachern ihre Marken bzw. Produkte – allen voran der Marktführer. Preisaktionen von bis zu 40 % sind keine Seltenheit.

Ein Teufelskreis, denn die Preisschlacht bringt auf Dauer das Markenguthaben in Gefahr!

Im Fernsehen teuer erkaufte Qualitätswahrnehmung.
In der Kommunikation fokussieren Marken auf ihre emotionalen Mehrwerte: Man sieht viel Zärtlichkeit oder traditionelle Handwerkskunst. Die emotionale TV-Inszenierung soll das Verschachern auffangen. Das ist teuer!

Die RITTER SPORT Devise: Qualität im Quadrat gegen den Werteverfall.
Jede Familie hat ihre Tradition. Die von Alfred Ritter lautet: „Wenn man langfristig gute Ergebnisse haben will, geht es eben nur über eine sehr gute Schokolade." An der Produktqualität wird nicht gespart.

Dieser Qualitätsanspruch soll 2011 wieder verstärkt in den Marketingfokus gestellt werden und noch konsequenter in Produkt + Kommunikation umgesetzt werden.

Die Herausforderung:
Produktqualität und Appetite Appeal müssen einerseits aggressive Preisvorteile und andererseits emotionale Bewegtbildwelten des Wettbewerbs schlagen!

Marketing- und Werbeziele

Marketingziele: Schokolade, die ihren Preis wert ist.

1. Markenpositionierung stärken.
RITTER SPORT steht für „moderne Schokoladenlust" und ist dadurch deutlich dynamischer als andere Marken positioniert, die ihren Fokus auf Tradition haben. Um sich vom Wettbewerb abzugrenzen, soll die Marke stärker mit den relevanten Eigenschaften Modernität, Lebensfreude und Aktivität aufgeladen werden.

2. Produktüberlegenheit ausbauen.
Alle Qualitätsimagewerte sollen signifikant ausgebaut werden.

KATEGORIE KONSUMGÜTER FOOD

3. Nachhaltig Käuferpotentiale aktivieren.
Nicht nur kurzfristig neue Käufer gewinnen, sondern langfristig die loyale Verwenderschaft erweitern. Das heißt Ausweitung der Käuferreichweite und Erhöhung der Wiederkaufsrate.

4. Absatz- und Wertsteigerung.
Wenn der Markt stagniert, kann neues Wachstum nur durch Verdrängung von Marktanteilen erreicht werden. Sowohl Mengen- als auch Wertanteil sollen gesteigert werden.

Kreativstrategie

Knackige Produktperspektiven. „Beste Zutaten schmeckt man einfach." Nach diesem simplen Grundsatz produziert RITTER SPORT Schokolade in höchster Qualität.

Um den Qualitätsstandard der Produkte zu unterstreichen, wird 2010 eine Headline-Kampagne entwickelt, die einmal mehr die Güte der verwendeten Zutaten herausstellt und alles auf das Produkt konzentriert. Was für die Produkte gilt, soll auch für die Kommunikation gelten:

Beste Zutaten soll man nicht nur sehen. Kantig-freche Aussagen über Herkunft und Menge der Zutaten unterstreichen die Hochwertigkeit der verschiedenen Sorten und geben eine humorvolle und originelle Perspektive auf die Qualität. Das reflektiert auch die positive Lebenseinstellung der Zielgruppe und ist das Gegengewicht zum herrschenden Preiskampf und den großen TV-Gefühlen der Wettbewerber.

Dabei wurden die zwei stärksten und bekanntesten Wiedererkennungsmerkmale von der Marke eingesetzt: Bunte Farben + quadratische Schokolade. Und wurden mit optimistischen Qualitäts-Headlines aufgefüllt.

Mediastrategie

Dominant und dauerhaft.
Wie bekommt man gegenüber teuren TV-Welten volle Aufmerksamkeit für die Qualitätsoffensive? Indem man dort hingeht, wo man volle Präsenz hat und kein Wettbewerber ist: an öffentlichen Plätzen. Und wo zielgruppenübergreifend Schokolade gekauft und konsumiert wird: unterwegs.

RITTER SPORT besetzt circa die Hälfte der Plakatflächen an den zehn größten Bahnhöfen.

Das eher faktische Medium eignet sich am besten, um Qualitätsaussagen und Appetite Appeal zu transportieren.

Wer also in einem der Bahnhöfe ankommt, wird auf 7 x 9 Meter Riesenpostern, 18/1 Plakaten sowie CLPs begrüßt mit Headlines wie „Vorsicht: Ab 35 Tafeln sollten Sie besser mit dem Taxi fahren" (für Rum-Trauben-Nuss-Sorte). Jährlich zwei Plakatflights mit je acht Motiven sorgen für Abwechslung und Aufmerksamkeit für die ganze bunte Sortenpalette.

RITTER SPORT

Ergebnisse

Ziel 1: Positionierungsrelevante Images konnten profiliert werden.

Während sich der Wettbewerb in Richtung „Tradition" positioniert, schafft die Kampagne eine deutliche Differenzierung in Richtung „Modernität" und „Lebensfreude".

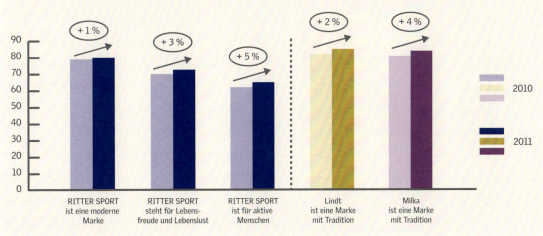

Ziel 2: RITTER SPORT-Qualität schmeckt besser.

Die neue Kampagne konnte alle wichtigen Imagewerte nochmals steigern.

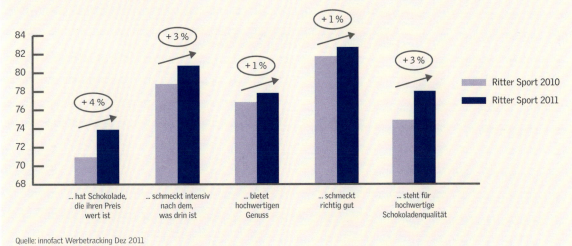

KATEGORIE KONSUMGÜTER FOOD

Ziel 3: Voraussetzung für Neukundengewinnung ist Sichtbarkeit und Gefallen der Plakate.

Die Kampagne ist eindringlich und kommt an. Damit ist der Grundstein für nachhaltigen Erfolg gelegt.

Das Medium Plakat hat sich durchgesetzt und ist unverkennbar RITTER SPORT

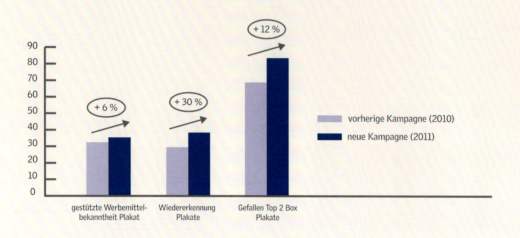

Quelle: innofact Werbetracking Dez 2011

Ziel 3: Käuferpotentiale aktiviert – und auch loyal.

Die Qualitätsoffensive spricht den Menschen aus dem Bauch: Sie essen lieber RITTER SPORT.

RITTER SPORT wächst stärker als der Marktführer

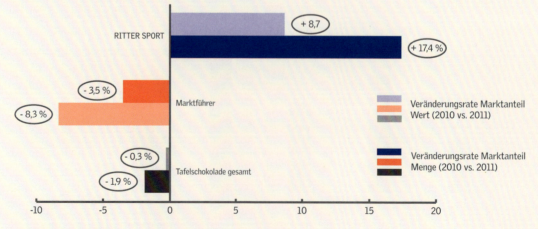

Quelle: iri Dez 2011, Basis Verkauf in Tsd. Euro, MA Wert und Menge, Tafelschokolade 100gr.,
Zeitraum: Januar – Dezember 2010 und Januar – Dezember 2011

RITTER SPORT

Ziel 4: Mit Qualität ins Rekordjahr.

Die Qualitätskampagne kann Marktanteile (Wert und Menge) im Segment 100g Tafelschokolade entgegen des Trends steigern. Und das mit einem klaren Versprechen.

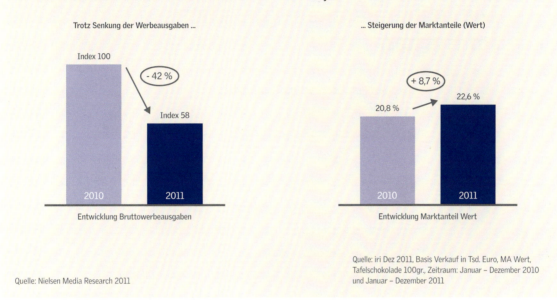

Die Qualitätsoffensive macht sich bezahlt.

Die Fokussierung auf eine relevante Botschaft und die intelligente Mediastrategie machen „Qualität im Quadrat" zu einer hocheffizienten Kampagne.

KATEGORIE KONSUMGÜTER FOOD

KUNDE

Rügenwalder Mühle, Bad Zwischenahn
Verantwortlich: Godo Röben (Geschäftsleitung Marketing), Thomas Ludwig (Produktmanagement)

AGENTUR

BrawandRieken, Hamburg
Verantwortlich: Peter Brawand (Geschäftsführung Beratung), Werner Busam (Creative Director), Barbara Poxleitner (Creative Director Art), Andrea Hartig (Account Manager), Dijana Markovic (Strategic Planner)

RÜGENWALDER MÜHLE

SAUPRAKTISCH: DIE NEUEN MÜHLEN WÜRSTCHEN IM BECHER

Marktsituation

Kampf gegen große und kleine Würstchen. Brühwürstchen – besser bekannt als Wiener, Frankfurter oder Saiten-Würstchen – zählen in Deutschland zu den beliebtesten Wurstspezialitäten: Auf der einen Seite als Frischware aus der Wursttheke oder eingeschweißt in Folie, auf der anderen Seite als lang haltbare Konserve in Glas oder Dose mit Wurstwasser.

Mit den neuen Mühlen Würstchen in den beiden Sorten Geräuchert und 100 % Geflügel hat sich die Rügenwalder Mühle in einen Markt mit einem Gesamtvolumen von über 1 Milliarde Euro (Quelle: IRI Infoscan, 2011) gewagt, der stark fragmentiert und überwiegend durch „anonyme" Produkte mit einem Marktanteil von 46,7 % geprägt ist (Quelle: IRI Infoscan, 2011) – und daher unter massivem Preisdruck steht. Bei den Markenherstellern waren vor der Einführung der Mühlen Würstchen im Oktober 2010 bereits Herta mit Knacki (MA: 0,8 %), Gutfried mit Puten Wiener im Doppelpack (MA: 0,4 %) und Wiesenhof mit Geflügel Wienerwürstchen (MA: 0,3 %) gut positioniert. Da die Handelsmarken einen großen Teil des Gesamtmarktes ausmachen, fallen die Marktanteile im Verhältnis zum Gesamtmarktvolumen eher gering aus. Sogar der Platzhirsch Meica mit den Deutschländer Würstchen, seit vielen Jahren die unangefochtene Nr. 1, hat nur einen Marktanteil von 1,1 % (Quelle: IRI Infoscan, 2010). Angesichts dieses umkämpften Marktumfelds brauchte die Rügenwalder Mühle ein überzeugendes und differenzierendes Angebot, um den Marktführer langfristig vom Thron stoßen zu können.

Mühlen Würstchen – „idealer Snack auf die Hand" als neuer Wachstumsmarkt. Die Marktentwicklung bestätigt das Potential: Die Verbraucher greifen immer öfter zu Würstchen. Der Würstchenmarkt verzeichnet 2011 ein Wachstum von 2,9 % im Vergleich zu 2010 (Quelle: IRI Infoscan, 2011). Damit stand fest: Die Rügenwalder Mühle gibt es von nun an nicht nur aufs Brot, sondern auch auf die Hand als Snack für zu Hause oder unterwegs – wenn es schnell und einfach gehen soll.

Was die Mühlen Würstchen besonders macht: Die Würstchen sind in einem attraktiven, wiederverschließbaren, transparenten Becher – knackig und frisch wie Thekenware, aber ähnlich praktisch verpackt wie Würstchen im Glas. Nur leichter und vor allem ohne Wurstwasser. Ein Differenzierungsmerkmal, das man nicht nur sehen, sondern auch schmecken kann. Denn nur die Mühlen Würstchen im praktischen Becher schmecken bei jeder Gelegenheit: Ob heiß oder kalt, als kleine Mahlzeit oder als Snack für zwischendurch.

KATEGORIE KONSUMGÜTER FOOD

Ziele, Zielgruppe

Zielgruppe:

Die Verzehrgewohnheiten der Menschen haben sich in den vergangenen Jahren verändert. An die Stelle von drei Mahlzeiten am Tag – meist im Kreise der Familie – sind heute mehrere kleine und häufig schnelle Zwischenmahlzeiten gerückt. Es sollten drei unterschiedliche Zielgruppen angesprochen werden. Erstens: die Mütter bzw. Haushaltsführende, die auf die Ernährung ihrer Lieben achten, denn wie alle Produkte der Rügenwalder Mühle werden auch die Mühlen Würstchen ohne Zusatz von Geschmacksverstärkern, Farbstoffen, Gluten und Lactose hergestellt und darüber hinaus vom unabhängigen SGS Institut Fresenius regelmäßig kontrolliert. Zweitens: Singles und kleinere Haushalte, denn das Produkt hat einen großen Convenience-Aspekt, und durch die Verpackungsgröße mit sechs Stück (222 Gramm) bietet es eine echte Alternative für zwischendurch. Und drittens: die jüngeren, männlichen, online-affinen Würstchenesser.

Ziele:

1. Profilierung der Rügenwalder Mühle als innovativster Wursthersteller.
   Mit Hilfe der 360°-Kampagne soll das Profil der Rügenwalder Mühle als zeitgemäße und innovative Marke geschärft und die Verwendungsbereitschaft erhöht werden.

2. Eroberung eines neuen Segmentes und Angriff auf den Marktführer.
   Wie in allen von ihr bedienten Segmenten will die Rügenwalder Mühle auch bei den SB-Würstchen der führende Markenhersteller werden.

3. Aufbau einer gestützten Bekanntheit von mindestens 20 % innerhalb des ersten Jahres.

4. Eroberung des Mediums Online durch
   - die Verlängerung der klassischen Kampagne auf Social-Web-Umfelder wie Facebook, YouTube und Twitter,
   - die Aufmerksamkeitssteigerung zum Launch durch eine unabhängige Viral-Clip-Kampagne,
   - den Aufbau einer Fan-Community und eines Dialogkanals durch eine verzahnte Social-Web-Struktur.

RÜGENWALDER MÜHLE

Kreativstrategie

„Saupraktisch! Die neuen Mühlen Würstchen im Becher."

Seit März 2009 tritt Jörg Pilawa als prominenter Markenbotschafter für die Rügenwalder Mühle auf. In seiner privaten Rolle als Familienvater demonstriert er mit einem Augenzwinkern die Vorteile des neuen Produkts. Im transparenten, wiederverschließbaren Kunststoffbecher lassen sich die gekühlten Würstchen einfach entnehmen und bleiben bis zum letzten Bissen frisch und knackig.

Während beim TV-Spot der Fokus auf der innovativen Verpackung und dem Convenience-Aspekt liegt, wird bei der Social-Media-Kampagne unterhaltsam mit dem nicht vorhandenen Wurstwassser gespielt. Zentrales Element der mehrstufigen Social-Web-Kampagne ist ein Facebook-Kanal und ein viraler Clip – mit engagierter Partizipation von echten Wurst-Fans und den Testimonials Mundstuhl, die im Zuge der Kampagne zudem ihren bestehenden Musiktitel „Wurstwasser" neu aufgelegt haben. Über den Facebook-Kanal werden die Maßnahmen und viralen Aktionen gespielt, gesteuert und gestreut. „Operation Wurstwasser" ist darauf ausgerichtet, Gespräche zu erzeugen, die Aufmerksamkeit für das Produkt zu steigern und die Wahrnehmung der Klassik zu erhöhen.

Mediastrategie

Die Einführung der neuen Mühlen Würstchen wurde durch eine großangelegte Mediakampagne unterstützt: Im Mittelpunkt stand der TV-Spot mit Jörg Pilawa, der zwischen November 2010 und Mai 2011 auf reichweitestarken Sendern zu sehen war.

Für weitere Aufmerksamkeit sorgten Endverbraucher-Anzeigen in auflagenstarken Publikumsmedien und Aktivitäten im Handel wie PoS-Säulen und aufwändig gebrandete, mobile Kühlregale zur Zweitplatzierung. Zur Einführung der Mühlen Würstchen wurde erstmals ein viraler Spot produziert, der auch eine Verbindung zur Facebook-Fanpage der Rügenwalder Mühle schaffte.

KATEGORIE KONSUMGÜTER FOOD

Ergebnisse

Ergebnis 1: Die Rügenwalder Mühle erobert als innovativster Wursthersteller ein neues Marktsegment.

Die Mühlen Würstchen sind im wahrsten Sinne des Wortes der „HIT 2011" (Quelle: LebensmittelPraxis). Der Lebensmittelhandel wählt die Mühlen Würstchen als bestes neues Produkt 2011 auf Platz 1 – aus mehr als 1.000 Neueinführungen über alle Warengruppen.

Die Käuferreichweite ist Indikator für eine hohe Produkt- bzw. Markenaffinität. Diese führte durch die Kampagne zu einem Wert von 3,4 % – das Käuferpotential wurde bestmöglich ausgeschöpft. Auch die Wiederkaufsrate zeigt die Eroberung des Würstchenmarktes mit einem Anstieg auf 35 % seit Markteinführung.

Käuferreichweite und Wiederverkaufsrate gehen in die Höhe

Quelle: GfK Consumer Panel 30.000 Haushalte

RÜGENWALDER MÜHLE

Ergebnis 2: Die Kampagne lässt die Rügenwalder Mühle zum Marktführer werden.

Mit Beginn der Kampagne im Oktober 2010 steigt der wertmäßige Marktanteil der Mühlen Würstchen sprunghaft an. Im Januar 2011 – nach bereits vier Monaten – hat die Rügenwalder Mühle mit einem Umsatzvolumen von knapp 1 Million Euro den Marktführer Meica mit Deutschländer Würstchen abgelöst, während dessen Umsatz stark gesunken ist. Zum Zeitpunkt der Eroberung der Marktführerschaft hatte die Rügenwalder Mühle ca. 33 % mehr Umsatzvolumen.

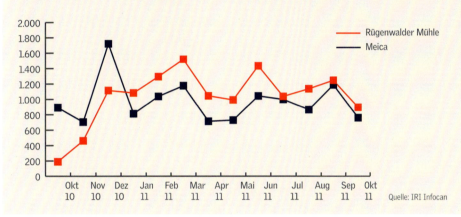

Umsatz: Rügenwalder wird zum Marktführer (Total Sals in Tsd. €)

Quelle: IRI Infocan

Ergebnis 3: Die gestützte Markenbekanntheit steigt in den ersten drei Monaten auf 25 %.

Bereits zur Produkteinführung sowie Kampagnenstart im letzten Quartal 2010 hat die Rügenwalder Mühle im Würstchenmarkt deutliche Spuren hinterlassen. Die Produkt- bzw. Markenpräsenz konnte in kürzester Zeit (nach dem ersten Einführungsjahr) hinsichtlich Markenbekanntheit (+ 76 %) sowie Werbeerinnerung (+ 240 %) verbessert werden.

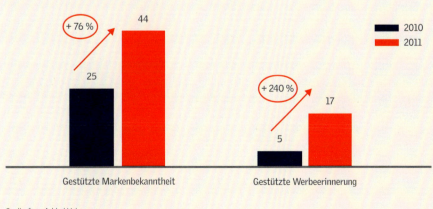

Markenbekanntheit und Werbeerinnerung steigen

Quelle: Icon Added Value

Ergebnis 4: Die Rügenwalder Mühle wird zum Innovationsführer im Bereich Social Media.

Von null auf hundert auch im Social Web. Mit dem Rügenwalder Wurstwahnsinn werden die Mühlen Würstchen zum durchschlagenden Viral-Erfolg. Aktuell mit über 400.000 Views alleine für den neu gestarteten YouTube-Kanal, über 50 Millionen Kontakte auf verschiedenen Social-Media-Plattformen, hunderte Blogartikel zur Kampagne und über 34.000 echte Fans bei Facebook sprechen eine deutliche Sprache.

Auch bereits nach dem ersten Einführungsjahr konnten die Rügenwalder Mühle mehr als 28.000 Fans nachweisen.

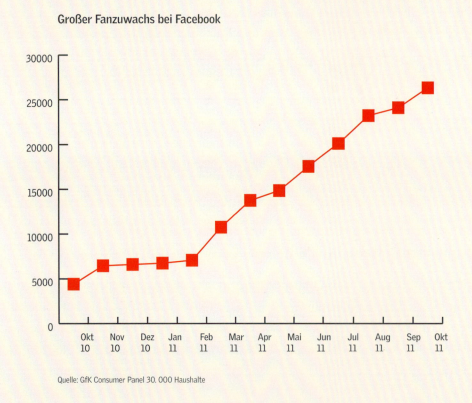

Quelle: GfK Consumer Panel 30.000 Haushalte

Unter dem Motto „Kein Mensch braucht Wurstwasser" werden die Mühlen Würstchen über Wochen kommentiert, adaptiert, zitiert, geteilt und verlinkt. Die junge, über TV-Werbung eher schwer zu erreichende Zielgruppe, wird erschlossen und die Mühlen Würstchen zum Trend-Thema im Social Web. Mit über 56 % ist die fokussierte jüngere Zielgruppe der 13- bis 34-Jährigen mit der Social-Media-Kampagne auf Facebook klar erreicht worden (Quelle: Facebook/Elbkind). Und 45 % der Zuschauer auf YouTube sind unter 34 und damit ebenfalls in der angestrebten jüngeren Zielgruppe (Quelle: YouTube/Elbkind).

RÜGENWALDER MÜHLE

Effizienz

Die Rügenwalder Mühle investierte weniger Geld für mehr Leistung. Die 360°-Kampagne für die Mühlen Würstchen ist extrem effizient. Im Vergleich zu anderen Neueinführungen, die im gleichen Zeitraum die relevantesten Neueinführungen vergleichbarer Unternehmen im Wurstsegment sind (Wiesenhof Black Puty sowie Bifi Aufschnitt), hat die Rügenwalder Mühle jeweils knapp 80 % weniger pro 1.000 abverkaufte Packungen ausgegeben.

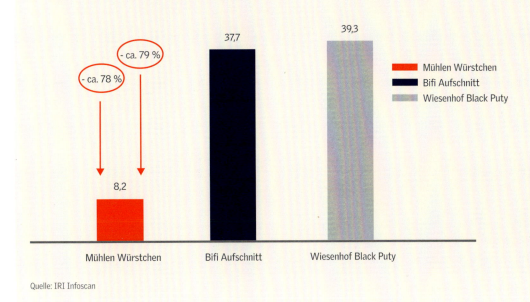

Mediaspenings in Tsd. €/Verkauf 1.000 Menge

Quelle: IRI Infoscan

Kontinuität

Seit März 2009 verfolgt die Rügenwalder Mühle eine kombinierte Kommunikationsstrategie aus Dachmarken- und Produktmarkenwerbung. Im Gegensatz zu den Jahren davor wird nicht mehr jede Produktmarke mit einem eigenen Werbespot unterstützt, sondern nur noch Produktneueinführungen. Ein Geschäft auf Gegenseitigkeit. Denn so wie jede neue Produktmarke von der eingeführten Dachmarke profitiert, soll die Dachmarke auch von jeder neuen Produktmarke profitieren.

Mit den Mühlen Würstchen, die aktuell um die Sorte Wiener erweitert wird, hat sich die Rügenwalder Mühle nicht nur ein neues Segment erschlossen, sondern auch einen neuen Verzehr- bzw. Verwendungsbereich. Gleichzeitig untermauern die Mühlen Würstchen den Anspruch der Rügenwalder Mühle, der innovativste Anbieter im Wurstmarkt zu sein, der nach der Rügenwalder Teewurst im Becher, Pommersche Gutsleberwurst im Becher und Mühlen Mett mit seinen zwei kleinen Bechern nun auch im Würstchenmarkt neue Maßstäbe bei der Convenience setzt.

ALLE FALLBEISPIELE DER KATEGORIE
KONSUMGÜTER NON FOOD

KATEGORIE KONSUMGÜTER NON FOOD

KUNDE

Beiersdorf AG, Hamburg
Verantwortlich:
Niels Möllgaard, Marketing Manager
Hauke Voß, Produkt Manager

AGENTUR

Draftfcb Deutschland GmbH, Hamburg
Verantwortlich:
Jennifer Kunikowski, Management Supervisor
Leonie Ballach, Account Director
Daniel Hultgren, Account Director
Jantje Seldschopf, Junior Account Manager
Christine Harm, Senior Strategic Planner
Steffen Fischer, Strategic Planner
Bernd Bender-Asbeck, Creative Director
Melanie Raphael, Art Director

NIVEA

LEB' DEIN LEBEN IN SCHWARZ UND WEISS

Marktsituation

2012 existieren 79 verschiedene Deos im deutschen Handel, die alle in das ca. 3 m x 1,60 m große Deo-Regal des Handels wollen. Und sie versprechen immer mehr: länger, cremiger, glatter, sanfter… Kein Wunder, dass der Verbraucher mit Überforderung reagiert – oder eben gar nichts tut und viele Produkte nach kurzer Zeit wieder verduften.

In dieses schwierige Marktumfeld kam 2011 NIVEA Invisible for Black & White: ein Deo mit 48h Schutz (Marktstandard), das vor weißen Deo-Flecken schützt (von Rexona seit fünf Jahren erfolgreich besetzt) und gelbe Flecken auf weißer Kleidung verringert. Eine echte Revolution – leider vor allem für wenige Spezialisten und informierte Konsumenten. Denn auch wenn Deo mittlerweile in der Gesellschaft angekommen ist: dass gelbe Textilflecken unter den Achseln aus einer unheilvollen Allianz von Aluminiumsalzen, Schweiß und Reinigungssubstanzen entstehen, wusste bis Ende 2010 praktisch niemand – die meisten ärgerten sich eher über schlechtes Waschmittel.

Die Herausforderung war, den Menschen die Ursache der unangenehmen Textilflecken unter ihren Achseln zu erklären und zu zeigen, dass sie ihre geliebte Kleidung ganz einfach selbst schützen können. Und das mit einer Lautstärke, die im Konzert von Unilever (3,7 x mehr Deo-Spendings als NIVEA 2011) und L´Oréal (1,2 x mehr als NIVEA) schwer zu hören war – und auf Zuhörer traf, die nur selten zuhören.

NIVEA Deo Invisible for Black & White war angetreten, um eine Menge Kleidung zu retten, aus einer Nische einen Markt zu machen und diesen aus dem Stand heraus zu beherrschen.

Ziele

Die Verbraucher müssen Ursache und Wirkung von Deo-Flecken verstehen, um NIVEA Invisible for Black & White als Lösung zu erkennen.

Ziel 1: Mehr Aufmerksamkeit und Wissen für das nicht verstandene Thema „Deo-Flecken auf der Kleidung"

Ziel 2: Trotz geringen Interesses den komplexen 3-fach-Benefit des Produkts verständlich kommunizieren

Das innovative Deo hat das Potential, die Käuferschaft von NIVEA zu verjüngen – wichtig für den mittel- und langfristigen Markenerfolg:
Ziel 3: Gewinnen von jüngeren Käufern für NIVEA Deo

Ebenso schnell, wie es beim Verbraucher wirkt, muss das neue Deo auch im Markt Wirkung zeigen:
Ziel 4: Erfolgreicher Einstieg in den Markt für Anti-Flecken-Deos und Übernahme der Marktführerschaft

KATEGORIE KONSUMGÜTER NON FOOD

Kreativstrategie

Mit einem emotionalen Aufhänger ein kompliziertes Produkt verständlich machen

Kernaufgabe war es, mit einem emotionalen Gedanken zunächst Klarheit und dann Begeisterung zu schaffen. Aber dafür ist ein Deo nicht so gut geeignet wie Kleidung, denn Kleider machen Leute. Und das neue NIVEA Deo Invisible for Black & White sorgt dafür, dass gelbe und weiße Deo-Flecken auf der Lieblingskleidung der Vergangenheit angehören.

Daraus leitete sich das kreative Kernelement ab: ein schwarz-weißes Kleid (Frauen) und ein schwarz-weißes Shirt (Männer). Konsistent eingesetzt und eingebettet in relevante Situationen, vermittelte es in der nötigen Einfachheit die komplexe und zunächst uninteressante Botschaft.

Mediastrategie

Das neue Deo kommt in die Köpfe und Herzen, nicht auf das Shirt

Die Kampagne startete mit aufmerksamkeitsstarken TV-Spots und Print-Anzeigen für Männer und Frauen, um Bekanntheit aufzubauen. Zusätzlich wurde deutschlandweit mit lokalspezifischen OOH-Motiven gezeigt, dass schöne und vertraute Dinge schützenswert sind, regionale Unikate genau wie Kleidung: „Michel bleibt Michel – Hafen bleibt Hafen – weiß bleibt weiß" oder „Stachus bleibt Stachus – Brez'n bleibt Brez'n – weiß bleibt weiß."

Darauf aufbauend machten gezielte Sampling-Maßnahmen in Kleidungsshops, Reinigungen, Bussen, Businesshotels und Universitäten den Nutzen, die Einzigartigkeit und den modernen Duft am eigenen Shirt erlebbar. Die Mundpropaganda zufriedener Verbraucher beseitigte letzte Zweifel und schloss die Lücke zwischen Interesse und Kauf.

Ergebnisse

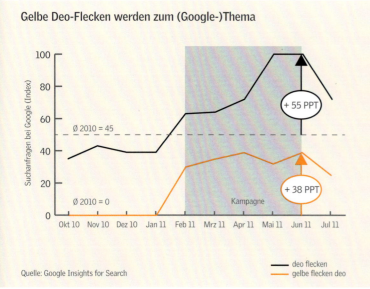

Gelbe Deo-Flecken werden zum (Google-)Thema
Quelle: Google Insights for Search

Ziel 1: Aufmerksamkeit und Wissen

Die Zeit der Unwissenheit ist vorbei: Bis 2010 waren gelbe Flecken eine ärgerliche, unkontrollierbare Naturgewalt. Die Kampagne informiert die Verbraucher, lässt sie nun gezielt nach Deo als Ursache für gelbe Flecken suchen und stellt damit die Verbindung zum neuen Produkt her.

NIVEA

Ziel 2: Verständlichkeit & Klarheit

Trotz der vielen Informationen kommen die Botschaften sauber und markenadäquat bei den Konsumenten an. Die Ergebnisse liegen bei den wichtigsten Kriterien durchschnittlich 18,6 Prozentpunkte über den hohen Referenzwerten und machen diese Kampagne zu einem Volltreffer ins Schwarze und Weiße.

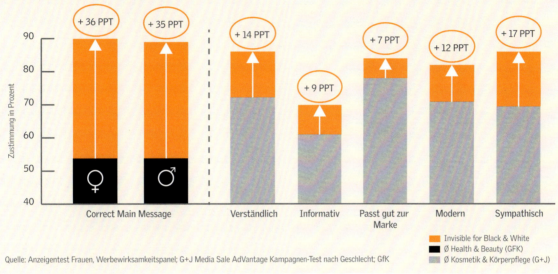

Sauberer lässt sich eine Botschaft nicht vermitteln

Quelle: Anzeigentest Frauen, Werbewirksamkeitspanel; G+J Media Sale AdVantage Kampagnen-Test nach Geschlecht; GfK

- Invisible for Black & White
- Ø Health & Beauty (GFK)
- Ø Kosmetik & Körperpflege (G+J)

Ziel 3: Verjüngung & Modernität

Zur Sicherung des mittel- und langfristigen Markenerfolgs können mit dem neuen Deo jüngere Verbraucher angesprochen und zum Wechsel motiviert werden. Das Ziel wurde mehr als erreicht: Der Anteil der Verwender unter 40 liegt für Invisible for Black & White um 33 % (Frauen) bzw. 55 % (Männer) über dem Wert des restlichen NIVEA-Deo-Sortiments.

Ziel 4: Erfolgreicher Einstieg & Marktführerschaft

NIVEA Deo Invisible for Black & White gelingt die Sensation: Bereits im Launch-Jahr verliert Rexona die Führung im Anti-Flecken-Deo-Segment, das Unilever selbst geschaffen und viele Jahre beherrscht hat. Dabei hat NIVEA den Markt für Anti-Flecken-Deos um 77 % auf über 55 Millionen Euro Umsatz (Quelle: Nielsen) vergrößert und lässt den Wettbewerb dagegen alt und fleckig aussehen.

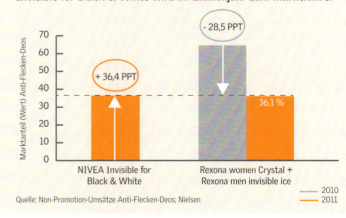

Invisible for Black & White wird im Launchjahr zum Marktführer

Quelle: Non-Promotion-Umsätze Anti-Flecken-Deos; Nielsen

KATEGORIE KONSUMGÜTER NON FOOD

Genau wie das Deo zeigt auch die Kommunikation volle Wirksamkeit und kann (fair betrachtet, ohne Promotionanteile) den Umsatz am Ende des 1. Flights mehr als verdoppeln. Der alte Marktführer Rexona kämpft, aber NIVEA Invisible for Black & White grüßt am Ende des Launch-Jahres von ganz oben.

Quelle: Non-Promotion-Umsätze Anti-Flecken Deo; Nielsen

Effizienz

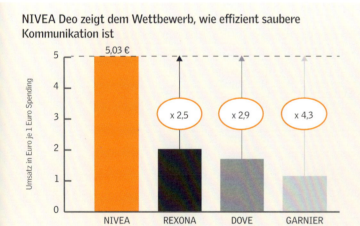

Quelle: Umsatz Deo, Brutto-Werbeaufwendungen, 2011, Nielsen

Strahlend saubere Ergebnisse

Die Launch-Kommunikation von NIVEA Deo Invisible for Black & White hat nicht nur bei der Effektivität von Kampagne und Umsatz neue Maßstäbe gesetzt. Auch bei der Effizienz strahlt die Kommunikation schwarz auf weiß: Im Vergleich zum bisherigen NIVEA-Deo-internen Best-Case „Silver Protect" war der ROI von Werbeaufwendungen und erzieltem Umsatz um 65 % höher (Quellen: BDF-Launchtracking; Nielsen).

Damit reiht sich die Kampagne nahtlos in die erfolgreiche NIVEA-Kommunikation ein und zeigt den Wettbewerbern im Deo-Markt, wie gut fleckenfreies Deo und erfolgreiche Werbung sein können.

Das Ziel ist erreicht: Konsumenten informiert, Kleidung gerettet, Markt dominiert. Was für ein Start für ein Deodorant, dessen Vorteile zwölf Monate vorher noch keiner kannte.

NIVEA

KATEGORIE KONSUMGÜTER NON FOOD

KUNDE

Henkel AG & Co. KGaA
Michael Czech, Corporate Vice President Leading Premium Detergents
Stefan Klingler, Senior Brand Manager Persil Deutschland

AGENTUR

DDB Tribal Group
Eric Schoeffler, CCO
Gabriele Engler, Global Business Director
Anja Mangold, Account Director
Dennis May, Executive Creative Director
Holger Scheuermann, Creative Director

PERSIL BLACK

BLACK BLEIBT BEAUTIFUL

Marktsituation

DER SCHWARZMARKT BOOMT ...
Zweistelliges Umsatzwachstum im Waschmittelmarkt? Diese Zeiten sind passé.

Eine erfreuliche Ausnahme ist das Marktsegment „Black" für Waschmittel, die auf die Reinigung und Pflege schwarzer Textilien spezialisiert sind: In den vergangenen zwei Jahren wuchs es um jeweils 10 %. Davon profitierten der Segment-Begründer „Coral Black Velvet" mit 25 % Marktanteil im Jahr 2010 genauso wie die Feinwaschmittel-Marke „Perwoll" von Henkel mit einem Marktanteil von 15 % für ihr ebenfalls etabliertes Produkt „Intensives Schwarz" (Quelle: Iri).

Dominiert wird das Segment jedoch von Handels- und Value-for-Money-Marken wie „Dalli" und „Burti", die 2010 60 % der Marktanteile für sich verbuchen können (Quelle: Iri). Deshalb geht hier im Februar 2011 auch die Value-for-Money-Marke „Spee" mit „Spee Black" an den Start, ebenfalls aus dem Hause Henkel. Damit ist das Rennen für 2011 eröffnet – und die Teilnehmer scheinen festzustehen.

... UND PERSIL IST NICHT DABEI?
Zunächst nicht. Denn der erfolgsverwöhnte Erfinder des Waschmittels plant die Einführung von „Persil Black" für Juni 2011 – und wird ihn erst ab August mit Kommunikation befeuern. Das führt zu einer ungewohnten Situation:

- „Persil Black" ist „follower" statt „innovator" – selbst im eigenen Haus, denn „Perwoll" und „Spee" sind schon präsent.

- „Persil Black" muss sich als Premium-Marke in einem von Handelsmarken beherrschten Marktsegment durchsetzen.

- „Persil Black" darf zugleich aber die ebenfalls zum Premiumpreis verkaufte Henkel-Marke „Perwoll" nicht kannibalisieren.

- „Persil Black" hat im August bereits etliche Monate Kommunikationsrückstand auf die Wettbewerber.

Damit steht fest: Die Ausgangssituation für den Launch von „Persil Black" ist äußerst schwierig.

Und deshalb sind auch die Ziele für „Persil Black" sehr ambitioniert: Ab dem ersten Tag heißt es „Alles oder nichts"!

KATEGORIE KONSUMGÜTER NON FOOD

Ziele, Zielgruppe

SCHWARZ AUF WEISS: DIE PREMIUM-ZIELE …

1. ZIEL: den Kommunikationsvorsprung der Wettbewerber einholen. Die gestützte Werbeerinnerung muss bis Jahresende mindestens das Niveau der bekanntesten Wettbewerbskampagne zum Zeitpunkt des Kampagnenstarts erreichen. Das bedeutet konkret: 15 % gestützte Werbeerinnerung im Dezember 2011.*

2. ZIEL: Bekanntheit pushen. Die gestützte Produktbekanntheit muss bis Jahresende mindestens das Niveau des besten Wettbewerbers zum Zeitpunkt des Persil-Black-Kampagnenstarts erreichen. Im Klartext: 68 % gestützte Produktbekanntheit im Dezember 2011.*

3. ZIEL: Marktführer werden, ohne „Perwoll" zu kannibalisieren. Avisiert ist ein Marktanteil von 20 % für Persil Black bei einem um ca. 12 % gleichbleibenden Marktanteil von „Perwoll" im Dezember 2012.

4. ZIEL: Marktanteilsgewinne nicht mit überproportionalen Media-Spendings erkaufen. Pro Prozentpunkt Marktanteil im Dezember darf „Persil Black" 2011 nicht mehr ausgeben als der ebenfalls 2011 gelaunchte hausinterne Konkurrent „Spee Black".

*Ungestützte KPIs werden auf Produktebene nicht erhoben.

… UND EINE PREMIUM-ZIELGRUPPE, DIE SCHWARZ UND WEISS DENKT.

„Waschen ist wichtig": Diese einfache Wahrheit beschreibt treffend den Grundkonsens der ansonsten recht heterogenen „Persil"-Zielgruppe. Sie ist deshalb auch nicht bereit, Kompromisse beim Waschmittel und beim Waschergebnis einzugehen. Feinwaschmittel-Marken kommen für sie aufgrund der angenommenen unzureichenden Performance daher eigentlich genauso wenig infrage wie Value-for-Money-Marken. Leider musste die „Persil"-Zielgruppe ihre Kompromisslosigkeit im Segment „Black" bisher aufgeben, da der Markt kein hundertprozentig passendes Angebot für sie bereithielt.

Kreativstrategie

DIE KONSEQUENTE BOTSCHAFT FÜR EINE ZIELGRUPPE, DIE KONSEQUENZ VERLANGT.

„Black ist beautiful." Ein geflügeltes Wort, das modisch schwarze Kleidung verkauft. Die Kampagne geht einen Schritt weiter:

„Black BLEIBT beautiful." Ein kompromissloses Statement, das ein Premium-Waschmittel speziell für schwarze Kleidung verkauft und das zugleich den inhaltlichen Fokus klar benennt:

Das Thema „Farberhalt" steht im Vordergrund der Kommunikation,
kombiniert mit dem bedingungslosen Performance-Versprechen der Marke Persil.

PERSIL BLACK

Kompromissloser Farberhalt UND kompromisslose Waschleistung – ein solches Versprechen ist

- das, was die Zielgruppe sucht,
- glaubwürdig für die Marke Persil,
- eine völlig neue Leistungskombination im Segment „Black"
- und damit genau die richtige Botschaft für „Persil Black".

SCHWARZWASCHEN OHNE KOMPROMISSE.

Mediastrategie

WER NUR FÜNF MONATE ZEIT HAT, BRAUCHT DIE POWER VON ZWÖLF.
Fünf Monate sind nicht viel Zeit, um ein neues Segment komplett aus dem Stand für sich zu erobern. Deshalb setzte „Persil Black" auf reichweitenstarke, schnell Awareness aufbauende Medien: Folglich war TV das Basismedium der Wahl.

Ergänzt wurde das Basismedium TV um Großflächenplakate in deutschen Metropolen, Anzeigen in Frauen- und Modezeitschriften und Online-Display-Werbung auf frauen- und modeaffinen Portalen.

NICHT BESONDERS 2.0 – ABER BESONDERS WIRKUNGSVOLL.

KATEGORIE KONSUMGÜTER NON FOOD

Ergebnisse

ALLE PREMIUM-ZIELE AUF PREMIUM-NIVEAU ERFÜLLT.

1. ZIEL: ÜBERTROFFEN.

Die Kampagne hat den Kommunikationsvorsprung der Wettbewerber mehr als eingeholt: Persil Black erreicht aus dem Stand gleiche oder bessere Werte als der Wettbewerb.

Das erste Ziel, eine gestützte Werbeerinnerung von 15 % im Dezember 2011 zu erreichen, wurde mit 16 % also erfüllt. Damit hat Persil nicht nur die Benchmark übertroffen, sondern die Wettbewerber „Coral" und „Spee" hinter sich gelassen und zu „Perwoll" aufgeschlossen.

Gestützte Werbeerinnerung 2011 – Von Null auf Konkurrenzniveau

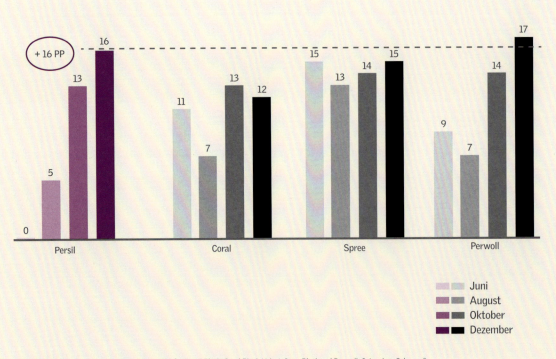

Gestützte Werbeerinnerung Juni - Dezember 2011 für Persil Black, Coral Black Velvet, Spee Black und Perwoll „Intensives Schwarz"
(Quelle: ATP-Report – KFR Global Market Research)

PERSIL BLACK

2. ZIEL: ÜBERTROFFEN.

Ende 2011 kannten drei Viertel aller Deutschen „Persil Black": Lediglich das zehn Jahre länger im Markt befindliche „Coral Black Velvet" erreicht noch leicht bessere Werte.

Das Ziel, eine gestützte Produktbekanntheit von 68 im Dezember 2011 zu erreichen, wurde mit 74 % deutlich um 6 Prozentpunkte übererfüllt. Auch hier konnte Persil zwei der drei Konkurrenten mit einer um 4 Prozentpunkte höheren Produktbekanntheit hinter sich lassen und bis auf 4 Prozentpunkte zum zehn Jahre älteren Produkt „Coral Black Velvet" aufschließen.

Gestützte Produktbekanntheit 2011 – Von Null auf Konkurrenzniveau

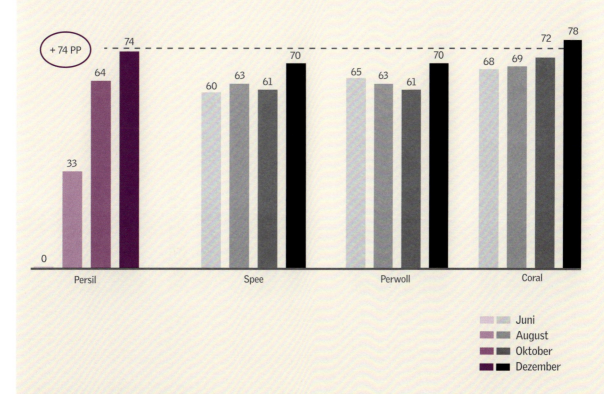

Gestützte Produktbekanntheit Juni - Dezember 2011 für Persil Black, Spee Black, Perwoll „Intensives Schwarz" Velvet und Coral Black Velvet
(Quelle: ATP-Report – KFR Global Market Research)

KATEGORIE KONSUMGÜTER NON FOOD

3. ZIEL: ÜBERTROFFEN.

„Persil Black" wird Marktführer, ohne die zweite Henkel-Premium-Marke Perwoll zu kannibalisieren.

Das dritte und wichtigste Ziel, mit 20 % Marktanteil im Dezember 2011 die Marktführerschaft zu erreichen, konnte Persil souverän erreichen: das Ziel wurde um 7 Prozentpunkte übertroffen. „Perwoll" verlor dabei nicht ein einziges Prozent Marktanteil, sondern blieb stabil bei 12 %.

Fast noch bemerkenswerter: In den fünf Monaten seit Kampagnenstart machte Persil 49 % mehr Umsatz als „Coral", 63 % mehr als „Spee" und 132 % mehr als „Perwoll" (Quelle: ACNielsen).

DAMIT IST „PERSIL BLACK" EFFEKTIV GESEHEN EIN VOLLER ERFOLG.

Marktanteile 2011 – Unbestrittener Marktführer mit 9 PP Abstand zum Zweiten

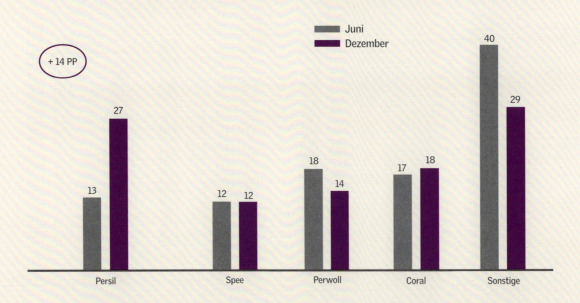

Wertmäßige Marktanteile Juni vs. Dezember 2011 für Persil Black, Perwoll „Intensives Schwarz", Spee Black, Coral Black Velvet und Sonstige
(Quelle: ACNielsen, Minerva)

PERSIL BLACK

Effizienz

KLARER EFFIZIENZ-SIEGER: „PERSIL BLACK".

4. ZIEL:

VOLLTREFFER. Marktanteilsgewinne wurden nicht durch überproportionale Mediaspendings erkauft - im Gegenteil.

Aus dem Stand wurde „Persil Black" die Effizienz-Nr. 1 unter den 2011 gelaunchten Wettbewerbern im „Black"-Regal: Jeder Prozentpunkt Marktanteil kostete 2011 das ebenfalls in diesem Jahr gelaunchte „Spee Black"doppelt so hohe Mediaspendings.

„PERSIL BLACK" 2011 WAR AUCH UNTER EFFIZIENZGESICHTSPUNKTEN EIN VOLLER ERFOLG.

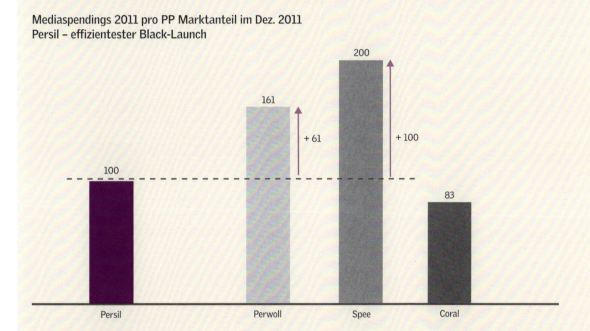

Mediaspendings 2011 pro Prozent Marktanteil in Dez. 2011 für Persil Black, Perwoll „Intensives Schwarz", Spee Black und Coral Black Velvet
(Quelle: ACNielsen, Minerva, Nielsen Media Research)

KATEGORIE KONSUMGÜTER NON FOOD

Kontinuität

BLACK BLEIBT BEAUTIFULLY ON BRAND.

Und das gleich dreifach:

„Black BLEIBT beautiful" reiht sich nahtlos in die seit 2009 laufenden „Persil"-Womanologues-Kampagne ein:

Nicht Demo, Side-by-side-Vergleich oder Laborwissenschaftler bringen das Produkt dem Verbraucher nahe, sondern es sind die Menschen selbst, die als authentische und überzeugende Botschafter fungieren.

„Black BLEIBT beautiful" beweist, dass auch im Rahmen einer für den Waschmittelmarkt eher „soften" Kampagne knallharte Abverkaufserfolge erzielt werden können – und setzt damit die seit Jahren „Persil"-typische Kommunikationseffizienz konsequent um.

„Black BLEIBT beautiful" erkennt und befriedigt ein entscheidendes Zielgruppenbedürfnis und beweist so in bester „Persil"-Tradition die Nähe zum Konsumenten – und zwar auf moderne Art und Weise.

PERSIL BLACK

KATEGORIE KONSUMGÜTER NON FOOD

KUNDE

Procter & Gamble, Lenor Waschmittel
Verantwortlich:
André Corell (Marketing Director), Francois Convercey (Brand Manager), Ineke Paulsen (Assistant Brand Manager)

AGENTUR

Grey Worldwide GmbH, Düsseldorf
Verantwortlich: Daniela Hofmann (Director Client Services), Anna Koukouli (Account Director), Alessandro Panella (Head of Planning), Liz Boulter (Senior Planner)

LENOR

SAUBERKEIT WIRD SINNLICH

Marktsituation

Marketing in einer weißen Welt

Der Waschmittelmarkt in Deutschland gleicht einer weißen Welt, die überfüllt ist mit Marken, die den Menschen vor allem Sauberkeit und Reinheit versprechen, allen voran die beiden Marktführer Persil und Ariel. Zusätzlich besetzen den Markt kleinere Marken, die vor allem im mittleren Preissegment angesiedelt sind – ebenfalls auf Sauberkeit positioniert.

Das Letzte, wonach Deutschland ruft, ist ein weiteres Waschmittel

Marktforschung mit Konsumenten hat deutlich gezeigt: „Das Letzte, was Deutschland braucht, ist ein weiteres Waschmittel." Dennoch gab es eine Gruppe von Frauen, die eine gewisse Offenheit signalisierte. Frauen, für die ein perfektes Waschergebnis nicht nur aus Sauberkeit besteht, sondern aus Sauberkeit, die sie mit allen Sinnen genießen können.

Ein weißer Fleck auf der Landkarte

Für Procter & Gamble war dies ein weißer Fleck auf der Waschmittellandkarte, den es mit einer neuen, im Markt einzigartigen Positionierung zu besetzen galt. Sauberkeit weitergedacht führte zur Entwicklung eines Waschmittels, das alle Sinne anspricht: „Sauberkeit zum Sehen, Fühlen und Riechen", so lautet die Botschaft, mit der die Marke Lenor, die seit 50 Jahren für Frische und Weichheit im Weichspülersegment steht, ihre Expertise in der neuen Kategorie relevant macht.

Es war klar, dass die Kommunikation eine völlig andere sein musste als bei etablierten Waschmitteln bisher. Waschmittelkonventionen mussten gebrochen werden.

Die Marketing- und Werbeziele

4 % Marktanteil nach sechs Monaten, ohne Kannibalisierung der Procter & Gamble Marke Ariel.

Kommunikationsziele im Detail:

1. Schnell hohe Bekanntheit schaffen
   - 20 % ungestützte Markenbekanntheit, 40 % gestützte Markenbekanntheit

2. Kommunikation unseres Point of Difference – „Sauberkeit zum Sehen, Fühlen und Riechen"
   - Lenor als das Waschmittel etablieren, das für außergewöhnliche Dufterlebnisse steht

3. Testen und darüber reden
   - Über 2 Millionen WoM-Konversationen offline, über 11 Millionen online
   - Verdopplung der Facebook-Fans für die Gesamtmarke Lenor

KATEGORIE KONSUMGÜTER NON FOOD

Zielgruppe

Kernzielgruppe sind Frauen im Alter von 25 bis 50, die ihre Welt verstärkt durch Düfte und haptische Erlebnisse emotional erfahren. Für sie sind rationale Produktversprechen sekundär, was zählt, ist das Erleben.

Die Zielgruppenzugehörigen sehen sich außerdem als moderne Frauen und nicht zwingend „nur" als Mütter und möchten auch so angesprochen werden.

Zusammengenommen heißt das: weg von den Klischees der Waschmittelwerbung, hin zu einer Neuinterpretation der Kategorie.

Kreativstrategie

Anders sein als die Kategorie:
Waschmittelkommunikation wird von unserer Zielgruppe oft als „langweilig" bezeichnet; mit klischeehaften Szenen von Müttern, die ihr Kind in ein frisch gewaschenes Handtuch wickeln, oder einem weißen T-Shirt mit Schmutz- oder Schokoladenflecken, die wie durch Zauberhand beim ersten Waschen verschwinden.

Wir wollen Lenor für die Menschen unwiderstehlich machen, auch wenn sie „kein anderes Waschmittel brauchen". Also positionieren und inszenieren wir Lenor so, wie es mit keinem anderen Waschmittel zuvor gemacht wurde: Mit Lenor wird Kleidung zur sozialen Währung.

Wie wir kommunizieren:
Kleidung ist nicht gleich Kleidung; was wir tragen, hat großen Einfluss darauf, wie wir uns fühlen. Das Waschergebnis hat einen merkbaren Effekt auf unsere Sinne. Wir sehen, fühlen und riechen den Unterschied, wenn Wäsche mit Lenor gewaschen wurde – und andere Menschen auch.

Kampagnenidee:
Ein Waschergebnis, das man sehen, fühlen und riechen kann – und das man einfach mit anderen teilen muss.

LENOR

Mediastrategie

Auch die Mediastrategie bricht mit den Konventionen der Kategorie und geht über das „Gesehenwerden" weit hinaus, indem sie zum „Testen und darüber Reden" anregt.

Gesehen werden

Kino: Lenor ist das erste Waschmittel, das in Deutschland in die Kinos gegangen ist. Kino erlaubt es, das Produkt in einer Größe und Dramatik zu inszenieren, die uns half, die Marke von Anfang an als das neue Waschmittel zu etablieren. Ziel war es, ein Gemeinschaftserlebnis von „Deutschland wartet ..." zu dramatisieren. Der Film mutete an wie ein Kino-Trailer mit spannungsgeladenen Szenen von leeren Kleiderschränken, vollen Wäschekörben und trostlos leeren Wäschespinnen. Einem Deutschland, das wäschetechnisch zum Erliegen gekommen ist, während es auf das neue Lenor Waschmittel wartet.

TV: Auch mit dem nationalen TV-Auftritt sind wir neue Wege gegangen. Unser Protagonist ist ein Mann, der sich spielerisch, aber doch sinnlich mit dem neuen Lenor Waschmittel auseinandersetzt. Eine Mischung aus Hugo Boss Mann und dem nackten Mann aus einem der bestbekannten Lenor Weichspüler Spots. Dieser Protagonist ist von der Performance von Lenor so eingenommen, dass er nicht anders kann, als sie mit anderen zu teilen.

Print und iMedia: Auch hier wurde unser männlicher Protagonist zum wiedererkennbaren Element.

Testen

Sampling: Aus früheren Tests wussten wir bereits, dass das Produkt überzeugt und dass Erstverwender schnell zu Wiederverwendern und Advokaten wurden. Aus diesem Grund wurde die Produkteinführung von einem Sampling Plot begleitet, der am POS und über Direct Marketing sowie Social Media gestreut wurde.

In-store: Auch am POS wurde der männliche Protagonist zum Helden, der Standout und Wiedererkennung steigerte.

Darüber reden

Social Media: Die WoM-Kampagne, die von Juli bis August lief, wurde auf Facebook weitergeführt, wo die Menschen ihre ersten Produkterfahrungen mit dem Lenor Waschmittel mit anderen teilten.

KATEGORIE KONSUMGÜTER NON FOOD

Ergebnisse

Ziel 1: Die Lenor Waschmittelkampagne wurde eine der erfolgreichsten Waschmitteleinführungen in Deutschland:

Alle Marketingziele wurden erreicht oder sogar übertroffen, ohne dabei Procter & Gambles größte Marke Ariel zu kannibalisieren.

Entwicklung der Marktanteile (Wert) in %

Quelle: AC NIELSEN

Darüber hinaus schaffte Lenor Waschmittel es, seine Marktanteile schneller auszubauen und höhere Werte zu erreichen als andere Waschmittel bei ihrer Einführung in den letzten Jahren.

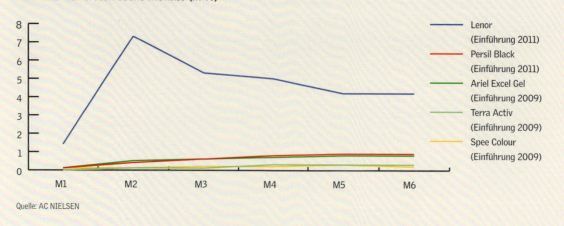

Marktanteilsentwicklung (Wert) neu eingeführter Waschmittel innerhalb der ersten sechs Monate (in %)

Quelle: AC NIELSEN

LENOR

Ziel 2: Mit seiner regelbrechenden Kommunikation schaffte es Lenor Waschmittel, schnell einen hohen Bekanntheitsgrad aufzubauen:

Innerhalb von sechs Monaten erreichte Lenor Waschmittel eine gestützte Werbeerinnerung auf dem Niveau von Ariel und Persil.

Gestützte Werbeerinnerung von Lenor Waschmittel innerhalb der ersten sechs Monate (in %)

Quelle: METT/GfK

Ziel 3: Lenors einzigartige Positionierung als Waschmittel, das die Sinne berührt, wurde erfolgreich etabliert, trotz neuer Dufteinführungen des Wettbewerbs.

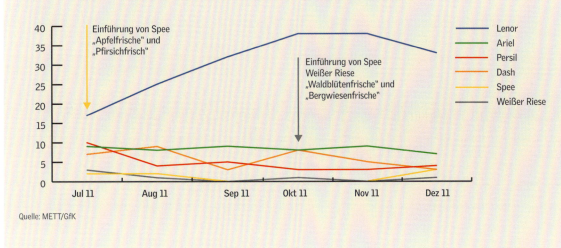

Welches Waschmittel bietet Kunden ein außergewöhnliches Dufterlebnis? (in %)

Quelle: METT/GfK

KATEGORIE KONSUMGÜTER NON FOOD

Ziel 4: Social-Media-Ergebnisse: Auch wenn Konsumenten einem neuen Waschmittel skeptisch gegenüberstanden, hat Lenors Kommunikation sie doch „darüber reden" lassen:

Insbesondere die Online-Unterhaltungen waren 7 Mal höher als Ziel.

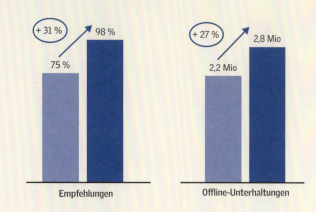
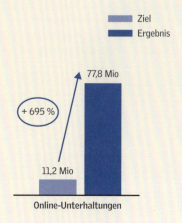

Lenors Facebook-Seite wurde eine der am schnellsten wachsenden Seiten Deutschlands.

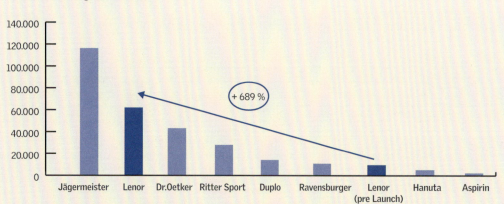

LENOR

ALLE FALLBEISPIELE DER KATEGORIE
MEDIEN

KATEGORIE MEDIEN

KUNDE

Zweites Deutsches Fernsehen (ZDF)
Verantwortlich: Thomas Grimm, Sylvia Braun

AGENTUR

Serviceplan Berlin GmbH & Co. KG
Verantwortlich: Benedikt Göttert (Geschäftsführer Kreation), Fedja Kehl (Creative Director), Julius Steffens (Art Director), Philipp Stute (Texter), Jörg Ihlau (Geschäftsführer Beratung), Gesa Birkmann (Management Supervisor), Annika Garn (Berater)

Stink GmbH, Berlin
Uncle Berlin GmbH & Co. KG, Berlin
Giesing-Team Tonproduktion GmbH, Berlin

ZWEITES DEUTSCHES FERNSEHEN (ZDF)

RELAUNCH-KAMPAGNE: FERNSEHEN ZUM MITREDEN

Marktsituation

Fernsehen über das digitale Netz zu konsumieren, ist Wirklichkeit geworden. Gleichzeitig ist das Mitmachen, Mitreden und Mitkommentieren in Blogs und sozialen Netzwerken im Mainstream angekommen. Aber auch professionelle journalistische Inhalte werden zunehmend online diskutiert.

Deshalb liegt es nahe, als digitaler Sender nicht nur zu senden, sondern auch die Interaktion mit den Zuschauern zu suchen.

Das ZDF beschließt vor diesem Hintergrund, den bereits digital zu empfangenden ZDF Infokanal einer Verjüngungskur zu unterziehen. 2011 wird der ZDF Infokanal deshalb in ZDFinfo umbenannt und mit neuem Design gerelauncht. Ab diesem Zeitpunkt kann man ZDFinfo nicht nur digital empfangen, sondern ZDFinfo nimmt auch die Meinungen, Fragen und Einwände der Zuschauer auf. So soll ein digitaler Diskurs zu den Informationsinhalten entstehen.

Doch im Hinblick auf das bereits große Angebot an Diskussionsplattformen im Netz hat keiner auf ZDFinfo gewartet.

Die Aufgabe der Relaunch-Kampagne besteht deshalb darin, mit dem Start von ZDFinfo die deutschen Zuschauer für das neue Fernsehkonzept zu begeistern und sie zur Partizipation anzuregen. Denn nur so geht das Konzept von partizipativem digitalen Fernsehen auf.

Ziel, Zielgruppe

Folgende messbare Ziele haben wir für die Relaunch-Kampagne gesetzt:

Ziel 1: Steigerung des Marktanteils um 20 % gegenüber dem Vorgängersender ZDF Infokanal.

Ziel 2: Steigerung des Internet-Search-Volumens von ZDFinfo um 100 %.

Ziel 3: Übertreffen der durchschnittlichen deutschen CTR (Click-Through-Rate) für Standard-Banner um 100 %.

Ziel 4: Steigerung der Interaktion auf der Website um 100 %.

Ziel 5: Fünfmal effizienter Marktanteile gewinnen als der Wettbewerb.

KATEGORIE MEDIEN

In der Kampagne stellen wir – ZDFinfo – uns selbst und den Menschen Fragen zu hochaktuellen sowie grundlegenden Themen unserer Zeit. Um das Konzept des Senders klarzumachen, zeigen wir Antworten, Thesen und Gedanken der Zuschauer, ganz wie sie es aus dem digitalen Raum gewohnt sind. Genauso können sie auch bei ZDFinfo live mitdiskutieren.

Plakatmotiv Großfläche

Ergebnisse

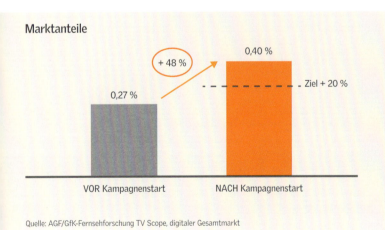

Quelle: AGF/GfK-Fernsehforschung TV Scope, digitaler Gesamtmarkt

Ziel 1: Steigerung des Marktanteils um 20 % gegenüber dem Vorgängersender ZDF Infokanal.

Ergebnis: Der Neuanfang ist ein voller Erfolg. ZDFinfo steigert die Zuschauermarktanteile mit der Kampagne um 48 % gegenüber dem Vorgängersender.

Die Kampagne begeistert neue Zuschauer. Unser anvisiertes Marktanteilsziel wird mehr als verdoppelt.

ZWEITES DEUTSCHES FERNSEHEN (ZDF)

Ziel 2: Steigerung des Internet-Search-Volumens von ZDFinfo um 100 %.

Ergebnis: Über den Relaunch von ZDFinfo wurde bereits vor Kampagnenstart berichtet. Aber erst mit Kampagnenbeginn fangen die Menschen an, sich richtig für das neue TV-Konzept zu interessieren und mehr darüber in Erfahrung bringen zu wollen.

Das Search-Volumen wird durch die Kampagne nicht nur um 100 %, sondern sogar um 240 % gesteigert.

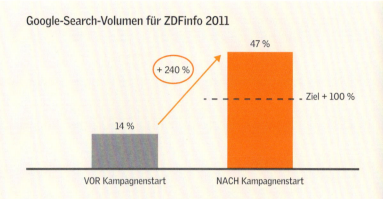

Ziel 3: Übertreffen der durchschnittlichen deutschen CTR (Click-Through-Rate) für Standard-Banner um 100 %. (Die deutsche Click-Through-Rate für Standard-Banner gibt an, wie oft durchschnittlich auf einen Banner geklickt wird – über alle Banner Deutschlands hinweg.)

Ergebnis: Die Kampagnenmechanik der offenen Fragen erreicht ein außergewöhnlich gutes Ergebnis: Die Menschen werden durch die Fragen so neugierig gemacht, dass sie überdurchschnittlich häufig auf die Banner von ZDFinfo klicken.

Die Click-Through-Rate von ZDFinfo schlägt die Benchmark um ein Vielfaches.

Ziel 4: Steigerung der Interaktion auf der Website um 100 %.

Ergebnis: Der Kampagnenerfolg zeigt sich insbesondere durch die enorme Interaktion auf der Website von ZDFinfo. Das anvisierte Ziel von 100 % Steigerung übertreffen wir deutlich und erreichen sogar sensationelle 294 %.

Die Kampagne zieht die Menschen auf die Website und regt sie dort zur Partizipation an.

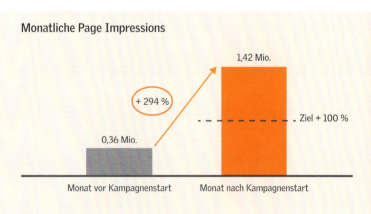

KATEGORIE MEDIEN

Quelle: AGF/GfK-Fernsehforschung TV Scope, digitaler Gesamtmarkt; Nielsen Media Research GmbH; ZDF

Ziel 5: Fünfmal effizienter Marktanteile gewinnen als der Wettbewerb.

Ergebnis: Sixx ist der einzige externe Wettbewerbssender, der in den letzten Jahren im digitalen Netz (neu) gestartet ist und seinen Launch ebenfalls mit einer Kampagne begleitet hat. ZDFinfo hat mit der Relaunch-Kampagne nicht nur die eigenen Marktanteilsziele weit übertroffen, sondern dies auch deutlich effizienter als Sixx geschafft.

Die Kampagne gewinnt nicht nur außerordentlich Marktanteile, sondern ist auch 11 Mal so effizient wie die des Wettbewerbers Sixx.

Fazit

Der Erfolg der Kampagne macht deutlich, dass man Aufmerksamkeit für etwas Neues dadurch schafft, indem man überrascht – insbesondere durch die Art der Ansprache und Auswahl der Kommunikationskanäle. So kann ZDFinfo seinen Marktanteil im Vergleich zum Vorgängersender ZDF Infokanal in kurzer Zeit überragend steigern – und das mit wesentlich geringerem Budget-Einsatz als der vergleichbare Wettbewerb.

Kontinuität

Die Relaunch-Kampagne ist keineswegs eine Eintagsfliege, die schnell durch die nächste taktische Kampagne ersetzt wird. Vielmehr gibt der Claim „Fernsehen zum Mitreden", der das Fundament der Kampagne darstellt, langfristig die Richtung für Produkt, Marke und die Kommunikation von ZDFinfo vor.

ZWEITES DEUTSCHES FERNSEHEN (ZDF)

ALLE FALLBEISPIELE DER KATEGORIE
PHARMA/OTC

KATEGORIE PHARMA/OTC

KUNDE

Bayer HealthCare Deutschland, Leverkusen
Verantwortlich: Thomas Schnier (Category Director Analgesics, Cough&Cold), Dietrich Bender (Senior Brandmanager Aspirin), Britta Gusowski (Brandmanager Aspirin)

AGENTUR

BBDO Germany GmbH, Düsseldorf
Verantwortlich: Dirk Bittermann (General Manager), Gabi Schüle (Group Account Director), Cécile Maasch (Account Director), Robert Brockhaus (Junior Account Manager), Christian Mommertz (Creative / Managing Director), Steffen Maurer (Creative Director), Helmut Bienfuss (Creative Director), Marie-Theres Schwingeler (Creative Director), Gisela Demary (Art Director), Anke Heidermann (Art Director), Stefanie Wilkens (Art Director), Isabel Bolk (Copy Writer), Claudius Sperling (Junior Copywriter), Julia Diehl (Producer)

MediaCom Agentur für Mediaberatung GmbH, Düsseldorf
Verantwortlich: Gero Schütte (Unit Director Planning), Tobias Deemann (Grouphead Planning), Hannah Zueckler (Junior Consultant)

ASPIRIN EFFECT

FRISCHER WIND IM SCHMERZMITTELMARKT

Marktsituation

Schmerzpunkt Nr. 1: Der Schmerzmittelmarkt schrumpft.
Seit 2001 sank der Verkauf an Packungen um insgesamt mehr als 15 Prozent. Die Traditionsmarke Aspirin trifft es besonders schwer. Denn …

Schmerzpunkt Nr. 2: Moderne Wirkstoffe wirken zeitgemäßer.
Der Aspirin-Wirkstoff Acetylsalicylsäure (ASS) hat sich seit über 110 Jahren bewährt, wird aber entsprechend nicht als modern wahrgenommen. „Junge" Wirkstoffe wie Ibuprofen sind deutlich auf dem Vormarsch. Aber hier wächst insbesondere der Markt der Generika. Denn …

Schmerzpunkt Nr. 3: Markenprodukte leiden unter Generika.
Die Verbraucher haben längst gelernt, dass auch Wirkstoff-Generika wirksam helfen. Das Preisbewusstsein lässt viele Verbraucher somit auch zu Generika greifen – so dass etablierte Marken wie Aspirin trotz hoher Werbeaufwendungen kontinuierlich Marktanteile verlieren.

Drei Schmerzpunkte, die Aspirin ganz besonders wehtun.
Aspirin steht nicht nur für den Traditionswirkstoff ASS, sondern muss sich auch noch gegen die Generika durchsetzen. Die Konsequenz: Es wird seltener zu Aspirin gegriffen, so dass die Marktanteile und Umsätze seit Jahren kontinuierlich sinken.

Aspirin Effect ist zwar als Granulat zum Einnehmen ohne Wasser einzigartig im Markt – fristete aber bisher als „weitere Einnahmevariante" ein Schattendasein. Das soll sich ändern: Aspirin Effect hat sich ehrgeizige Ziele gesetzt!

Ziele

Aspirin Effect: Kleine Packung – große Ziele.
Ziel Nr. 1: Bekanntheit aufbauen.
Die wenigen Aspirin Effect-Verwender sind begeistert von ihrem Produkt. Deshalb soll der Geheimtipp Aspirin Effect aufmerksamkeitsstark in Szene gesetzt und im Kampagnenzeitraum die Bekanntheit um 50 Prozent gesteigert werden.

Ziel Nr. 2: Aspirin Effect als State-of-the-Art-Schmerzmittel positionieren.
Aspirin Effect soll sich von den als innovativ geltenden Hauptwettbewerbern Dolormin und ratiopharm klar abgrenzen. Es soll als das zeitgemäßere Produkt wahrgenommen werden, das perfekt in das moderne Leben von heute passt.

KATEGORIE PHARMA/OTC

Ziel Nr. 3: Entgegen dem Markt wachsen.
Der bislang stagnierende bis moderat steigende Umsatz von Aspirin Effect soll durch die Kampagne einen kräftigen Umsatzschub bekommen: plus 10 Prozent gegenüber dem Vorjahr.

Ziel Nr. 4: Die Wachstumsriesen des Schmerzmittelmarktes schlagen.
Das heißt, stärker wachsen als die Ibuprofen-Produkte, Dolormin Extra und IBU-ratiopharm.

Ziel Nr. 5: Aus wenig mehr machen.
Mit einem vergleichbaren Budget sollen ein wesentlich stärkeres Wachstum und eine stärkere Effizienz erzielt werden.

Zielgruppe

Ein Insight aus der Marktforschung war Sprungbrett für Strategie und Kreation: „Viele suchen ein simples Produkt, da sie von der Angebotsvielfalt, der Komplexität und den Unsicherheiten rund um die Medizin überfordert sind." So ist Aspirin Effect das perfekte Produkt für die „To go"-Generation: mobil, unkompliziert, convenient und modern. Ein Schmerzmittel, das sich dem Lebensstil der Zielgruppe anpasst.

Kreativstrategie

Aspirin Effect präsentiert seine Special Effects eindrucksvoll.
Die Kampagne übersetzt die zwei Kernthemen des Zielgruppen-Insights – Einfachheit und Wirksamkeit – ganz im Stil von Aspirin Effect: einfach, schnell und effektiv.

Die Idee: Ein Bild sagt mehr als 1000 Worte.
Der Präsenter stellt in einem minimalistischen Umfeld die Leistungsdimensionen von Aspirin Effect in den Mittelpunkt der Kommunikation – die Effects der Aspirin Effect werden zu den Hauptdarstellern.

In ihrer Rolle als Special Effects demonstrieren sie uns eindrucksvoll und einprägsam die Leistungsdimensionen und die Einzigartigkeit des Produktes …

… die einzigartige Einnahme ohne Wasser – eine Wasserwelle wird einfach zurückgedrängt,

… die Schnelligkeit und Stärke – ein Granulat-Wirbelwind fegt Schmerzpunkte einfach weg,

… die Wirksamkeit gegen viele Schmerzen – eine Mauer aus Schmerzworten wird plakativ weggeblasen.

So hat man die altbewährte Marke Aspirin noch nie gesehen.
Und genau das war das Ziel.

ASPIRIN EFFECT

Mediastrategie

„Quantität und Qualität", das heißt Reichweite zur Bekanntheitssteigerung und neue Out-of-Home-Werbeformate für das neue „On the Go"-Produktformat.

1. Awarenessaufbau:
TV bildete das Hauptmedium zum schnellen Aufbau von Awareness und Reichweite, flankiert durch Online-Banner in relevanten, themenspezifischen Umfeldern wie z.B. Business und Reisen. Sonderwerbeformate und spezielle TV-Sponsoringformate sorgten zusätzlich für Aufmerksamkeit.

2. Gezielte Ansprache „On the Go":
Im Kampagnenzeitraum März bis Juli 2011 stieß die Zielgruppe auf ihrem Weg zur Arbeit – passend zur Produktverwendung unterwegs – auf moderne, synchron geschaltete, elektronische Digital-Screens. Platziert insbesondere in frequenzstarken Bahnhofsbereichen, häufig in unmittelbarer Nähe zu Apotheken. Hier sahen sie eine auf das Medium adaptierte Form des TV-Spots. Auf Reisen wurde die Zielgruppe mit Anzeigen im Lufthansa Magazin erreicht.

Mit Bewegtbild- und klassischen Displays in der Apotheke setzte sich die Zielgruppenansprache durch die integrierte Kampagne konsequent bis zum POS fort.

Out-of-Home-Channel

KATEGORIE PHARMA/OTC

Ergebnisse

Aspirin Effect. Einst unscheinbar, jetzt wunderbar!

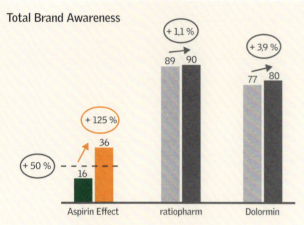

Total Brand Awareness

Quelle: Synovate Healthcare, Advertising Effectiveness Control – Analgesics March 2011/July 2011, results in %

Zielerreichung Nr. 1:
Vom Geheim-Tipp zum Verbraucher-Hit.

Die Bekanntheit von Aspirin Effect hat sich in nur vier Monaten, innerhalb des Kampagnenzeitraums März bis Juli 2011, um satte 125 Prozent mehr als verdoppelt. Das Ziel von 50 Prozent wurde deutlich übertroffen!

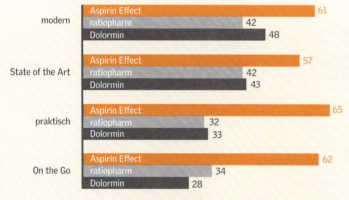

Modernitäts- und Praktikabilitätswahrnehmung

Quelle: Synovate Healthcare, Advertising Effectiveness Control – Analgesics July 2011, results in %

Zielerreichung Nr. 2:
Über 110 Jahre und up to date!

Durch die Kampagne setzte sich Aspirin Effect quasi aus dem Stand an die Spitze in der Verbraucherwahrnehmung in den Dimensionen „modern" und „State of the Art". Es lässt damit den als moderner wahrgenommenen Ibuprofen-Wettbewerb deutlich hinter sich. Und in den Produkt-USPs „praktisch"/„On the Go" führt Aspirin Effect mit doppeltem Abstand zum Wettbewerb.

Umsatzentwicklung vs. Vorjahr

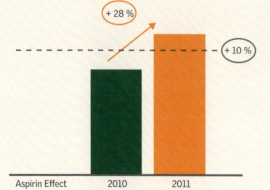

Quelle: IMS Marktdaten BRD Gesamt + VH

Zielerreichung Nr. 3:
Der Markt schrumpft – Aspirin Effect wächst.

Statt der geplanten 10 Prozent Wachstum ist der Umsatz von Aspirin Effect im Vergleich zum Vorjahr sogar um 28 Prozent gewachsen.

ASPIRIN EFFECT

Zielerreichung Nr. 4:
Aspirin Effect ist der neue Wachstums-Champion.

Trotz des 110 Jahre alten Wirkstoffs ASS generiert Aspirin Effect durch die Kampagne ein sensationelles Umsatzplus von 28 Prozent. Im selben Zeitraum verliert ratiopharm mit seinem ASS-Produkt klar an Boden. Eindrucksvoll schlägt Aspirin Effect auch die bisher schnell wachsenden Ibuprofen-Produkte: sowohl das Generikum IBU-ratiopharm als auch das Markenprodukt Dolormin Extra.

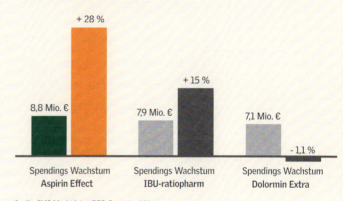

Zielerreichung Nr. 5:
Gleiches Budget – doppeltes Wachstum.

Trotz vergleichbarer Budgets erzielt Aspirin Effect im Vergleich zum Wettbewerb überdurchschnittliche Effizienzwerte.

Effizienz

1. Mini-Share of Voice – Maxi-Wirkung.

Obwohl Aspirin Effect im Vergleich zum gesamten Werbevolumen des Schmerzmittelmarktes ein moderates Budget einsetzte, konnte entgegen dem allgemein rückläufigen Umsatztrend ein beeindruckendes Wachstum erzielt werden.

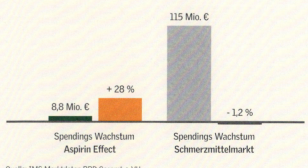

KATEGORIE PHARMA/OTC

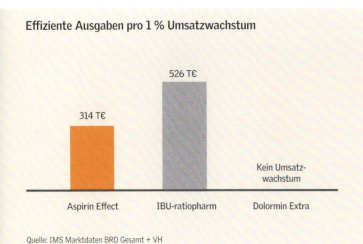

Effiziente Ausgaben pro 1 % Umsatzwachstum

Quelle: IMS Marktdaten BRD Gesamt + VH
Nielsen Media Research und Gesellschaft für Konsumforschung

2. Beste Kosteneffizienz pro 1 Prozent Umsatzwachstum.

1 Prozent Umsatzsteigerung kostet Aspirin Effect 314.000 Euro, während IBU-ratiopharm für 1 Prozent Wachstumssteigerung 526.000 Euro einsetzt. Dolormin Extra verliert bei 7,1 Millionen sogar über 1 Prozent Umsatz.

Kontinuität

Und der Effekt hält an ...

Die Insight-basierte Kreativ- und Mediastrategie schafft es, die Produktinnovation Aspirin Effect an die Spitze des Wachstums zu setzen und hier die starke Ibu-Marke Dolormin und das Generikum IBU-ratiopharm hinter sich zu lassen – bei bester Kosteneffizienz pro Prozentpunkt Wachstum. Auch nach Beendigung der Kampagne bleibt der Umsatz auf deutlich höherem Niveau als im Vorjahr.

Quasi aus dem Stand heraus kann sich Aspirin Effect in puncto „Modernität" und „State of the Art" in der Verbraucherwahrnehmung positionieren. So wird Aspirin Effect eine wichtige Säule im Aspirin-Portfolio und leistet einen entscheidenden Beitrag dazu, dass der Klassiker Aspirin auch morgen nicht von gestern ist.

Die Kommunikation für Aspirin Effect war also in allen Bereichen höchst effektvoll und darüber hinaus effizienter als der Wettbewerb.

Und die Kampagne geht weiter: Auch 2012 setzt Bayer mit der erfolgreichen Kampagne auf den „Aspirin Effect"-Effekt.

ASPIRIN EFFECT

KATEGORIE PHARMA/OTC

KUNDE

Wolfgang Anding
Boehringer Ingelheim
Produkt: Mucosolvan
Kampagne: Got Mucus

AGENTUR

Young & Rubicam
Jan Leube, CCO
Esben Ehrenreich, Creative Director
Markus Rieser, Creative Director
Lennart Wittgen, Account Director

MUCOSOLVAN

MUCOSOLVAN – EFFIZIENT UND STARK GEGEN SCHLEIM

Ausgangslage

Der Hustenlöser Mucosolvan ist eine etablierte Größe im deutschen OTC Markt. Der Wettbewerb hat sich in den letzten Jahren deutlich verschärft, so dass es immer schwieriger wurde, neues Wachstum zu generieren. Zuletzt musste Mucosolvan einen Rückgang seines Marktanteils hinnehmen. Diese Entwicklung ist auf drei Ursachen zurückzuführen:

1) Der Markt ist gesättigt
Die Nachfrage nach Hustenlösern unterliegt einer starken Saisonalität und kann nicht künstlich stimuliert werden. Zwischen 2007 und 2011 hat sich das Marktvolumen insgesamt um 2,3 % verringert. Alle Anbieter befinden sich in einem Verdrängungswettbewerb.

2) Generika locken mit niedrigen Preisen
Im Gegensatz zu den Hauptkonkurrenten ist Mucosolvan das einzige Produkt, das unter Generika-Konkurrenz leidet.

3) Der Trend geht zu Naturheilstoffen
Auch im OTC-Markt für Hustenmittel erfreuen sich Naturarzneimittel einer immer größeren Beliebtheit. Der Marktanteil stieg hier 2011 auf 41 %, während der Anteil für chemische Produkte erneut rückläufig war. Für ein chemisches Produkt wie Mucosolvan bedeutet dies ein Abschmelzen des Käuferpotentials. Unter diesen Marktvorausetzungen war ein „Weiter so" keine Option. Mit einer neuen Kampagne, die sich klar von den Aktivitäten der Wettbewerber differenziert, soll Mucosolvan zurück auf Wachstumskurs gebracht werden.

Aufgabe/Zielsetzung

Kommunikationsziele
1) Recall: Wachsen und Marktanteile gewinnen kann nur, wer eine starke Präsenz im Kopf der Verbraucher erzielt. Die neue Kampagne soll deshalb einen deutlich stärkeren Recall erzielen als die Kampagnen der beiden Hauptwettbewerber.

Marketingziele
1) Die Marktführerschaft zurückerobern: Im Kampagnenzeitraum (November bis Februar) soll Mucosolvan die Marktführerschaft erobern und halten. Durch Erreichung dieses Ziels wird Mucosolvan in den Regalen der Apotheken zukünftig stärker berücksichtigt und steigert damit seine Sichtbarkeit am POS.

KATEGORIE PHARMA/OTC

2) Stärker als der Markt wachsen: Die Umsatzentwicklung im Markt für Hustenlöser wird durch die Erkältungshäufigkeit bestimmt und schwankt deshalb stark von Saison zu Saison. Anstatt sich auf absolute Absatzziele festzulegen, wird deshalb das Ziel ausgegeben, sich über die gesamte Saison besser als der Gesamtmarkt zu entwickeln.

3) Die Kampagneneffizienz steigern: Das Werbebudget hat sich im Vergleich zum Vorjahr geringfügig verringert. Um die vorgegebenen Marketingziele zu erreichen, muss deshalb der ROI pro Werbeeuro um 5 % gesteigert werden.

Zielgruppe

1) Die Betroffenen selbst. Sie empfinden den Husten als lästiges Übel, das möglichst schnell wieder verschwinden soll. Die Kampagne muss in der gesamten Bevölkerung akzeptiert werden.

2) Alle Haushaltsführende, die für Familienmitglieder einkaufen und den Medikamentenhaushalt der Familie verwalten. Sie sehen neben dem Leiden der Betroffenen auch die Ansteckungsgefahr und wünschen sich einen wirkungsvollen Schutz.

Kommunikation

Kommunikationsstrategie

Verschleimter Husten wird von den Betroffenen häufig so empfunden, als haben sich Eindringlinge in ihrer Lunge festgesetzt, die es durch Abhusten wieder loszuwerden gilt. Dieser Insight bildete die Grundlage des Kreationsbriefings.

Mucosolvan gibt dem „Feind" ein Gesicht!

Während alle anderen Marken in ihrer Kommunikation auf rationale und medizinisch anmutende Wirk-Demonstrationen vertrauen, geht Mucosolvan einen anderen Weg. Im der neuen Kampagne wird das Problem Schleim erstmals auf emotionale und humorvolle Weise visualisiert. So bevölkern im TV-Spot lästige, aber nicht unsympathische Schleimmonster die Bronchen – bis Mucosolvan sie von dort vertreibt.

Diese Form der Produktdemonstration differenziert Mucosolvan klar vom Wettbewerb. Außerdem ermöglicht sie der Marke, ihr einzigartiges Wirkprinzip auf plakative und eingängige Weise zu inszenieren: Nur Mucosolvan löst, befreit und schützt – Stark gegen Schleim.

MUCOSOLVAN

Die beiden Kernbotschaften

1) Mucosolvan wirkt effektiver als Generika und bietet zusätzlichen Schutz.

2) Ähnlich der Naturheilstoffe kämpft Mucosolvan nicht gegen den Körper, sondern hilft ihm sich von seinen Schleimmonstern zu befreien.

Mit dieser Mischung aus faktischem Qualitätsversprechen und emotionaler Produktdemonstration soll es gelingen, die beiden Hauptwettbewerber ACC und Prospan gezielt anzugreifen und beim Verbraucher eine deutliche Präferenz für Mucosolvan zu erzeugen.

Die Ausgangsidee für diese Kreation beruht auf einer Kampagne, die von der Agentur Renard für Boehringer Ingelheim Australien entwickelt wurde.

Erfolg

1) Recall

Nach drei Monaten weist Mucosolvan einen deutlich stärkeren Recall als die Hauptkonkurrenten auf. Die Schleimmonster haben sich im Kopf der Zuschauer festgesetzt.

Nach drei Monaten erzielt die Mucosolvan-Kampagne den besten Recall-Wert

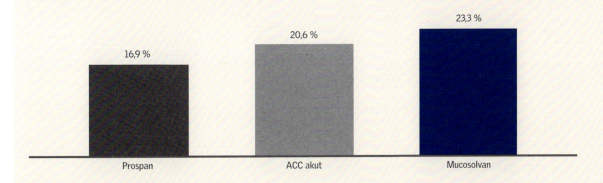

Quelle: Ipsos Con*Track; Kampagnen-Recall im Januar 2012

KATEGORIE PHARMA/OTC

2) Marktanteile

Das Ziel war, verlorenes Terrain zurückzuerobern und die Marktführerschaft zu übernehmen. Die Erwartungen wurden übererfüllt. Bereits zwei Wochen nach Kampagnenstart zieht Mucosolvan am bisherigen Marktführer ACC vorbei und setzt sich an die Spitze. Diese Position kann Mucosolvan bis zum Ende des Kampagnenzeitraums verteidigen.

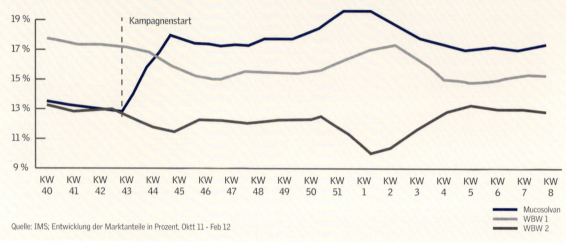

Kurz nach Kampagnenstart erobert Mucosolvan die Marktführerschaft und gibt sie nicht mehr ab

Quelle: IMS; Entwicklung der Marktanteile in Prozent, Oktt 11 - Feb 12

3) Den Markt schlagen

Die Saison 2011/2012 entwickelte sich wechselhaft. Nach einem positiven Start zeigt sich der Markt zum Jahreswechsel leicht rückläufig, um dann noch einmal anzuziehen. Die einzige Kontinuität in diesem Auf und Ab: Nach Kampagnenstart liegt Mucosolvan die gesamte Saison deutlich vor dem Gesamtmarkt.

Mucosolvan entwickelt sich in der gesamten Saison besser als der Markt

Quelle: IMS; Umsatzentwicklung Okt 11 - Feb 12 im Vergleich zum Vorjahr in Prozent

MUCOSOLVAN

Effizienz

4) Effizienz steigern

Mucosolvan erzielt mit der neuen Kampagne einen deutlich besseren ROI als im Vorjahreszeitraum. Das gesetzte Ziel von 5 % mehr Umsatz pro Werbeeuro wird mit 17 % klar übertroffen.

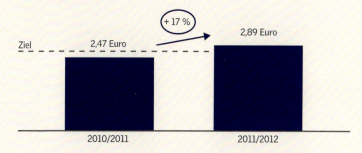

Mucosolvan kann den Umsatz pro investiertem Werbeeuro deutlich steigern

Quelle: Boehringer Ingelheim; Umsatz pro Euro Werbespendings (jeweils für Zeitraum KW 44 - KW 9)

Im direkten Vergleich mit der Konkurrenz zeigt sich: Nur Mucosolvan kann mit seiner Kampagne Wirkung entfalten. Und das trotz geringerer Spendings im Vergleich zum Vorjahr.

Prospan erhöht den Druck, aber nur Mucosolvan gewinnt neue Marktanteile

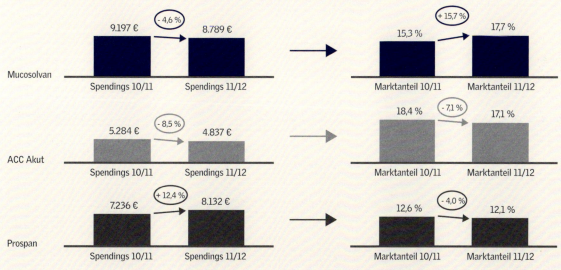

Quelle: Nielsen Media Research; GfK; Entwicklung Spendings vs. Marktanteil im Vergleich zum Vorjahr (jeweils im Zeitraum Nov. bis Feb.)

Kontinuität

Mit der neuen Kampagne gelingt es Mucosolvan als erste Hustenlöser-Marke das Problem „Schleim" zu besetzen. Mit dem Key Visual der Schleimmonster wurde ein dauerhafter Besitzstand kreiert, der an allen Touchpoints der Marke eingesetzt wurde und wird. Verschleimter Husten = Mucosolvan; diese Gleichung wurde mit der neuen Kampagne etabliert und soll in Zukunft mit jeder Kommunikationsmaßnahme weiter gefestigt werden.

ALLE FALLBEISPIELE DER KATEGORIE
SOCIAL

KATEGORIE SOCIAL

KUNDE

BISS Magazin e. V.
Verantwortlich:
Hildegard Denninger, Geschäftsführerin
Johannes Denninger, Vertriebsleiter

AGENTUR

DDB Tribal Group
Eric Schoeffler, CCO
Johannes Hicks, Creative Direction
Katharina Matthes, Lilli Langenheim, Art Direction
Lennart Frank, Copywriter
Sarah Bensel, Carolin Spahn, Account Manager
Milena Milic, Jonas Bosslet, Agency Producer
Hager Moss Commercial, Filmproduktion
KRONCK, Regie

BISS-MAGAZIN

BOTTLE RECRUITMENT

Marktsituation

DIE GRÖSSTE STÄRKE DES GRÖSSTEN STRASSENMAGAZINS DEUTSCHLANDS …
Das Münchner BISS-Magazin wird seit 1993 vertrieben und ist nicht nur die älteste, sondern auch eine der erfolgreichsten Straßenzeitungen Deutschlands. Als besonders hochwertiges Straßenmagazin nimmt BISS eine bundesweite Sonderstellung ein: mit einer seit Jahren konstanten Auflage von 37.000. Diese liegt in dem seit Jahren konstanten Verkäuferstamm begründet, denn bei kontinuierlich guten Verkäufen winkt eine Festanstellung. Über 100 ausnahmslos Bedürftige oder Obdachlose verkaufen die BISS direkt auf der Straße und behalten vom Verkaufspreis von derzeit 2,20 Euro 1,10 Euro. So verdienen sich die Verkäuferinnen und Verkäufer ein Zubrot und eröffnen sich eine Perspektive.

… WURDE ZU SEINER GRÖSSTEN SCHWÄCHE.
Dieses „feste" Verkaufsteam war bislang die größte Stärke des Magazins – und wurde nun zu seiner größten Schwäche: Denn die Verkäuferinnen und Verkäufer wurden immer älter. Und das Team immer kleiner. So klein, dass im Sommer 2011 erstmals befürchtet werden musste, bald nicht mehr ausreichend zu verkaufen.

WENIGER VERKÄUFER, WENIGER AUFLAGE, WENIG PERSPEKTIVE.
Es mussten dringend neue Verkäufer rekrutiert werden, um die Verkaufschancen wieder zu heben und eine negative Auflagenentwicklung zu vermeiden.

Ziele, Zielgruppe

DAS SCHWIERIGSTE ZIEL ÜBERHAUPT: MENSCHEN WIRKLICH ZU ÜBERZEUGEN.
Die primäre Aufgabe bestand zunächst nicht darin, die Nachfrage zu erhöhen, sondern den Vertriebskanal zu revitalisieren, sprich: Maßnahmen einzuleiten, die zu einer Rekrutierung neuer Verkäufer führten. Ergo:

1. ZIEL: Kontakte. Es sollten mindestens 5.000 direkte Kontakte mit potentiellen Verkäufern von BISS erreicht werden.

2. ZIEL: Echo. Die Kontakte sollten durch Medienberichterstattung mindestens verzehnfacht werden.

3. ZIEL: Verkäufer. Es sollten mindestens zehn neue Verkäufer unter den Bedürftigen und Obdachlosen gewonnen werden. Sprich: Zuwachs des Verkaufsteams um mindestens 10 %.

4. ZIEL. Sparen. Die ganze Aktion sollte mehr einbringen als kosten.

KATEGORIE SOCIAL

Diese Ziele gestalteten sich durch die Spezifika der Kernzielgruppe besonders herausfordernd, galt es doch, Menschen zu erreichen und zu motivieren, die kaum Medien konsumieren und auch sonst nur spärlich am konventionellen gesellschaftlichen Leben teilnehmen.

Kreativstrategie

SCHRITT 1:
DIE KERNZIELGRUPPE WEITER VERDICHTEN.

BISS suchte gezielt Menschen, die ihr Glück in die eigenen Hände nehmen und „anpacken", um der Armut, der Langeweile und einem Dasein ohne echte Aufgabe zu entkommen. Menschen mit der Bereitschaft, sich jeden einzelnen Euro mühsam zu verdienen. Wenn nötig, auf der Straße.

Und in der Tat: In der Kernzielgruppe gibt es Menschen, auf die alle diese Merkmale zutreffen. Die Flaschensammler.

SCHRITT 2:
EINEN KANAL SCHAFFEN, ÜBER DEN MAN DIESE ZIELGRUPPE ERREICHT.

Flaschensammler sind Menschen, die ein hohes Maß an Eigenengagement zeigen und ständig nach Möglichkeiten suchen, ihre finanzielle Situation und ihre Lebensbedingungen zu verbessern. Also Menschen, die im wahrsten Sinne des Wortes „Biss" haben.

Es ging also darum, die medien-averse Zielgruppe der Flaschensammler dort zu erreichen, wo sie sich jeden Tag befand: beim Flaschensammeln überall im Stadtgebiet.

Dazu sollten ca. 5.000 Flaschen mit dem BISS-Etikett beklebt und verteilt werden.

Und diese Etiketten trugen die Botschaft: „Sie suchen Flaschen. Wir suchen Sie."

Mediastrategie

THE MEDIUM IS THE MESSAGE – ON A BOTTLE.

Kreativ- und Mediastrategie waren in diesem Falle kaum voneinander zu unterscheiden, eine engere Verzahnung war kaum möglich: Der Mediakanal war die Kreatividee. Oder andersherum: die kreative Lösung lag in der Mediaidee.

BISS-MAGAZIN

Denn Tag für Tag und Stunde für Stunde kommen Flaschensammler mit leeren Pfandflaschen in Kontakt; das erlöste Flaschenpfand ist oft ihre wichtigste Einnahmequelle. Die mediale Idee setzte konsequent auf diesem Gedanken auf und nutzte die Flaschen selbst als Medium, indem diese mit einem zusätzlichen Etikett beklebt wurden, das die Sammler aufforderte bzw. einlud, sich bei „BISS" zu melden und für den Verkauf des Straßenmagazins zu bewerben. Selten war also die berühmte Kommunikationsweisheit stimmiger als hier:

„The Medium is the Message" (On a bottle).

Um mit der Aktion maximalen Buzz zu erzeugen, wurde ein wirksames PR-Element eingebaut: Prominente und BISS-Leser unterstützten die Organisation beim Bekleben und Verteilen der Flaschen. Der Coup ging auf, die Aktion wurde zum Mittelpunkt des öffentlichen Interesses.

Ergebnisse

1. ZIEL: ÜBERTROFFEN – und die geplante Kontaktzahl mit 30.000 versechsfacht!

Dank der Unterstützung von Sponsoren, prominenten Partnern und der Mithilfe von BISS-Lesern konnten nicht nur 5.000, sondern 30.000 Flaschen mit der Botschaft beklebt und in der ganzen Stadt verteilt werden. Die Anzahl der Flaschen wurde mit den Kontakten gleichgesetzt: Jede gesammelte Flasche entsprach einem Kontakt mit einem Flaschensammler. Somit wurden statt der geplanten 5.000 Kontakte sechsmal mehr, also 30.000 Kontakte generiert.

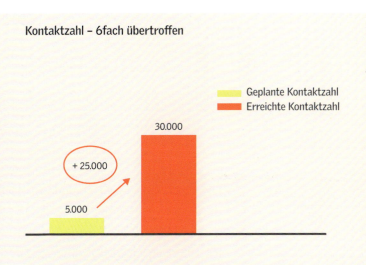

Geplante versus erreichte Zahl an direkten Kontakten (Quelle: Geschäftsführung BISS)

2. ZIEL: ÜBERTROFFEN – 1,2 Mio. Auflage bzw. 3 Mio. Reichweite sind vier bzw. zehnmal mehr als die geplanten 300.000 indirekten Kontakte!

Eine Mediaanalyse ergab, dass die berichtenden Medien im Großraum München eine Auflage von 1,2 Millionen erzielen – dies entspricht ungefähr einer Reichweite von 3 Millionen und einem Mediagegenwert von ca. 32.500 Euro. Auch und besonders online wurde die Aktion mit großem Interesse aufgegriffen und verfolgt. Auf sueddeutsche.de, tz-online oder auch meinestadt.de wurden insgesamt fast 50 Millionen Visits erzielt.

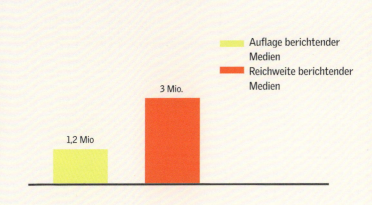

Auflage und Reichweite der über die Aktion berichtenden Medien (Quelle: Geschäftsführung BISS)

KATEGORIE SOCIAL

3. ZIEL: ÜBERTROFFEN – mit fast doppelt so vielen neuen Verkäufern als avisiert!

Die Idee und die 30.000 Kontakte hatten beeindruckende Folgen. Insgesamt wurden nicht nur wie geplant 10, sondern 19 neue Verkäufer (entspricht knapp 20 % des bestehenden Verkaufsteams) über die Promotion rekrutiert. Ein schöner Erfolg. Vor allem für die Menschen, die jetzt eine neue Aufgabe und Perspektive im Leben haben.

Erfolgreich rekrutierte Verkäufer – Zielvorgabe fast verdoppelt

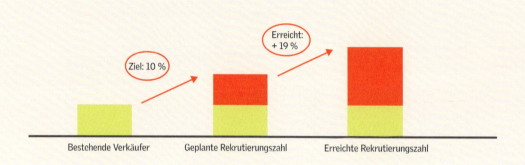

Geplante vs. erreichte neue Verkäufer (Quelle: BISS)

Die Media Coverage während und nach der Aktion sowie die neuen Verkäufer sorgten dafür, dass die BISS im Dezember 2011 ausverkauft war. Im Januar musste zum ersten Mal in der Geschichte des Magazins nachgedruckt werden (8.000 Hefte). Somit wurde nicht nur wie geplant „stabilisiert": Nein, das Magazin erreichte sogar ein Allzeit-Auflagenhoch für die Januarausgabe von 45.000 Stück – entspricht + 21,6 %. (Zur Erklärung: In der Vergangenheit wurden in einem Monat einmalig 60.000 Exemplare verkauft, wahrscheinlich auch nach so einer Aktion! Generell wird die Januarausgabe immer sehr schlecht verkauft, deshalb ist es ein Erfolg!)

Aber auch langfristig konnte die Initiative die Auflage stärken: Diese stieg von durchschnittlich 37.000 Exemplaren vor der Aktion auf 39.000 Exemplare nach der Aktion. Das entspricht einem Gesamt-Plus von 5,4 % – und 1.000 Exemplaren mehr, als man erhofft hatte.

BISS-MAGAZIN

4. ZIEL. ÜBERTROFFEN – nur 3.500 Euro investiert, aber 26.400 Euro eingenommen – plus unbezahlte Medienberichterstattung!

Unter Effizienzgesichtspunkten war die Aktion ein absoluter Volltreffer: Das minimale investierte Budget von 3.500 Euro hatte sich nach nur zwei Monaten amortisiert. Durch die Auflagensteigerung konnte die BISS in den sechs Monaten nach der Initiative etwa 26.400 Euro zusätzlichen Umsatz erzielen (= 2.000 Stück zusätzliche Auflage x 6 Monate x 2,20 Euro pro verkauftem Exemplar). Das ist fast viermal so viel wie der ursprüngliche Investitionsbedarf für Aufkleberdruck und Flaschenpfand.

Rechnet man noch den Mediawert der kostenlosen Berichterstattung im Wert von 32.500 Euro dazu, ergibt sich ein ROI von 17 Euro für jeden investierten Euro – dies entspricht 1.700 %!

Kostenamortisierung – 7-fach gedeckt

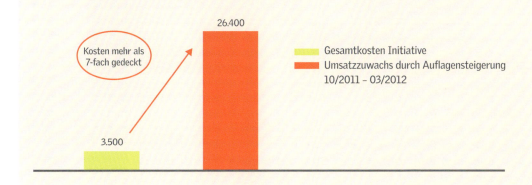

Auflage und Ausgaben für die Aktion vs. Einnahmen (Quelle: BISS)

Kontinuität

BISS MIT NEUEM BISS. UND 19 MENSCHEN IN LOHN UND BROT.

Dank der Flaschensammler-Kampagne hat die BISS überlebt: Viel öffentlicher „Buzz", ein verstärktes und verjüngtes Verkaufsteam, anhaltende Bewerbungen potentieller Verkäufer, kurz: Es geht weiter mit Deutschlands ältestem Straßenmagazin.

Dazu kommt die Nähe zum Markenkern: BISS ist ein Magazin, das Menschen hilft, die in Not sind und selbst auf der Straße aktiv werden. Und in einem Moment, in dem es BISS selbst nicht gut ging, wurde auch BISS aktiv: auf der Straße.

Zugleich hat die Initiative der Zeitung dabei geholfen, ihren Ruf als wertigste und außergewöhnlichste Straßenzeitung Deutschlands zu verteidigen. Und wieder mal gezeigt: BISS ist mehr als eine Straßenzeitung. BISS ist eine echte Institution, ein Lebensmotto, ja, eine ganz eigene Marke.

KATEGORIE SOCIAL

KUNDE

Düsseldorfer Tafel e.V.
Verantwortlich: Heike Vongehr

AGENTUR

Ogilvy Deutschland
Verantwortlich: Tom Schwarz (Executive Creative Director), Markus Bredenbals (Creative Director), Harald ten Voorde (Senior Art Director), Jan Flentje (Senior Art Director), Sara Heines (Art Director), Ann-Christin Mölleken (Junior Art Director), Jessica Neubauer (Junior Art Director), Piet Fischer (Junior Copy Writer), Arno Selhorst (Online-Konzeption), Anke Kremer (Senior Account Manager), Marit Bischoff (Project Management), Markus Jäger (Head of Production), Mario Kaltenbach (Print Consultant)

DÜSSELDORFER TAFEL

DER GRÖSSTE ADVENTSKALENDER DER WELT

Marketingsituation

Lebensmittel, aber eben auch Geld

Die Düsseldorfer Tafel ist ein gemeinnütziger Verein, der von Handel und Herstellern überschüssige Lebensmittel einsammelt und bedürftigen Menschen zur Verfügung stellt. Neben Sachspenden und freiwilliger Hilfe ist die Tafel auch auf Geldspenden angewiesen, um ihre Arbeit aufrechtzuerhalten. Die Beiträge von Firmen- und Privatspendern gehen relativ gleichmäßig über das Jahr verteilt bei der Tafel ein, mit Ausnahme des Dezembers, der durchschnittlich circa 15 Prozent der Einnahmen eines Jahres einbringt. (Quelle: Düsseldorfer Tafel e.V. 2011)

Dramatischer Spendeneinbruch durch Finanzkrise

Im November 2011 kommt es, vermutlich ausgelöst durch die Finanzkrise, zu einer existenzbedrohenden Situation. Firmen- wie Privatspenden brechen ein. Dieser drastische Rückgang lässt sich auch mit dem zu erwartenden Spendenaufkommen im Dezember nicht mehr aufholen, so dass prognostiziert wird, dass das Jahr mit einem Minus von 25 Prozent gegenüber dem Vorjahr abgeschlossen wird. Die Herausforderung besteht also darin, in nur einem Monat ein Viertel der Spenden eines gesamten Jahres zu generieren.

Im Dezember tobt der Kampf ums Spendenportemonnaie

In der Vorweihnachtszeit ist die Spendenbereitschaft zwar grundsätzlich am höchsten, jedoch fokussieren auch fast alle spendenabhängigen Organisationen ihre Akquise auf diesen Zeitraum. Um überhaupt Gehör zu erlangen, setzen viele Organisationen auf mitleiderregende oder gar schockierende Motive.

Ziele

Ziel 1: Aufmerksamkeit und Öffentlichkeit schaffen

Um in der Kürze der Zeit wirklich etwas zu bewegen, müssen wir zum „Talk of Town" werden. Jeder Düsseldorfer über 18 Jahre soll im Dezember 2011 mindestens 2,5 Kontakte (entspricht einer durchschnittlichen Mediaplanung) mit unserer Aktion bzw. den damit verbundenen Werbemitteln haben. Operationalisiert man dies zu einem Mediawert, entspräche er 350.000 Euro.

Ziel 2: Düsseldorfer mobilisieren, mitzumachen

Um mindestens 1.200 Teilnehmer für unsere Aktion zu gewinnen, hatten wir uns zum Ziel gesetzt, 10.000 Besucher auf die Aktionsseite www.tafel-advent.de, eine spezielle Microsite, zu bekommen.

Ziel 3: Spendeneinbruch in nur einem Monat ausgleichen

Es gilt, den negativen Spendentrend für die Düsseldorfer Tafel im letzten Monat des Jahres aufzuholen. Konkret: Wir wollen den erwarteten 25-prozentigen Rückgang mit einer Aktion im De-

KATEGORIE SOCIAL

zember wieder ausgleichen. Der Dezember wird aber durchschnittlich nur mit 15 Prozent des Jahresspendenaufkommens gewichtet.

Wen gilt es zu begeistern?

1) Unternehmen, Prominente und Vertreter der Stadt Düsseldorf, die mit einer guten Idee überzeugt werden sollen, die geplante Spendenaktion für die Düsseldorfer Tafel mit attraktiven Sachspenden und Aktionsflächen zu unterstützen.

2) Direkte Zielgruppe für die Aktion und die Einnahme der Spendengelder sind alle Düsseldorfer über 18, also rund 499.000 Bürger. (Quelle: Demografiebericht 2011, LHS Düsseldorf)

Kreativstrategie

In der Vorweihnachtszeit versuchen viele Organisationen wie Misereor und Unicef, die Herzen der Menschen zu erreichen – meistens mit bedrückenden, mitleiderregenden Inhalten und Bildern, so dass sich der Betrachter tendenziell schlecht fühlt. Wir haben uns entschieden, nicht das Leid zu zeigen, sondern Freude am Spenden zu vermitteln.

Die Idee: Der größte Adventskalender der Welt

Gemäß der Mechanik eines klassischen Adventskalenders verteilen wir „Kalendertörchen" im gesamten Düsseldorfer Stadtgebiet. Aufmerksamkeitsstark bringen wir Zahlen von 1 bis 24 an. Auf der für die Aktion angelegten Microsite www.tafel-advent.de kann man herausfinden, was sich dahinter verbirgt.

Der Clou: Es sind hochinteressante Sachwerte von bekannten Persönlichkeiten, die man im normalen Leben nicht kaufen, aber hier zugunsten der Düsseldorfer Tafel auf ebay ersteigern kann, zum Beispiel Hape Kerkelings Glitzeranzug aus dem Musical „Kein Pardon", zwei Plätze auf dem größten Rosenmontagswagen Düsseldorfs oder Konzertschuhe von Marius Müller-Westernhagen. Diese Mechanik bot einen reizvollen Trigger, sich mit der Düsseldorfer Tafel auseinanderzusetzen; der Auktionscharakter von ebay hilft, die Spendeneinnahmen der einzelnen Aktionen zu maximieren.

DÜSSELDORFER TAFEL

Die 24 Törchen können sich im wahrsten Sinne des Wortes sehen lassen: Die Nummer 1 am Düsseldorfer Stadttor ist genauso weit sichtbar wie die nachts strahlende Nummer 4 des prominenten Vodafone-Hochhauses am Rheinufer oder die Nummer 14, die auf einer Straßenbahn wochenlang durch die ganze Stadt fährt.

Mediastrategie

Düsseldorf zum Adventskalender machen: Durch die hohe Visibilität der Törchen machen wir den öffentlichen Raum zu unserer Kommunikationsplattform. In der gesamten Adventszeit erstrahlen symbolische Kalendertörchen und bringen Menschen dazu, sich zu involvieren und auf die Website zu gehen.

Mediale Berichterstattung: Die ungewöhnliche Aktion soll die Medien dazu anregen, über die Idee in Fernsehen und Presse zu berichten und so zu weiterer Awareness beizutragen.

OOH: Die gesamte Stadt wird mit Guerilla-Plakaten und Edgar Cards bestückt, um zusätzlich auf die Aktion aufmerksam zu machen.

Aktionsseite mit crossmedialer Verknüpfung: Digitales Zentrum der Aktion bildet die eigens entwickelte Microsite, über die die Törchen via Google Maps lokalisiert, die Inhalte erforscht und bei Interesse über eine entsprechende Verlinkung zu ebay ersteigert werden können.

Um bestmöglich von der aufmerksamkeitsstarken Platzierung der Aktion mitten in der Stadt zu profitieren, verknüpfen wir die Törchen und Plakate durch den Einsatz von QR-Codes direkt mit der Aktionsseite online.

KATEGORIE SOCIAL

Ergebnisse

Generierter medialer Gegenwert
Medialer Gegenwert in Tsd Euro

Ziel: 350.000
Erfolg: 1.000.000
+186 %

Aktionszeitraum 21.11. – 24.12.2011

Quelle: Xtensus GmbH, Mediaagentur Köln

Ziel 1: Aufmerksamkeit und Öffentlichkeit schaffen

**Überwältigende mediale Unterstützung:
3 mal größerer Mediagegenwert als erwartet**

Das Ziel, mediale Präsenz im Wert von 350.000 Euro zu erhalten, wurde um 186 Prozent übertroffen. Der mediale Gegenwert der Berichterstattung, der Freiflächen und der Törchen, die zum Teil die Größe von Blow-ups hatten, ergaben zusammen einen Gegenwert von 1.000.000 Euro.

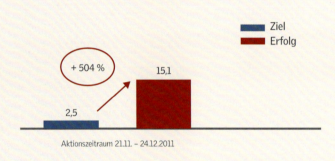

Generierte Kontakte im Aktionszeitraum
Medialeistung errechnet aus Werten für OOH, Blow ups und Medienberichterstattung

Ziel: 2,5
Erfolg: 15,1
+504 %

Aktionszeitraum 21.11. – 24.12.2011

Quelle: Xtensus GmbH, Mediaagentur Köln

5 mal mehr Kontakte pro Person als geplant

Da der mediale Gegenwert für eine Stadt wie Düsseldorf überdurchschnittlich hoch war, konnte ein riesiges Medienecho generiert werden: Die Berichterstattung sowie die große Sichtbarkeit der Aktion führte zu einer Reichweite von 92 Prozent. Das entspricht 15,1 Kontakten pro Person – zum Vergleich: Üblicherweise rechnet die Mediaplanung durchschnittlich mit 2,5 Kontakten pro Person im Kampagnenzeitraum.

DÜSSELDORFER TAFEL

Ziel 2: Düsseldorfer mobilisieren, mitzumachen

Aktionsseite: 40 Prozent mehr Besucher als erwartet

Durch das große Medienecho haben wir es geschafft, insgesamt 14.100 Besucher auf die Aktionsseite zu locken, 40 Prozent mehr als anvisiert.

62 Prozent mehr Teilnehmer übertreffen die Erwartungen

Dies führte mit 1.950 Teilnehmern (Bietern) zu einer tollen Beteiligung an allen Auktionen.

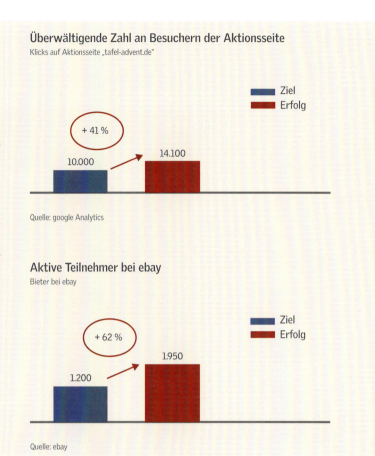

Ziel 3: Spendeneinbruch in nur einem Monat ausgleichen

Spendenplus von 10 Prozent gegenüber dem Vorjahr

Durch die Aktion ist es gelungen, nicht nur die 25-prozentige Lücke bei den Spendeneinnahmen zu schließen, sondern auch noch mit einem positiven Ergebnis von plus 10 Prozent zum Vorjahr abzuschließen. Insgesamt konnte durch die Aktion in nur einem Monat das gesamte Spendenaufkommen um 35 Prozent gegenüber dem prognostizierten Jahreswert für 2011 erhöht werden.

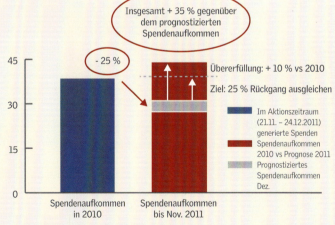

KATEGORIE SOCIAL

KUNDE

Unabhängige Beauftragte zur Aufarbeitung des sexuellen Kindesmissbrauchs
Verantwortlich:
Dr. Christine Bergmann, Bundesministerin a.D., Unabhängige Beauftragte zur Aufarbeitung
des sexuellen Kindesmissbrauchs a.D.
Friederike Beck, Presse- und Öffentlichkeitsarbeit

AGENTUR

Scholz & Friends Berlin GmbH
Verantwortlich: Klaus Dittko (Geschäftsführer), Constantin Dudzik (Geschäftsführer),
Christina Ritzenhoff (Projektleitung und Beratung PR), Ute Schnurrer (Leitung Redaktion
und Mitglied der Geschäftsführung), Susanne Schäfer (Beratung PR), Mirko Derpmann
(Creative Director), Elmar Birk (Art Direction), Malte Fischer (Strategy Director),
Fabian Menzel (Strategy Consultant)

SPRECHEN HILFT

SPRECHEN HILFT IM KAMPF GEGEN SEXUELLEN KINDESMISSBRAUCH

Ausgangssituation

In Deutschland werden jedes Jahr tausende Kinder und Jugendliche sexuell missbraucht.
Allein 2009 wurden der Kriminalpolizei über 11.000 Fälle von sexuellem Kindesmissbrauch gemeldet. Und das ist nur die Spitze des Eisberges, sagen Kriminologen und Experten unabhängiger Beratungsstellen. Sie rechnen damit, dass in Deutschland jedes 5. bis 10. Kind Opfer sexueller Gewalt wird.

Die Täter kommen ungeschoren davon, weil die Opfer stumm bleiben.
In der Regel kommen die Täter aus dem familiären oder alltäglichen Umfeld der Betroffenen. Die Kinder und Jugendlichen vertrauen diesen Menschen und werden dann grausam ausgenutzt. Das Problem: Die Betroffenen schämen sich und trauen sich nicht über das Erlebte zu sprechen, denn in der Gesellschaft ist der Missbrauch von Kindern immer noch ein großes Tabuthema.

Also schweigen die Opfer – oft viele Jahrzehnte lang, oft bis ins hohe Erwachsenenalter.

Die große Herausforderung: Das Tabu brechen und die Betroffenen zum Sprechen motivieren.
2010 richtet die Bundesregierung eine eigene Stelle zur Aufarbeitung der zahlreichen Missbrauchsfälle ein – die Unabhängige Beauftragte zur Aufarbeitung des sexuellen Kindesmissbrauchs. Das Amt wird mit Dr. Christine Bergmann, ehemalige Bundesministerin für Familie, Senioren, Frauen und Jugend, besetzt. Es ist ihre Aufgabe, das in der Gesellschaft totgeschwiegene Thema publik zu machen und den Betroffenen eine kompetente Anlaufstelle zu bieten.

Ziele und Zielgruppen

Das Ziel: Mit einer deutschlandweiten Kampagne die Mauer des Schweigens zum Einsturz bringen.

1. Das hochsensible Thema auf die öffentliche Agenda setzen.
Das Tabu „sexueller Kindesmissbrauch" muss ein für alle mal gebrochen werden. Deutschland muss lernen, offen über sexuelle Gewalt an Kindern und Jugendlichen zu diskutieren.
Konkret: Mindestens jede zweite Zeitung und jede zweite Nachrichtensendung soll über die Kampagne berichten.

2. Mit null Euro Mediabudget maximale Sichtbarkeit für die Kampagne schaffen.
Die stärksten Medienpartner Deutschlands sollen dafür gewonnen werden, die Kampagne in die ganze Republik zu tragen.
Konkret: Mindestens die Hälfte der Bevölkerung wird im Kampagnenzeitraum erreicht.

KATEGORIE SOCIAL

3. Die Betroffenen zum Sprechen bringen.
Nur wenn die Betroffenen offen über ihre Erlebnisse sprechen, kann sich etwas für sie selbst und für zukünftige Generationen ändern.
Konkret: Eine dramatische Steigerung der Anruferzahlen bei der telefonischen Anlaufstelle.

Kernzielgruppe: Betroffene von sexuellem Missbrauch.
Die Betroffenen lassen sich in allen Bevölkerungsschichten und Altersklassen finden. Sie alle müssen sich von der Kampagne angesprochen fühlen.

Insight: Nach dem Missbrauch bleiben die Betroffenen noch über Jahre die Gefangenen der Täter.
Auch wenn der Täter nach dem Missbrauch fort ist, lässt die Erinnerung den Betroffenen nicht los. Es bleibt ein Gefühl der festen Umklammerung durch den Täter. Erst wenn Betroffene endlich über den Missbrauch sprechen, fühlen sie sich erleichtert und befreit. Wenn sie das Schweigen brechen, brechen sie die Macht der Täter.

Kreativstrategie

„Sprechen hilft":
Keine Umwege, keine Samthandschuhe, keine Tabuisierung.

Die Kampagne konfrontiert die Betroffenen mit ihrem Problem und zeigt ihnen die ungeschönte Wahrheit.
Ohne Umschweife vermittelt ein starkes Key Visual, was die Betroffenen selbst längst wissen: Leugnen ist zwecklos, sie spüren jeden Tag die Macht des Täters und wie er und seine Tat ihr Leben beeinflusst. Das trifft die Zielgruppe mitten ins Herz.

Die Kampagne zeigt aber auch den Ausweg.
Der Claim „Wer das Schweigen bricht, bricht die Macht der Täter" macht den Betroffenen klar, dass sie keineswegs ohnmächtig sind. Sie haben ihr Schicksal selbst in der Hand.

Ziel der Kreativstrategie:
Der offene Umgang mit sexueller Gewalt ist die einzige Möglichkeit, den Tätern weniger Spielraum für ihre Verbrechen zu geben und aktiv gegen sexuellen Missbrauch vorzugehen.

SPRECHEN HILFT

Mediastrategie

Drei Wege zum Ziel

Um mit null Euro Mediabudget ein Thema in ganz Deutschland publik zu machen und möglichst viele Betroffene zu erreichen, müssen viele starke Partner gewonnen und alle Möglichkeiten ausgeschöpft werden.

1. Content: Inhalte für redaktionelle Medienpräsenz liefern.

Eine PR-Offensive setzt das Tabuthema sexueller Kindesmissbrauch konsequent auf die öffentliche Agenda. „Sprechen hilft" ist auch hier die Leitlinie der Strategie. Eine große Pressekonferenz zum Kampagnenstart setzt die PR-Maschinerie in Gang. Im Nachgang dieses Events organisiert die Pressestelle über 100 Interviews mit der Unabhängigen Beauftragten.

In Print, Radio- und TV-Sendungen spricht Frau Dr. Bergmann über das Unausgesprochene. Sie stößt persönlich die öffentliche Diskussion an. Vertieft werden die Informationen online und durch regelmäßige Journalisten-Updates.

2. Kooperation: Medienpartnerschaften sorgen durch Freischaltungen für maximale Sichtbarkeit.

Zahllose staatliche und nicht-staatliche Initiativen konkurrieren jährlich um freie Mediaschaltungen. Um hier herauszustechen und um die stärksten Partner zu gewinnen, setzt „Sprechen hilft" konsequent auf Qualität. Wim Wenders führt bei dem TV-Spot pro bono Regie. Seine Ehefrau Donata Wenders und der Schweizer Fotograf Alberto Venzago zeichnen für die Printmotive verantwortlich (ebenfalls pro bono).

Diese hochwertige Inszenierung überzeugt die Medienentscheider: Alle großen Sender schalten die Spots und sorgen so für Reichweite. Die Plakate und Anzeigen schaffen eine dauerhafte Präsenz und Mehrfachkontakte.

3. Konversation: Die Betroffenen direkt zum Sprechen auffordern.

Neben der umfangreichen PR und den Freischaltungen in den Massenmedien, fordert die Website mit verlinkten Online-Bannern und vielen Formen nicht klassischer Außenwerbung (Ambient Media), wie Postern, Flyern, Postkarten und Abrisszetteln, die Betroffenen direkt zum Sprechen auf.

KATEGORIE SOCIAL

Ergebnisse

„Sprechen hilft" bricht das Schweigen.

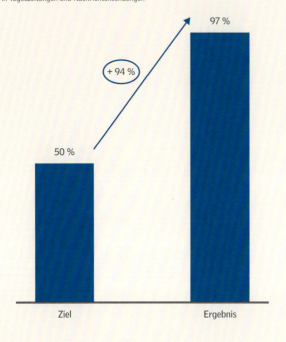

Alle Zeitungen und Nachrichten berichten über die Kampagne
Präsenz in Tageszeitungen und Nachrichtensendungen

Quelle: Unabhängige Beauftragte zur Aufarbeitung des sexuellen Kindesmissbrauch

1. Ziel: Das hochsensible Thema landet ganz oben auf der öffentlichen Agenda.

97 % der Zeitungen und Nachrichtensendungen in ganz Deutschland berichten über die Kampagne. Das gesetzte Ziel, mindestens in jeder zweiten Zeitung und in jeder zweiten Nachrichtensendung genannt zu werden, wurde mehr als erfüllt.

In allen überregionalen Zeitungen wird – häufig sogar auf der Titelseite – über die Kampagne berichtet. In nahezu allen Nachrichtenformaten wird die Kampagne aufgegriffen und kontrovers diskutiert.

Frau Dr. Bergmann gibt im Kampagnenzeitraum über 100 Interviews. Alle Medien beteiligen sich an der Diskussion um sexuellen Kindesmissbrauch.

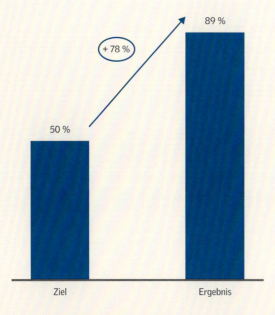

Die Kampagne erreicht fast alle Deutschen – mit 0 EUR Mediabudget
Reichweite in Prozent

Quelle: ma 2010 Intermediadatei, Grundgesamtheit 67 Mio.: Deutsche ab 14 Jahren

2. Ziel: Maximale Sichtbarkeit der Kampagne.

39 starke Medienpartner werden gewonnen und bringen die Kampagne nach vorn.

„Sprechen hilft" wird von 39 der stärksten Medienpartner Deutschlands unterstützt, darunter vor allem TV- und Printmedien. Sie stellen zahlreiche Plätze in Werbeblöcken, Anzeigen und Plakatflächen zur Verfügung und tragen die Kampagne bis in den letzten Winkel des Landes.

Einige TV-Sender wie DMAX schalten den Spot über 30 mal, RTL zeigt ihn sogar noch weit über den Kampagnenzeitraum hinaus.

„Sprechen hilft" erreicht neun von zehn Deutschen.
In der Gesamtbevölkerung hat „Sprechen hilft" eine Reichweite von 89 %. Das Ziel, jeden zweiten Deutschen zu erreichen, wird bei weitem übertroffen.

SPRECHEN HILFT

3. Ziel: Die Betroffenen reden.

Die Telefone stehen nicht mehr still, 20.000 Menschen rufen an.

In den ersten fünf Monaten vor der Kampagne meldeten sich gerade einmal 2.500 Menschen bei der Anlaufstelle.

Mit Kampagnenstart steigt die Anruferzahl rapide an. Bis zum Ende des zehnmonatigen Betrachtungszeitraums (05/2010 – 03/2011) melden sich 17.500 weitere Betroffene.

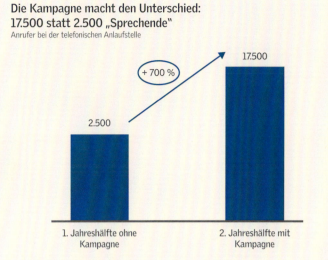

Zeitweise melden sich über 100 Menschen pro Tag.

Im Kampagnenzeitraum wenden sich durchschnittlich 87 Betroffene pro Tag an die Anlaufstelle. Angesichts einer durchschnittlichen Gesprächsdauer von 20 Minuten eine beeindruckende Zahl, teilweise dauern die Gespräche bis zu drei Stunden.

Um den großen Andrang bewältigen zu können, wird das Betreuungsteam auf 65 Personen aufgestockt.

Nachhaltiger Erfolg: Auch Monate nach Kampagnenende gibt es drei mal mehr Anrufer als zuvor.

Das Anrufaufkommen bleibt während der Kampagnenlaufzeit konstant hoch. Erst nach Ende der Kampagne im Januar 2011 gehen die Zahlen zurück. Die gute Botschaft: „Sprechen hilft" wirkt nachhaltig. Selbst nach Kampagnenende rufen täglich drei mal mehr Betroffene an als vor Kampagnenbeginn.

Effizienz: Freischaltungen und redaktionelle Berichterstattung schaffen einen millionenschweren Mehrwert.

Die Unabhängige Beauftragte kann kein Mediabudget zur Verfügung stellen. Trotzdem erzielt die Kampagne einen Mediawert von 5,7 Millionen Euro. Der Zielwert von 2 Millionen Euro wurde fast verdreifacht.

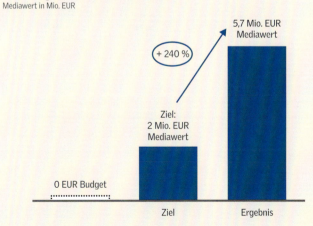

KATEGORIE SOCIAL

KUNDE

WWF Deutschland, Berlin
Verantwortlich: Eberhard Brandes (CEO), Dr. Dirk Reinsberg (Geschäftsleitung Marketing)

AGENTUR

Jung von Matt AG, Hamburg
Verantwortlich: Dörte Spengler-Ahrens (Geschäftsführung Kreation), Jan Rexhausen (Geschäftsführung Kreation), Michael Kittel (Art Director), Henning Müller-Dannhausen (CDText), Alexander Norvalis (Art Director), Benjamin Wenke (Sen. Projektmanager), Michael Behrens (Geschäftsführung Beratung – Next), Dennis Hofmann (Strategische Planung)

7Seas GmbH, Hamburg
Verantwortlich: Florian Paul (Geschäftsführung)

Dederichs Reinecke & Partner GbR, Hamburg
Verantwortlich: Thomas Reinecke

portrix.net GmbH, Hamburg
Verantwortlich: Knud Alex Müller

WWF DEUTSCHLAND

ACHTUNG: BITTE NICHT DRUCKEN!

Jede Sekunde stirbt ein Stück Urwald.
Die immer rücksichtslosere Abholzung bedroht die letzten Urwälder unseres Planeten wie nie zuvor. Trotz groß angelegter Schutzzonen werden immer noch jährlich 13 Millionen Hektar für immer zerstört. Alleine in der Zeit, die es braucht, diesen Abschnitt zu lesen, geht eine Fläche von 36 Fußballfeldern Urwald für alle Zeiten verloren.

Jedes ausgedruckte Blatt trägt dazu bei.
In den vergangenen 50 Jahren hat sich der weltweite Papierkonsum auf 367 Millionen Tonnen pro Jahr versiebenfacht – Tendenz steigend. Schon heute geht jeder zweite industriell gefällte Baum auf das Konto der Papierindustrie.
Und mit jährlich weltweit über 60 Billionen ausgedruckten Seiten trägt jeder Klick auf „Drucken" massiv dazu bei.

Die Mission des WWF: Ausdrucken reduzieren, um Urwälder zu retten.
2010 wird die Mission für den Urwald zum Kampf gegen das Ausdrucken – und somit gegen die Gewohnheit:
Der WWF muss die Menschen davon überzeugen, ihr gewohntes Verhalten aktiv zu verändern, zum Schutz der Urwälder. Und damit für ein Thema, das im Öko-Gewissen der Post-Neunziger kaum noch einen Nerv trifft.

Die Herausforderung für den WWF 2010:
Weltweit dafür sensibilisieren, wie viel unnötiges Ausdrucken den Planeten kostet. Und möglichst viele Menschen dazu bewegen, aktiv etwas zum Schutz der Urwälder beizutragen.

Ziel Nr. 1: Mehr Bewusstsein.
Wir brauchen maximale Aufmerksamkeit für das Thema Papierverschwendung. Die Kampagne muss so viele Menschen wie möglich erreichen, um so den Grundstein für einen neues Druckbewusstsein zu legen.

Ziel Nr. 2: Mehr Auseinandersetzung.
Wir müssen die Menschen dazu bewegen, sich aktiv mit der unbequemen Wahrheit zu beschäftigen. Die Kampagne soll zur intensiven Auseinandersetzung mit den Folgen des Druckpapierverbrauchs motivieren.

Ziel Nr. 3: Weniger Ausdrucke.
Wir müssen die Menschen dazu bewegen, ihren persönlichen Papierkonsum am Drucker bewusst zu reduzieren. Die Kampagne soll Informierte zu Überzeugungstätern machen, um Urwälder zu retten – Baum für Baum.

KATEGORIE SOCIAL

Die Zielgruppe: Jeder, der auf „Drucken" drückt.

Ausdrucken ist weniger eine Frage des Geschlechts, des Einkommens, der Herkunft oder des Alters – sondern des Verhaltens: Wir müssen alle erreichen, die ihre Dokumente und E-Mails ausdrucken, statt sie am Monitor zu lesen.

Alle, die dabei eigentlich wiedersprüchlich handeln. Denn: 50 Prozent der Deutschen sind der Meinung, am Arbeitsplatz wird zu viel Papier verbraucht. Aber nur 40 Prozent von ihnen tun selbst etwas dagegen – und drucken aus wie eh und je (Quelle: Ipsos/Lexmark; 2010).

Bedeutet: Das Bewusstsein ist da. Nur nicht in dem Moment, in dem sie unbedacht auf „Drucken" drücken.

Wir müssen genau dann aufrütteln, wenn gedruckt wird.
Es gilt, die Menschen gezielt in dem Moment zu konfrontieren, in dem sie durch unbedachtes Ausdrucken Papier verschwenden. Und das Unbedachte ins Bewusstsein rücken. Die Lösung hierfür ist so logisch wie einfach:

Der kreative Hebel: Ein Dateiformat, das sich nicht drucken lässt.
Wir erfinden ein Tool, das die Menschen davon abhält, unnötige Ausdrucke an ihren Computern zu machen.
Aus diesem Grund entwickeln wir das .wwf – das erste grüne Dateiformat, das sich nicht ausdrucken lässt.
Das bedeutet: Jedes Mal, wenn die Menschen den Drang haben, unbedacht auf „Datei – Drucken" zu klicken, werden sie daran erinnert, es nicht zu tun – und Bäume zu retten.

Die Botschaft: Save as .wwf, save a tree.
Der Kampagnenclaim bringt den Effekt ganz einfach auf den Punkt: Ein .wwf kann so viele Seiten speichern, wie ein einzelner Baum liefert. Damit wird für jeden verständlich: Jedes Dokument, das als .wwf gespeichert und verschickt wird, rettet einen Baum.

Media: Kein Kino. Kein TV. Und vor allem kein Print.
Denn entscheidend ist nur der Moment des Ausdruckens – am PC. Nicht nur wegen des knappen Budgets legen wir den Fokus deshalb bewusst auf das .wwf als Kern der Kampagne – unterstützt durch digitale Maßnahmen.

Das PDF als Basis ist kein Zufall: Neben der Ähnlichkeit im Namen gehört das Portable Document Format zu den weltweit am häufigsten verschickten Dateiformaten. Und garantiert dadurch eine möglichst breite Nutzerschaft.

Jeder E-Mail-Anhang wird zur Botschaft.
Mit dem Dateiformat ist der Viraleffekt schon eingebaut. Denn jede gesendete E-Mail mit dem .wwf im Anhang erreicht neue potentielle Nutzer. Und lädt sie über einen Link zur Microsite dazu ein, selbst mitzumachen. Damit wird jede Mail mit einem Dokument im .wwf-Format. Damit wird jede Mail mit einem .wwf-Format im Angang zur Botschaft. Und jeder Versender zu unserem Botschafter.

WWF DEUTSCHLAND

Mit zwei Plattformen wird aufgeklärt.
Die Strategie, die Menschen am Computer zu erreichen, wird konsequent fortgesetzt: Um Interesse in Aktion zu überführen, etablieren wir eine Microsite. Zusammen mit einem Video auf Youtube lernen die Menschen hier mehr über das Problem. Und können die Lösung hier direkt downloaden: das .wwf.

Ziel 1: Mehr Bewusstsein.

Mit einer Datei ins Bewusstsein von 57 Millionen.
Das neue Dateiformat sorgt online wie offline für enormes Aufsehen. Über Twitter alleine werden in kürzester Zeit über 400.000 Menschen erreicht.

Der PR-Effekt tut sein Übriges: Mit der Berichterstattung in klassischen Print-Medien wie „F.A.Z." und „Welt Kompakt" liegt die Reichweite bereits bei über 2 Millionen.

Online lässt diese Reichweite weiter explodieren: Mit Artikeln über das neue Dateiformat auf den digitalen Ablegern klassischer Mediatitel wie Jetzt.de und Computerbild.de erreicht die Botschaft digital bis heute 55 Millionen Menschen.

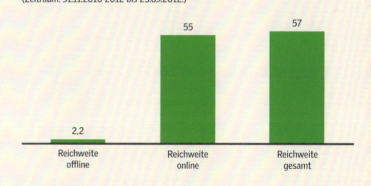

Ziel 2: Mehr Auseinandersetzung.

Knapp 600.000 Menschen informieren sich.
Die Microsite als Informations- und Download-Plattform bekommt massiven Zulauf – bis heute ungebremst.

KATEGORIE SOCIAL

Intensives Interesse, das sich auch in der Anzahl der Views auf Youtube zeigt.

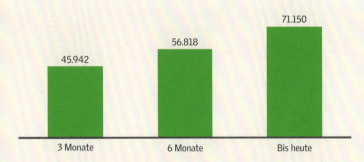

Ziel 3: Weniger Ausdrucke.

Täglich mehr als 1 Millionen Seiten nicht mehr gedruckt.

Die Strategie „effektive Lösung statt reiner Kommunikation" trifft voll ins Schwarze: Das .wwf überzeugt nicht nur Tausende, aktiv mitzumachen, sondern auch mit direkter Wirkung für den Urwald.

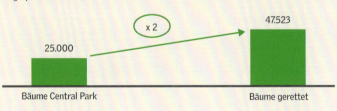

* Anmerkung: Bezieht sich auf 396 Millionen gesparte Seiten Pro Jahr und einen Durchschnitt von 8333,3 Seiten pro Baum. (Quelle: Claudia Thompson entnommen – „Recycled Papers: The Essential Guide")

WWF DEUTSCHLAND

Effektive Wirkung, belegt durch einfache Rechnung: Im internationalen Schnitt werden pro Person täglich 31 Seiten gedruckt (Quelle: Ipsos/Lexmark 2010). Wenn durch jeden .wwf-Download nur jede 2. Seite eingespart wird, erreichen wir mit 70.000 Nutzern **1.085.000 gesparte Seiten – pro Tag!**

Mit null Cent Media über 57 Millionen Menschen erreicht!
Nichts ist effizienter, als wenn es nichts kostet: Mit dem Aufsehen rund um das neue Dateiformat werden **ohne einen einzigen Cent** Mediaspending **57 Millionen Menschen erreicht,** knapp **600.000 Menschen über das Problem informiert** und über **70.000 Menschen überzeugt,** aktiv mitzumachen.

Selbst wenn wir die Produktionskosten für Dateiformat, Website und Film zusammenrechnen, kostet ein Kontakt mit **0,0009 Cent** weniger als ein Blatt Papier. Und zwei Quadratmeter geretteter Urwald gerade einmal 1 Cent.

Fazit: Mit einer simplen Lösung statt reiner Kommunikation hat unsere Botschaft ohne einen einzigen Cent für Media nicht nur 57 Millionen Menschen erreicht, knapp 600.000 informiert und über 70.000 überzeugt, sondern vor allem nachhaltig Urwald gerettet – Baum für Baum.

Wirkung für den Urwald sorgt für Wirkung für die Marke.
Kaum eine andere Marke steht mehr für die aktive Rettung weltweiter Urwälder als der WWF. Dafür, das Thema Abholzung der Urwälder nicht nur im Bewusstsein zu halten. Und immer effektiv etwas zur Rettung beizutragen.

Beides profiliert auch die Kampagne: Das .wwf gibt dem Thema Urwaldschutz neue Präsenz. Und sorgt für einen nachvollziehbaren Effekt für die Wälder – im Namen des WWF.

KATEGORIE SOCIAL

KUNDE

Exit-Deutschland, Berlin

AGENTUR

Grabarz & Partner Werbeagentur GmbH, Hamburg

EXIT-DEUTSCHLAND

DASTROJANISCHE T-SHIRT

Ausgangssituation

Deutschland braucht EXIT im Kampf gegen Rechtsextremismus.
Rechtsextremismus ist in Deutschland eine ernstzunehmende und vor allem unterschätzte Gefahr für die Gesellschaft. Das haben zuletzt die Ereignisse um den Nationalsozialistischen Untergrund und die Zwickauer Zelle deutlich vor Augen geführt. Diese Ereignisse haben auch gezeigt, dass nachhaltige und tiefgreifende Konzepte zur Bekämpfung von Rechtsextremismus benötigt und stark gefördert werden müssen. Deswegen ist es umso wichtiger, dass Initiativen wie EXIT-Deutschland, die Neo-Nazis beim Ausstieg aus der Szene helfen, Aufmerksamkeit und Unterstützung bei ihrer schwierigen Arbeit bekommen.

EXIT kämpft an zwei Fronten um Aufmerksamkeit.
Da sich die rechte Szene komplett von der Außenwelt abschottet und ein extrem starker Gruppenzwang vorherrscht, ist es für EXIT nahezu unmöglich, direkt oder über konventionelle Werbemittel mit den Neo-Nazis in Kontakt zu treten. Dementsprechend schwierig ist es für EXIT, die Bekanntheit in der Szene zu erhöhen und das Angebot zur Ausstiegshilfe bekannt zu machen.

Aber nicht nur die Neo-Nazis machen EXIT das Leben schwer. Abhängig von Spendengeldern und staatlichen Zuschüssen kämpft EXIT-Deutschland jedes Jahr ums Überleben und muss die Existenzberechtigung durch öffentlichkeitswirksame Maßnahmen und Erfolg beweisen.

Vor diesem Hintergrund ist es für EXIT unerlässlich, in der Kommunikation mit cleveren, zielgerichteten und gleichzeitig aufmerksamkeitsstarken Aktionen auf sich und das Angebot zur Ausstiegshilfe aufmerksam zu machen.

Die Zielgruppen sind schwer zu erreichen.
In erster Linie will EXIT ausstiegswillige und junge, in ihrer Ideologie noch nicht so gefestigte Neo-Nazis erreichen. Diese erfahren jedoch durch die fest in der Szene etablierten Neo-Nazis einen starken Gruppenzwang und die totale Abschottung von der Außenwelt. Sie überhaupt zu erreichen, ist nur persönlich, fernab der Szene möglich, und nur in isolierten Momenten sind sie in der richtigen Verfassung, um über ein Ausstiegsangebot nachzudenken.

In zweiter Linie geht es für EXIT darum, Präsenz in der Öffentlichkeit zu zeigen. Denn abhängig von Spenden und dem Wohlwollen staatlicher Institutionen muss EXIT regelmäßig Aufmerksamkeit erzielen und Erfolge vorweisen. Nur so kann die Weiterexistenz von EXIT gewährleistet werden.

KATEGORIE SOCIAL

Ziele

1. Maximale Aufmerksamkeit für das Angebot zur Ausstiegshilfe in der rechten Szene und in der Öffentlichkeit

    a. durch Steigerung der Awareness durch Presseberichterstattung.
    b. durch Steigerung der Awareness durch Word-of-Mouth.

2. Aktivierung der Menschen, sich mit der Arbeit von EXIT und dem Thema Rechtsextremismus auseinanderzusetzen.

    a. Steigerung des Webseiten-Traffics.
    b. Steigerung der Anzahl der Facebook-Fans.

3. Spendenquote erhöhen.

4. Kontaktanfragequote von Neo-Nazis erhöhen.

5. Hoher ROI durch Vervielfachung des Mediaäquivalenzwertes.

Lösung

Direkt zu den Neo-Nazis nach Hause.
Um das EXIT Angebot in der Neo-Nazi-Szene und darüber hinaus bekannt zu machen, mussten wir einen Weg finden, der uns direkt in die Szene führt und der dabei so besonders ist, dass sich die Botschaft innerhalb und außerhalb der Szene weiterverbreiten würde. Damit die Neo-Nazis auch ernsthaft über die Botschaft nachdenken konnten, musste diese zu allererst beim Individuum in einem ruhigen Moment platziert werden.

Da außerdem kein Risiko für die EXIT Mitarbeiter entstehen durfte, war es notwendig, ein Medium zu finden, das von außen unentdeckt in die Szene eindringen, sich anschließend innerhalb der Szene enttarnen und letztendlich viral verbreiten würde.

Die Neo-Nazis mit den eigenen Waffen schlagen.
Über eine Analyse der rechten Szene fanden wir heraus, dass trotz der unterschiedlichen Strömungen und Tendenzen innerhalb der Szene alle Neo-Nazis eine Gemeinsamkeit teilen: Sie identifizieren sich durch eine ähnliche Mode und Symbolik. Es entstand die Idee des Trojanischen T-Shirts.

Mit der Trojanischen Marketingstrategie und der völlig neuen Idee sowie dem nie dagewesenen Produkt des abwaschbaren T-Shirts waren wir uns sicher, dass wir die Aufmersamkeit innerhalb und außerhalb der Szene bekommen würden.

Um dabei zielgenau die jungen, noch nicht so gefestigten Neo-Nazis zu erreichen, entschieden wir uns für ein junges und subkulturelles Design. Wir nutzten deswegen als Symbolik einen Totenkopf mit gekreuzten Knochen und den Slogan „Hardcore Rebellen – National und Frei" anstatt der klischeehaften Symbolik und Rhetorik.

EXIT-DEUTSCHLAND

Mit Bezug auf die einmalige, abwaschbare Menchanik wurde für die EXIT Botschaft der Text „Was dein T-Shirt kann, kannst du auch. Wir helfen dir dich vom Rechtsextremismus zu lösen." gewählt und durch die EXIT Kontaktdaten ergänzt.

Da hin gehen, wo es laut wird.
Um eine möglichst große Aufmerksamkeit in der Öffentlichkeit zu erzeugen, wählten wir als Aktionsort das größte europäische Rechts-Rock Festival „Rock für Deutschland" in Gera aus, da die Presse jedes Jahr über dieses Ereignis berichtet. Gleichzeitig würden wir dort zielgenau auf ein besonders junges Publikum treffen.

Die Neo-Nazis selbst die Arbeit machen lassen.
Um jegliches Risiko zu vermeiden, überließen wir die Verteilung der Trojanischen Shirts den Veranstaltern selbst: Dazu kontaktierten wir unter der Identität eines anoynmen Spenders die Nationaldemokratische Partei Deutschland (NPD), welche das Rechts-Rock Festival ausrichtet, und boten 250 Shirts als Spende an. Die NPD nahm diese, nach einer ersten skeptischen Reaktion und längerem E-Mailverkehr, schließlich mit Freude an!

Nach der Verteilung der Shirts am 6. August 2011 durch die NPD beobachteten wir genauestens die Aktivitäten in den rechten Blogs. Nach weniger als 24 Stunden tauchte die erste Warnung an die Szene auf und EXIT ging mit einer Pressemitteilung an die größten deutschen Medien raus, in der Aktion und Reaktion erklärt wurden.

Ergebnisse

Während die EXIT Botschaft in der gesamten rechten Szene die Runde machte, berichteten Medien aus der ganzen Welt über die Aktion. Das brachte EXIT nicht nur deutlich höhere Spenden und mehr Facebook-Fans ein, sondern – und das war das Wichtigste – auch die Ausstiegsanfragen erhöhten sich danach.

Ziel 1a.: Maximale Aufmerksamkeit für das Angebot zur Ausstiegshilfe in der rechten Szene und in der Öffentlichkeit durch Steigerung der Awareness durch Presseberichterstattung.

Viel mehr Aufmerksamkeit geht nicht. Nur der Tod von Loriot wurde noch häufiger im deutschsprachigen Web diskutiert.

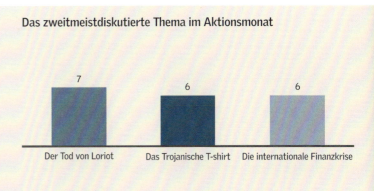

Quelle: ZDF Hyperland-Charts – Anzahl der Top 100 meistdiskutierten Themen im deutschen Web – 08/11.

KATEGORIE SOCIAL

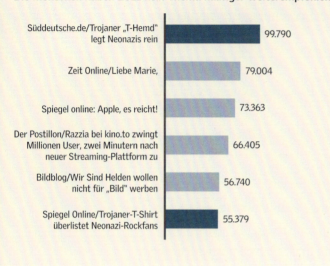

Die Menschen haben 2011 kein Thema häufiger weiterempfohlen.

Quelle: ZDF Hyperland-Charts – Empfehlungen auf Facebook, Twitter und Google+ in 2011

Ziel 1b.: Maximale Aufmerksamkeit für das Angebot zur Ausstiegshilfe in der rechten Szene und in der Öffentlichkeit durch Steigerung der Awareness durch Word-of-Mouth.

Der Online-Artikel der Süddeutschen Zeitung machte das Trojanische Shirt laut ZDF zum „Top Social Media Hit des Jahres 2011". Über 150.000 mal wurden alleine zwei der zahlreichen Artikel über Facebook, Twitter und Google+ weiterempfohlen.

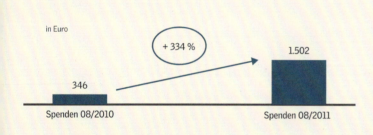

Steigerung der Spenden um 334 %
Der höchste Wert seit Gründung

Quelle: ZDK Gesellschaft Demokratische Kultur/EXIT-Deutschland

Ziel 2a.: Aktivierung der Menschen, sich mit der Arbeit von EXIT und dem Thema Rechtsextremismus auseinanderzusetzen. Steigerung des Webseiten-Traffics.

Menschen aus der ganzen Welt wollten mehr über EXIT erfahren. Das brachte in der Woche nach der Aktion eine unglaubliche Steigerung der Unique Visitors um 16.595 % ein.

Ziel 2b.: Aktivierung der Menschen, sich mit der Arbeit von EXIT und dem Thema Rechtsextremismus auseinanderzusetzen. Steigerung der Anzahl der Facebook-Fans.

Die Menschen waren begeistert von EXIT und die Initiative steigert die Anzahl der Facebook-Fans um 382 % und gewann somit in nur einer Woche über 1.800 neue Fans.

Ziel 3: Spendenquote erhöhen.

Noch nie erhielt EXIT in einem Monat so viele Spenden.

EXIT-DEUTSCHLAND

Ziel 4: Kontaktanfragequote von Neo-Nazis erhöhen.

Aber das Allerwichtigste: Mit dem Trojanischen T-Shirt Coup schaffte es EXIT, die Anzahl der Anfragen von potentiellen Aussteigern zu verdreifachen.

Ziel 5: Hoher ROI durch Vervielfachung des Mediaäquivalenzwertes.

Der Mediaäquivalenzwert in deutschen TV-, Radio- und Printmedien war 50 mal höher als die Kosten für die Aktion.

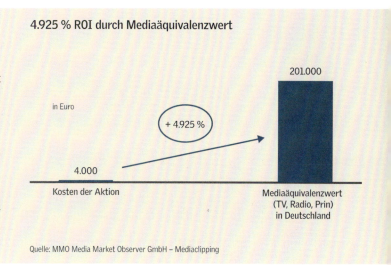

Quelle: MMO Media Market Observer GmbH – Mediaclipping

Fazit

Dank des Trojanischen Shirts war EXIT in aller Munde. Die Öffentlichkeit war begeistert vom Mut und der Cleverness der Aktion und quittierte die Begeisterung von allen Seiten mit den höchsten Spenden seit Gründung und einer nie dagewesenen Aufmerksamkeit. Die meisten Neo-Nazis waren weniger begeistert, doch EXIT hat es in ihre Köpfe geschafft und einige dabei zum Schritt in die richtige Richtung bewegt.

GWA EFFIE® PREISTRÄGER 1981 – 2011

GWA EFFIE® PREISTRÄGER
1981 – 2011

	AUS-ZEICHNUNG	KATEGORIE	KAMPAGNE	UNTERNEHMEN	AGENTUR
1981	Silber	Dienstleistungen	Club Méditerranée	Club Méditerranée	Heumann, Ogilvy & Mather
	Silber	Dienstleistungen	World Vision International	World Vision International	GGK
	Bronze	Dienstleistungen	LBS	LBS	RAC
	Gold	Gebrauchsgüter	Schiesser-Wäsche	Schiesser	Doyle Dane Bernbach
	Silber	Gebrauchsgüter	Erco-Leuchten	Erco-Leuchten	Hildmann, Simon, Rempen & Schmitz
	Silber	Handel	Das goldene Kaufhof-Angebot	Kaufhof AG	Königsteiner Gruppe für Markengestaltung
	Gold	Konsumgüter Food	Kupferberg Gold	A. Racke	R. W. Eggert
	Gold	Konsumgüter Food	Toblerone	Chocolat Tobler	Compton
	Bronze	Konsumgüter Food	Gordon's	Charles Hosie	Young & Rubicam
	Silber	Konsumgüter Non Food	o.b.	Carl Hahn	Doyle Dane Bernbach
	Bronze	Konsumgüter Non Food	Gilette Contour	Gilette	McCann-Erickson
1982	Gold	Gebrauchsgüter	Fiat Panda	Fiat Automobil	Lürzer, Conrad & Leo Burnett
	Silber	Gebrauchsgüter	Volkswagen Golf	Volkswagenwerk	Doyle Dane Bernbach
	Bronze	Gebrauchsgüter	Honda	Honda	BMZ
	Bronze	Gebrauchsgüter	Gummiwerke Fulda	Gummiwerke Fulda	TEAM/BBDO
	Bronze	Gebrauchsgüter	Seiko	Seiko Time	BMZ
	Gold	Konsumgüter Food	Camel Filters	R. J. Reynolds Tobacco	TEAM/BBDO
	Silber	Konsumgüter Food	Campari	Campari	J. Walter Thompson
	Bronze	Konsumgüter Food	Alete	Allgäuer Alpenmilch	contur
	Bronze	Konsumgüter Food	Rachengold	Ragolds Rachengold	Troost Campbell-Ewald

	AUSZEICHNUNG	KATEGORIE	KAMPAGNE	UNTERNEHMEN	AGENTUR
1982	Bronze	Konsumgüter Food	Landliebe	Südmilch	Günter Bläse
	Bronze	Konsumgüter Food	Whiskas	Effem	D'Arcy-MacManus & Masius
	Silber	Konsumgüter Non Food	Oil of Olaz	Richardson	Young & Rubicam
	Bronze	Konsumgüter Non Food	Erdal	Erdal Rex	Imparc
	Bronze	Konsumgüter Non Food	Born Höschenwindel	Vereinigte Papierwerke Schickedanz	Heumann, Ogilvy & Mather
	Bronze	Pharma	Thomapyrin N	Dr. Karl Thomae	DFS + R
	Silber	Unternehmensdarstellung	RWE	RWE	TEAM/BBDO
1983	Gold	Dienstleistungen	McDonald's	McDonald's	Heye, Needham & Partner
	Silber	Dienstleistungen	LBS	LBS Gruppe	TEAM/BBDO
	Silber	Dienstleistungen	Nixdorf	Nixdorf Computer	Robert Pütz
	Bronze	Dienstleistungen	Frankfurter Allgemeine Zeitung	Frankfurter Allgemeine Zeitung	J. Walter Thompson
	Gold	Gebrauchsgüter	Audi	Audi NSU-Auto-Union	TEAM/BBDO
	Bronze	Gebrauchsgüter	Pentax	Pentax	Troost Campbell-Ewald Kommunikations
	Bronze	Gebrauchsgüter	Platin-Schmuck	Rustenburg Platinum Mines Ltd.	J. Walter Thompson
	Gold	Konsumgüter Food	HB	B.A.T. Cigaretten-Fabriken	Grey
	Silber	Konsumgüter Food	hohes C	Peter Eckes	R. W. Eggert
	Bronze	Konsumgüter Food	Melitta Filter Kaffee	Melitta Werke Bentz & Sohn	MWI Markenwerbung International
	Gold	Konsumgüter Non Food	Persil	Henkel	Troost Campbell-Ewald Kommunikations
	Bronze	Konsumgüter Non Food	Compo-Gartenpflegeprodukte	Compo	Imparc
	Bronze	Konsumgüter Non Food	Serena	Johnson & Johnson	Doyle Dane Bernbach

GWA EFFIE® PREISTRÄGER 1981 – 2011

	AUS-ZEICHNUNG	KATEGORIE	KAMPAGNE	UNTERNEHMEN	AGENTUR
1984	Silber	Dienstleistungen und Unternehmen	Hertz	Hertz Autovermietung	R. W. Eggert
	Silber	Dienstleistungen und Unternehmen	RWE	RWE. Rheinisch-Westfälisches Elektrizitätswerk	Lintas
	Bronze	Dienstleistungen und Unternehmen	VDI	VDI. Verein Deutscher Ingenieure	Lintas
	Gold	Gebrauchsgüter	AEG	AEG	TBWA
	Silber	Gebrauchsgüter	Fiat Uno	Fiat Automobil	Lürzer, Conrad & Leo Burnett
	Bronze	Gebrauchsgüter	Friesland	Friesland Porzellanfabrik	William Wilkens
	Bronze	Gebrauchsgüter	Barbie	Mattel	Ogilvy & Mather
	Gold	Konsumgüter Food	Schöller-Mövenpick	Schöller Lebensmittel	Borsch, Stengel & Partner
	Gold	Konsumgüter Food	Marlboro	Philip Morris	Lürzer, Conrad & Leo Burnett
	Silber	Konsumgüter Food	Du darfst	Union Deutsche Lebensmittelwerke	Lintas
	Bronze	Konsumgüter Food	Bonduelle	Bonduelle	Robert Pütz
	Gold	Konsumgüter Non Food	Kodak-Filme	Kodak	Young & Rubicam
	Silber	Konsumgüter Non Food	Timotei	Elida Gibbs	J. Walter Thompson
	Silber	Konsumgüter Non Food	Fa	Henkel Kosmetik	Troost Campbell-Ewald Kommunikations
1986	Gold	Gebrauchsgüter und Dienstleistungen	Deutsche Bundesbahn	Deutsche Bundesbahn	McCann-Erickson
	Silber	Gebrauchsgüter und Dienstleistungen	Telefon-Doppelanschluss	Deutsche Bundespost	Lintas
	Silber	Gebrauchsgüter und Dienstleistungen	Sennheiser	Sennheiser electronic	Borsch, Stengel & Partner
	Bronze	Gebrauchsgüter und Dienstleistungen	Touropa	Touropa	Grey
	Gold	Konsumgüter Food	Wick Blau	Wick Pharma	Ogilvy & Mather
	Silber	Konsumgüter Food	Milka	Jacobs Suchard	Young & Rubicam

	AUS-ZEICHNUNG	KATEGORIE	KAMPAGNE	UNTERNEHMEN	AGENTUR
1986	Bronze	Konsumgüter Food	Jever Pilsener	Friesisches Brauhaus zu Jever	Ogilvy & Mather
	Bronze	Konsumgüter Food	Quark	Gervais Danone	Grey
	Bronze	Konsumgüter Food	Pepsi-Challenge	Pepsi Cola	J. Walter Thompson
	Gold	Konsumgüter Non Food	Nivea Creme	Beiersdorf	Doyle Dane Bernbach
	Silber	Konsumgüter Non Food	Impulse	Elida Gibbs	Lintas
	Bronze	Konsumgüter Non Food	Guhl	Guhl Kosmetik	Wilkens Ayer
1987	Gold	Dienstleistungen und Institutionelle Werbung	Kommunalverband Ruhrgebiet	Kommunalverband Ruhrgebiet	RSCG BUTTER RANG
	Gold	Gebrauchsgüter	Opel Omega	Adam Opel	Lowe Marschalk Lürzer
	Silber	Gebrauchsgüter	Toyota	Toyota	Baums, Mang und Zimmermann
	Silber	Gebrauchsgüter	Autofokus-Kamera	Minolta Camera Handelsgesellschaft	TEAM/BBDO
	Gold	Konsumgüter Food	Bitburger Pils	Bitburger Privatbrauerei	Schön
	Silber	Konsumgüter Food	Palmin	Union Deutsche Lebensmittelwerke	Ogilvy & Mather
	Silber	Konsumgüter Food	Cesar	Effem	D'Arcy Masius Benton & Bowles
	Bronze	Konsumgüter Food	Aurora	A.D.R. Markenmehl	Borsch, Stengel & Partner
	Gold	Konsumgüter Non Food	Pattex	Henkel	Baums, Mang und Zimmermann
	Silber	Konsumgüter Non Food	Odol	Lingner + Fischer	Grey
	Bronze	Konsumgüter Non Food	Wick VapoBad	Wick Pharma	Ogilvy & Mather
1988	Gold	Gebrauchsgüter	IKEA	IKEA Deutschland Verkauf	Hans Brindfors
	Silber	Gebrauchsgüter	Shell-Atlas	Mairs Geographischer Verlag	Springer & Jacoby

GWA EFFIE® PREISTRÄGER 1981 – 2011

	AUS-ZEICHNUNG	KATEGORIE	KAMPAGNE	UNTERNEHMEN	AGENTUR
1988	Bronze	Gebrauchsgüter	Braun micron vario 3	Braun	Michael Conrad & Leo Burnett
	Silber	Gemeinschaftswerbung	Das erste Mal mit Brille	Kuratorium Gutes Sehen	Borsch, Stengel & Partner
	Gold	Konsumgüter Food	Milka	Jacobs Suchard	Young & Rubicam
	Gold	Konsumgüter Food	Kitekat	Effem	Scholz & Friends
	Silber	Konsumgüter Food	Dr. Oetker	Dr. August Oetker Nahrungsmittel	TEAM/BBDO
	Silber	Konsumgüter Food	Chantré	P. Eckes	Ogilvy & Mather
	Silber	Konsumgüter Food	Valensina	Rolf Dittmeyer	Saatchi & Saatchi
	Gold	Konsumgüter Non Food	Lenor	Procter & Gamble	Grey
	Silber	Konsumgüter Non Food	Shell	Deutsche Shell	Ogilvy & Mather
	Silber	Konsumgüter Non Food	Axe	Elida Gibbs	Lintas
1989	Gold	Dienstleistungen	McDonald's	McDonald's	Heye & Partner
	Silber	Dienstleistungen	KKB	KKB Bank	Baums, Mang und Zimmermann
	Gold	Gebrauchsgüter	BMW	BMW	Scholz & Friends
	Gold	Gebrauchsgüter	Sony	Sony	Ernst & Partner
	Silber	Gebrauchsgüter	Montblanc	Montblanc-Simplo	TEAM/BBDO
	Bronze	Gebrauchsgüter	Epson	Epson	M.L.&S.
	Silber	Gemeinschaftswerbung	Weissblech	Informationzentrum Weissblech	Lintas
	Silber	Investitionsgüter	Maho	Maho	HSR & S/SMS
	Gold	Konsumgüter Food	LÄTTA	Union Deutsche Lebensmittelwerke	Hans Brindfors
	Silber	Konsumgüter Food	Jever light	Bavaria-St. Pauli	Scholz & Friends
	Silber	Konsumgüter Food	Sahne Kännchen	Südmilch	Leonhardt & Kern
	Silber	Konsumgüter Food	West	H. F. & Ph. F. Reemtsma	Scholz & Friends
	Gold	Konsumgüter Non Food	blend-a-med	Blendax	Imparc

	AUS-ZEICHNUNG	KATEGORIE	KAMPAGNE	UNTERNEHMEN	AGENTUR
1989	Silber	Konsumgüter Non Food	Vichy Kosmetik	Vichy Pharma Kosmetik	Arnold und Münch/LOGO. FCA!
	Bronze	Konsumgüter Non Food	Melitta Gefrierbeutel	Melitta Werke	FCB
1990	Gold	Dienstleistungen	Sixt	Sixt/Budget	Springer & Jacoby
	Silber	Dienstleistungen	Hamburger Morgenpost	Morgenpost Verlag	Springer & Jacoby
	Gold	Gebrauchsgüter	Braun Weckuhren	Braun	Michael Conrad & Leo Burnett
	Gold	Gebrauchsgüter	Nike Air	Nike	Grey
	Silber	Gebrauchsgüter	Gore-Tex	W. L. Gore & Ass.	Contop
	Bronze	Gebrauchsgüter	Movado	Movado Watch	Ogilvy & Mather
	Silber	Handel	OTTO Versand	OTTO Versand	Baader, Lang, Behnken
	Gold	Konsumgüter Food	Pepsi Light	Pepsi Cola	TEAM/BBDO
	Silber	Konsumgüter Food	Blanchet	A. Racke	Publicis
	Bronze	Konsumgüter Food	Sandeman	Seagram	Ogilvy & Mather
	Gold	Konsumgüter Non Food	Dr. Best	Lingner + Fischer	Grey
	Silber	Konsumgüter Non Food	Delial	Drugofa	DMB&B
	Silber	Konsumgüter Non Food	TDK Audio-Cassetten	TDK Elektronics	BMZ
	Gold	Öko-Effie	Opel Kat-Offensive	Adam Opel	Lowe, Lürzer
	Silber	Social Ad	Gib Aids keine Chance	Bundeszentrale für gesundheitliche Aufklärung	TBWA
1991	Silber	Dienstleistungen	DEA	DEA Mineraloel	J. Walter Thompson
	Gold	Gebrauchsgüter	Toyota	Toyota	BMZ
	Silber	Gebrauchsgüter	Levi's Red Tab	Levi Strauss	McCann-Erickson
	Bronze	Gebrauchsgüter	a/ d/ s BRAUN	a/ d/ s BRAUN	Maksimovic & Partners
	Gold	Konsumgüter Food	Mon Chéri	Ferrero	Ogilvy & Mather
	Silber	Konsumgüter Food	Sierra Tequila	Borco-Marken-Import Matthiesen	Scholz & Friends

GWA EFFIE® PREISTRÄGER 1981 – 2011

	AUS-ZEICHNUNG	KATEGORIE	KAMPAGNE	UNTERNEHMEN	AGENTUR
1991	Silber	Konsumgüter Food	Warsteiner	Warsteiner Brauerei	B/W
	Silber	Konsumgüter Food	Lucky Strike	B.A.T. Cigarettenfabrik	Knopf, Nägeli, Schnakenberg
	Bronze	Konsumgüter Food	Punica Oase	Procter & Gamble	Grey
	Gold	Konsumgüter Non Food	Melitta	Melitta Kaffee	Gramm/Grey
	Silber	Konsumgüter Non Food	Catsan	Effem	Scholz & Friends
	Silber	Konsumgüter Non Food	Axe	Elida Gibbs	Lintas
	Silber	Konsumgüter Non Food	Poly Color Soft	Henkel Cosmetic	BMZ
	Gold	Öko-Effie	Marke Frosch	Werner & Mertz	Consell
1992	Gold	Dienstleistungen	Citibank	Citibank Privatkunden	Baums, Mang und Zimmermann
	Silber	Dienstleistungen	ICE	Deutsche Bundesbahn	Ogilvy & Mather
	Bronze	Dienstleistungen	C-Netz-Funktelefon	Deutsche Bundespost Telekom	Lintas
	Gold	Gebrauchsgüter	Mercedes-Benz	Mercedes-Benz AG	Springer & Jacoby
	Silber	Gebrauchsgüter	Blaupunkt KeyCard	Blaupunkt-Werke	Michael Conrad & Leo Burnett
	Bronze	Gebrauchsgüter	Life Style	Ravensburger Spieleverlag	Serviceplan
	Silber	Handel	Quelle	Großversandhaus Quelle	Springer & Jacoby
	Gold	Konsumgüter Food	Viala	A. Racke	Grey
	Gold	Konsumgüter Food	f6	Philip Morris	Michael Conrad & Leo Burnett
	Silber	Konsumgüter Food	Rama	Union Deutsche Lebensmittelwerke	Lintas
	Bronze	Konsumgüter Food	Freiberger Pils	Freiberger Brauhaus	Gültig & Hoffmeister/ Alliance
	Silber	Konsumgüter Non Food	Sheba	Effem	Grey

	AUS-ZEICHNUNG	KATEGORIE	KAMPAGNE	UNTERNEHMEN	AGENTUR
1992	Bronze	Konsumgüter Non Food	Doppelherz	Queisser Pharma	Scholz & Friends
	Silber	Social Ad	Altenpflege	Hansestadt Hamburg	Kay Tangermann
	Silber	Unternehmen	NORD/LB	NORD/LB	Grey
1993	Gold	Dienstleistungen	Visa	Visa	Consell
	Silber	Dienstleistungen	TUI	TUI	Springer & Jacoby
	Bronze	Dienstleistungen	BahnCard	Deutsche Bundesbahn	Ogilvy & Mather
	Silber	Gebrauchsgüter	Grundig	Grundig	Heye & Partner
	Bronze	Gebrauchsgüter	Protector	Wilkinson	Ogilvy & Mather Partner
	Silber	Handel	Hertie	Hertie	Boebel, Adam/BBDO
	Gold	Konsumgüter Food	Nordhäuser	Eckes	Young & Rubicam
	Silber	Konsumgüter Food	Barilla	Barilla	TBWA
	Silber	Konsumgüter Food	Diebels	Diebels	BBDO
	Silber	Konsumgüter Food	Asia Nudel Snack	Maggi	McCann-Erickson
	Bronze	Konsumgüter Food	Licher	Licher	TBWA
	Bronze	Konsumgüter Food	Lübzer Pils	Mecklenburgische Brauerei	Lintas
	Gold	Konsumgüter Non Food	Seramis	Effem	Grey
	Bronze	Konsumgüter Non Food	Plénitude	L'Oréal	Publicis FCB
	Bronze	Konsumgüter Non Food	Clearasil	Richardson	DMB&B
1994	Silber	Dienstleistungen	Focus	Focus Magazin	M. Conrad & L. Burnett, Lippert Wikens Partner, Ogilvy & Mather Direct
	Silber	Dienstleistungen	Britain is great	Britische Zentrale für Fremdenverkehr	Ogilvy & Mather
	Bronze	Dienstleistungen	Neue Postleitzahlen	Deutsche Bundespost Postdienst	Lintas
	Silber	Gebrauchsgüter	De Beers Diamanten	De Beers Zondern	J. Walter Thompson
	Gold	Konsumgüter Food	Magnum	Langnese	Lintas

GWA EFFIE® PREISTRÄGER 1981 – 2011

	AUS-ZEICHNUNG	KATEGORIE	KAMPAGNE	UNTERNEHMEN	AGENTUR
1994	Silber	Konsumgüter Food	Dallmayr prodomo	Dallmayr Kaffee	Heye & Partner
	Silber	Konsumgüter Food	KitKat	Nestlé Chocoladen	J. Walter Thompson
	Bronze	Konsumgüter Food	Kerrygold	The Irish Dairy Board	BMZ!FCA
	Silber	Konsumgüter Non Food	Nivea Visage	Beiersdorf	TBWA
	Silber	Konsumgüter Non Food	Pril Balsam	Henkel	BMZ!FCA
	Bronze	Konsumgüter Non Food	Ellen Betrix	Betrix Cosmetic	Michael Conrad & Leo Burnett
	Bronze	Konsumgüter Non Food	Always	Procter & Gamble	DMB&B
1995	Gold	Unternehmen	Aral	Aral	BBDO
	Gold	Dienstleistungen	Gelbe Seiten	Fachgruppe Gelbe Seiten im VDAV	Lintas Hamburg
	Silber	Dienstleistungen	Telekom Mobilfunk	DeTeMobil Deutsche Telekom	Springer & Jacoby
	Gold	Gebrauchsgüter	Opel Omega	Adam Opel	Lowe & Partners
	Silber	Gebrauchsgüter	Mercedes	Mercedes-Benz AG	Springer & Jacoby
	Bronze	Gebrauchsgüter	Nokia	Nokia Mobile Phones	Gramm
	Bronze	Gebrauchsgüter	Pirelli	Pirelli Reifenwerke	Young & Rubicam
	Gold	Konsumgüter Food	Red Bull	Red Bull Trading	Kastner & Partner Advertising
	Silber	Konsumgüter Food	Wagner Pizza	Wagner Tiefkühlprodukte	Consell Frankfurt
	Bronze	Konsumgüter Food	Milka Seasonals	Kraft Jacobs Suchard	Young & Rubicam
	Silber	Konsumgüter Non Food	Calgonit Ultra	Benckiser Deutschland	New York Communications
	Silber	Konsumgüter Non Food	Tetra Pak	Tetra Pak	Scholz & Friends

	AUS-ZEICHNUNG	KATEGORIE	KAMPAGNE	UNTERNEHMEN	AGENTUR
1995	Bronze	Konsumgüter Non Food	Odol	SmithKline Beecham Consumer Healthcare Linger + Ficher	Grey
	Bronze	Unternehmens-/Gemeinschaftswerbung	Beton	Informations-Zentrum Beton	Springer & Jacoby
1996	Gold	Dienstleistungen	Sixt	Sixt	Jung von Matt
	Bronze	Dienstleistungen	TUI	TUI	Springer & Jacoby
	Gold	Gebrauchsgüter	Audi	Audi	Jung von Matt
	Silber	Gebrauchsgüter	Lange Uhren	Lange Uhren Glashütte	GGK Basel
	Bronze	Gebrauchsgüter	Hailo Bügeltische	Hailo-Werk	Springer & Jacoby
	Bronze	Handel	dm drogerien	dm-drogerie markt	Young & Rubicam
	Silber	Konsumgüter Food	Ritter Sport XXL	Alfred Ritter	Heye & Partner
	Silber	Konsumgüter Non Food	Bild-Zeitung	Axel Springer Verlag	Jung von Matt
1997	Gold	Dienstleistungen	Lotto Hessen	Lotterie-Treuhandgesellschaft	Boebel/Adam
	Gold	Gebrauchsgüter	Mercedes E-Klasse	Daimler-Benz	Springer & Jacoby
	Silber	Gebrauchsgüter	Loewe TV + Videogeräte	Loewe Opta	Leonhardt & Kern
	Bronze	Gebrauchsgüter	Ford Ka	Ford Werke	Young & Rubicam
	Bronze	Gemeinnutzen	Evangel. Gesangbuch	Evangelischer Gesangbuchverlag	Leonhardt & Kern
	Silber	Handel	Ikea	Ikea Deutschland	Grabarz & Partner
	Silber	Konsumgüter Food	Fisherman's Friend	Importhaus K.H. Wilms	Springer & Jacoby
	Silber	Konsumgüter Food	Köstritzer Schwarzbier	Köstritzer Schwarzbierbrauerei	Werbeagentur PI
	Bronze	Konsumgüter Food	Nestlé LC 1	Nestlé	Trust
	Silber	Konsumgüter Non Food	Computer-Bild	Axel Springer Verlag	Jung von Matt

GWA EFFIE® PREISTRÄGER 1981 – 2011

	AUS-ZEICHNUNG	KATEGORIE	KAMPAGNE	UNTERNEHMEN	AGENTUR
1997	Bronze	Konsumgüter Non Food	Odol med 3	Smith Kline Beecham	Grey
	Gold	Unternehmen	Deutsche Telekom	Deutsche Telekom	SEA, Spiess Ermisch & andere
1998	Silber	Dienstleistungen	Bank 24	Bank 24, Bonn	Grey
	Silber	Dienstleistungen	Deutsche Bahn	Deutsche Bahn AG	Jung von Matt
	Gold	Gebrauchsgüter	Rodenstock	Optische Werke G. Rodenstock	Ogilvy & Mather
	Silber	Gebrauchsgüter	Audi A8	Audi AG	Jung von Matt
	Bronze	Gebrauchsgüter	Miele	Miele & Cie GmbH	Huth & Wenzel
	Bronze	Gebrauchsgüter	Sony Playstation	Sony Comuter Entertainment	TBWA
	Gold	Konsumgüter Food	Jever Pilsner	Friesisches Brauhaus zu Jever	Jung von Matt
	Silber	Konsumgüter Food	Red Bull	Red Bull Trading GmbH	Kastner & Partner
	Bronze	Konsumgüter Food	Alberto Pasta	Alberto GmbH & Co. Produktions KG	Service Plan
	Bronze	Konsumgüter Food	Coppenrath & Wiese	Conditorei Coppenrath & Wiese	Lowe & Partners
	Silber	Konsumgüter Non Food	Frankfurter Allgemeine Zeitung	Frankfurter Allgemeine Zeitung	Scholz & Friends
	Bronze	Konsumgüter Non Food	4YOU	A. Sternjakob GmbH	Borsch Stengel Körner Bozell
	Bronze	Konsumgüter Non Food	Spee	Henkel Waschmittel GmbH	stöhr MarkenKommunikation
1999	Gold	Dienstleistungen	DEA	DEA Mineraloel AG	Jung von Matt
	Silber	Dienstleistungen	IBM	IBM Deutschland Informationssysteme GmbH	Ogilvy & Mather
	Silber	Dienstleistungen	Media Markt	Media-Markt, Verwaltungs GmbH	For Sale
	Gold	Gebrauchsgüter	Renault	Deutsche Renault AG	Publicis

	AUSZEICHNUNG	KATEGORIE	KAMPAGNE	UNTERNEHMEN	AGENTUR
1999	Silber	Gebrauchsgüter	Nokia 8810	Nokia Mobile Phones GmbH	Gramm
	Silber	Gebrauchsgüter	Sioux Schuhe	Sioux GmbH & Co. KG	GPP.
	Bronze	Gebrauchsgüter	Octavia	Skoda Deutschland GmbH	Grey
	Gold	Konsumgüter Food	Freixenet	Freixenet, North Europe, Wiesbaden	Pucci, Sulzer Werbeagentur
	Bronze	Konsumgüter Food	Burger King	Burger King GmbH	.start/ D'Arcy
	Bronze	Konsumgüter Food	Dallmayr Prodomo	Alois Dallmayr oHG	Heye & Partner
	Silber	Konsumgüter Non Food	Nivea Beauté	Beiersdorf AG	FCB/Wilkens
	Bronze	Konsumgüter Non Food	Elvital Aufbau-Ceramid	L'Oréal Paris	McCann-Erickson
	Bronze	Non-Profit/Social Advertising	Alphabetisierung	Bundesverband Alphabetisierung e.V.	Grey
	Bronze	Non-Profit/Social Advertising	Polizei Hamburg	Polizeiverein Hamburg e.V.	Springer & Jacoby
	Bronze	Non-Profit/Social Advertising	Sozialdemokratische Partei Deutschland	Sozialdemokratische Partei Deutschland	KNSK, BBDO
2000	Gold	Dienstleistungen	Online-Dienst	AOL, Boris Becker	Grey
	Silber	Dienstleistungen	Apollo-Optik	Apollo-Optik	Jung von Matt an der Isar
	Silber	Dienstleistungen	Yello Strom	Yello Strom	Kreutz & Partner
	Bronze	Dienstleistungen	Kinderhilfswerk (Spendenwerbung)	terre des hommes	Springer & Jacoby
	Gold	Gebrauchsgüter	Gartengeräte und Systeme	Gardena	Service Plan
	Silber	Gebrauchsgüter	Berlingo	Citroen	Euro RSCG Thomsen Röhle
	Silber	Gebrauchsgüter	CDI	DaimlerChrysler	Springer & Jacoby
	Bronze	Gebrauchsgüter	Audi TT Coupé	Audi TT Coupé	Audi Agency Network
	Bronze	Gebrauchsgüter	AEG Elektroherde	AEG Hausgeräte	DAMM
	Gold	Nahrungs- und Genussmittel	Iglo Rahmspinat	Langnese-IGLO	McCann-Erickson

GWA EFFIE® PREISTRÄGER 1981 – 2011

	AUS-ZEICHNUNG	KATEGORIE	KAMPAGNE	UNTERNEHMEN	AGENTUR
2000	Gold	Nahrungs- und Genussmittel	Ricola	Ricola	Jung von Matt
	Bronze	Nahrungs- und Genussmittel	Bitburger	Bitburger Brauerei	Grabarz & Partner
	Bronze	Nahrungs- und Genussmittel	Landliebe	Campina	Bates Germany
	Gold	Sonstige Konsumgüter	National Geographic	Gruner+Jahr	KNSK
	Gold	Sonstige Konsumgüter	Handelsblatt	Handelsblatt Gruppe Zeitung	BBDO
	Silber	Sonstige Konsumgüter	Hugo Boss Duft	Procter & Gamble	Grey
	Bronze	Sonstige Konsumgüter	Clean & Clear	Johnson & Johnson	Heye & Partner
2001	Bronze	Dienstleistung/Retail	DEA Mineralöl	DEA	Jung von Matt/Elbe
	Bronze	Dienstleistung/Retail	T-D1 XtraCard	Deutsche Telekom MobilNet	Springer & Jacoby
	Bronze	Finanzdienstleistungen	AWD	AWD	Scholz & Friends
	Bronze	Finanzdienstleistungen	Deka Investmentfonds	DGZ-DekaBank	Kolle Rebbe
	Gold	Gebrauchsgüter	smart	DaimlerChrysler Vertriebsgesellschaft	Springer & Jacoby
	Silber	Gebrauchsgüter	Mercedes-Benz	DaimlerChrysler Mercedes Benz	Springer & Jacoby
	Silber	Gebrauchsgüter	Volkswagen Sharan	Volkswagen Sharan	DDB
	Bronze	Gebrauchsgüter	Fabia	Skoda	Grey Worldwide
	Silber	Institutionen/Institutionelle Werbung	ARD-Fersehlotterie	ARD-Fernsehlotterie	McCann-Erickson
	Bronze	Medien	Die Welt	Axel Springer Verlag	Springer & Jacoby
	Bronze	Medien	WirtschaftsWoche	Verlagsgruppe Handelsblatt	Jung von Matt/Spree
	Gold	Nahrungs- und Genussmittel	Melitta Kaffee	Melitta Kaffee	Klose

	AUS-ZEICHNUNG	KATEGORIE	KAMPAGNE	UNTERNEHMEN	AGENTUR
2001	Silber	Nahrungs- und Genussmittel	Langnese-Cremissiomo	Langnese-Iglo	Ogilvy & Mather
	Bronze	Nahrungs- und Genussmittel	Campina	Campina	Bates Germany
	Silber	Sonstige Dienstleistungen	Deutsche Post	Deutsche Post	Jung von Matt/Spree
	Bronze	Sonstige Dienstleistungen	TUI Schöne Ferien!	TUI Deutschland	Springer & Jacoby
	Silber	Sonstige Konsumgüter	Nivea Body	Beiersdorf Nivea Body	TBWA
	Silber	Sonstige Konsumgüter	Nivea Sun Spray	Beiersdorf Nivea Sun Spray	TBWA
	Bronze	Sonstige Konsumgüter	Spee	Henkel Spee	stöhr DDB
2002	Gold	Dienstleistung/Retail	Gartenmärkte	Hornbach Baumarkt AG, Bornheim bei Landau	Heimat Werbeagentur GmbH
	Silber	Dienstleistung/Retail	Ikea	Ikea Deutschland Verkaufs GmbH & Co. KG, Deutschland	Grabarz & Partner Werbeagentur GmbH, Hamburg/Roche Macauly & Partner Advertising Inc., Toronto
	Bronze	Finanzdienstleistungen	PB Rentenkonto	Deutsche Postbank AG, Bonn	BBDO
	Gold	Gebrauchsgüter	Audi AG	Audi AG	Audi Agency Network (Saatchi & Saatchi; BBH)
	Silber	Gebrauchsgüter	Mini	BMW AG	Jung von Matt/Alster
	Bronze	Gebrauchsgüter	Mercedes C-Klasse	DaimlerChrysler AG	Springer & Jacoby
	Silber	Institutionen/Institutionelle Werbung	Frühzeitiger Bargeldrückfluss	Deutsche Bundesbank	Michael Conrad & Leo Burnett GmbH
	Bronze	Institutionen/Institutionelle Werbung	UNICEF	Deutsches Komitee für UNICEF	Springer & Jacoby
	Silber	Medien	Zweites Deutsches Fernsehen	ZDF	Serviceplan
	Silber	Nahrungs- und Genussmittel	Evian	DanoneWaters Deutschland	EURO RSCG Thomsen Röhle

GWA EFFIE® PREISTRÄGER 1981 – 2011

	AUS-ZEICHNUNG	KATEGORIE	KAMPAGNE	UNTERNEHMEN	AGENTUR
2002	Silber	Nahrungs- und Genussmittel	Rotkäppchen Sekt	Rotkäppchen Sektkellerei GmbH	FGK Agentur für Markenführung GmbH
	Bronze	Nahrungs- und Genussmittel	Ballantine's Finest	Allied Domecq Spirits & Wine Deutschland	Jung von Matt/Alster
	Bronze	Nahrungs- und Genussmittel	Du darfst	Unilever Bestfoods Deutschland GmbH	Ogilvy & Mather
	Silber	Sonstige Konsumgüter	Marke Frosch	Werner & Mertz GmbH	Consellgruppe Werbeagentur GmbH
	Bronze	Sonstige Konsumgüter	Poly Brillance von Schwarzkopf	Henkel KGaA	DDB
	Bronze	Sonstige Konsumgüter	Persil	Henkel Wasch- und Reinigungsmittel GmbH	BBDO
2003	Gold	Automotive	Mini Cooper	BMW	Jung von Matt
	Bronze	Automotive	smart	DaimlerChrysler Vertriebsorganisation Deutschland	Springer & Jacoby
	Bronze	Automotive	Peugeot 206 CC	Peugeot Deutschland	EORO RSCG Kremer Förster
	Bronze	Dienstleistungen	Hapag-Lloyd Express	Hapag-Lloyd Express	Scholz & Friends
	Bronze	Finanzdienstleistungen	easyCredit	norisbank	Baader Hermes Werbeagentur
	Bronze	Finanzdienstleistungen	Deutscher Sparkassen- und Giroverband	Deutscher Sparkassen- und Giroverband	Jung von Matt
	Gold	Genussmittel	Krombacher Pils	Krombacher Brauerei	Wensauer & Partner
	Gold	Genussmittel	Bacardi RiGO	BACARDI GmbH	Böning & Haube
	Silber	Genussmittel	Ramazzotti	Pernod Ricard Deutschland GmbH	Saatchi & Saatchi
	Gold	Handel/Retail	Saturn	Saturn Management Gesellschaft	Jung von Matt/Fleet
	Silber	Handel/Retail	Media Markt	Media Markt Management GmbH	For Sale

	AUS-ZEICHNUNG	KATEGORIE	KAMPAGNE	UNTERNEHMEN	AGENTUR
2003	Bronze	Health Care	Doppelherz	Queisser Pharma GmbH & Co.	Scholz & Friends
	Silber	Konsumgüter Food	Heinz Curry Gewürz Ketchup	H. J. Heinz GmbH	Michael Conrad & Leo Burnett
	Silber	Konsumgüter Food	Langnese Cremissimo	Langnese-Iglo GmbH	Ogilvy & Mather
	Bronze	Konsumgüter Food	Langnese Impulseis	Langnese-Iglo GmbH	McCann-Erickson
	Bronze	Konsumgüter Food	Iglo Tiefkühlkost	Langnese-Iglo GmbH	McCann-Erickson
	Bronze	Konsumgüter Non Food	Drei Wetter Taft	Schwarzkopf & Henkel	TBWA
	Bronze	Konsumgüter Non Food	Nivea for Men Revitalisierende Gesichtscreme Q10	Beiersdorf AG	FCB Wilkens
	Gold	Medien	Financial Times Deutschland	Financial Times Deutschland	Scholz & Friends
	Silber	Telekommunikation	Dienstleistung/ Mobilfunk	O2 Germany	Grey Worldwide
2004	Silber	Automotive	VW Touran	Volkswagen	DDB Berlin
	Bronze	Automotive	BMW Z4 Roadster	BMW	Jung von Matt
	Silber	Dienstleistungen	Reiseveranstalter	TUI Deutschland	Jung von Matt
	Bronze	Finanzdienstleistungen	Allianz Unfallversicherung	Allianz Versicherungs-AG	Atletico International Advertising
	Bronze	Finanzdienstleistungen	Versicherungen	DEVK Versicherungen	Grabarz & Partner
	Silber	Genussmittel	Beck's Gold	Interbrew Vertriebsgesellschaft Deutschland	J. Walter Thompson
	Gold	Handel/Retail	eBay	eBay International	Jung von Matt
	Silber	Handel/Retail	Ikea	Ikea Deutschland	weigertpirouzwolf
	Silber	Handel/Retail	Media Markt	Media Markt	For Sale
	Bronze	Handel/Retail	Bau- und Gartenmärkte	Hornbach Baumarkt	Heimat

GWA EFFIE® PREISTRÄGER 1981 – 2011

	AUS-ZEICHNUNG	KATEGORIE	KAMPAGNE	UNTERNEHMEN	AGENTUR
2004	Bronze	Institutionen und Unternehmen	Land Baden-Württemberg	Staatsministerium Baden-Württemberg	Scholz & Friends Berlin
	Gold	Konsumgüter Non Food	Charmin	Procter & Gamble	PUBLICIS Frankfurt
	Silber	Konsumgüter Non Food	Axe	Lever Fabergé	Lowe Hamburg
2005	Gold	Automotive	Volkswagen Touareg	Volkswagen	Grabarz & Partner
	Silber	Automotive	BMW 1er	BMW	Jung von Matt AG/ Interone Worldwide
	Bronze	Automotive	Mercedes-Benz A-Klasse	DaimlerChrysler	Springer &Jacoby/ Schmidt und Kaiser/ Scholz & Volkmer
	Bronze	Automotive	Volkswagen Touran	Volkswagen	DDB Berlin
	Bronze	Finanzdienstleistungen	Allianz Haus- und Wohnungsschutzbrief	Allianz Versicherung	AtleticoInternational Advertising
	Gold	Genussmittel	Jägermeister	Mast-Jägermeister	Philipp und Keuntje
	Bronze	Handel/Retail	Media Markt	Media Markt Management	kempertrautmann/ For SaleDigital/Universal McCann/Western Star
	Bronze	Health Care	ASPIRIN Complex	Bayer Vital	Economia
	Bronze	Konsumgüter Food	Backmischung	Dr. August Oetker Nahrungsmittel	BBDO Campaign Düsseldorf
	Bronze	Konsumgüter Food	Tchibo Privat Kaffee	Tchibo	Scholz & Friends Hamburg
	Gold	Konsumgüter Non Food	Dove	Lever-Fabergé	Ogilvy & Mather Düsseldorf/Edelman/ MindShare
	Silber	Medien	Süddeutsche Zeitung Bibliothek	Süddeutsche Zeitung	GBK Heye
	Bronze	Medien	Musicload	T-Online International	Kolle Rebbe Werbeagentur
	Gold	Social Effie: Gesellschaftliche Projekte	Darmkrebsmonat März 2004	Felix Burda Stiftung	Hubert Burda Stiftung

AUS-ZEICHNUNG	KATEGORIE	KAMPAGNE	UNTERNEHMEN	AGENTUR
2005 Gold	Social Effie: Gesellschaftliche Projekte	ALFA-Telefon	Bundesverband Alphabetisierung	Grey Worldwide Düsseldorf
Bronze	Social Effie: Kunst und Kultur	Kammermusik	Berliner Philharmonie	Scholz & Friends Berlin
Silber	Social Effie: Soziales und Wohltätigkeit	Hinz & Kunzt Straßenmagazin Hamburg	Hinz & Kunzt gemeinnützige Verlags- und Vertriebs GmbH	Kolle Rebbe
Bronze	Social Effie: Soziales und Wohltätigkeit	Christoffel Blindenmission	Christoffel Blindenmission Deutschland	BBDO Campaign Düsseldorf
Bronze	Unternehmens- und Imagewerbung	Markenkommunikation Investitionsgüterunternehmen	ThyssenKrupp	-
2006 Gold	Automotive	VW Golf GTI	Volkswagen	DDB Berlin
Silber	Automotive	Audi Markenkampagne	Audi	Philipp und Keuntje/ Elephant Seven Nord/ Saatchi & Saatchi
Bronze	Automotive	Skoda Octavia Combi	SkodaAuto Deutschland	Leagas Delaney Hamburg
Bronze	Dienstleistungen	Telekommunikation	HanseNet Telekommunikation	d.pole communication/ MediaPlus/Republic S.r.l.
Bronze	Dienstleistungen	Das McDonald's EIN MAL EINS	McDonald's Promotions	Heye & Partner
Gold	Finanzdienstleistungen	Finanzdienstleistungen	Dresdner Bank	Ogilvy & Mather Frankfurt
Silber	Finanzdienstleistungen	Postbank Privatkredit	Deutsche Postbank	BBDO Düsseldorf
Bronze	Finanzdienstleistungen	Unfall 60 Aktiv	Allianz Versicherungs-AG	Atletico Advertising S.L.
Bronze	Gebrauchsgüter	EOS 350D	Canon Deutschland GmbH	cayenne/ cayenne communications
Bronze	Gebrauchsgüter	TV Geräte (Flachbildschirme)	LOEWE	Springer & Jacoby
Silber	Handel/Retail	Edeka Lebensmitteleinzelhandel	Edeka Zentrale	Grabarz & Partner

GWA EFFIE® PREISTRÄGER 1981 – 2011

	AUS-ZEICHNUNG	KATEGORIE	KAMPAGNE	UNTERNEHMEN	AGENTUR
2006	Gold	Konsumgüter Food	Bertolli	Unilever Deutschland	Bartle Bogle Hegarty
	Gold	Social Effie: Gesellschaftliche Projekte	Du bist Deutschland	Partner für Innovation	kempertrautmann/fischerAppelt Kommunikation/Jung von Matt/MindShare
	Bronze	Social Effie: Kunst und Kultur	Dialog im Dunkeln	Dialog im Dunkeln - Verein zur Förderung der sozialen Kreativität	Kolle Rebbe
	Silber	Social Effie: Soziales und Wohltätigkeit	Bildung als Chance für Afrika	Unicef Deutschland	JWT Hamburg/i-gelb
	Bronze	Social Effie: Soziales und Wohltätigkeit	Johanniter Soziale Dienstleistungen	Johanniter-Unfall-Hilfe, Bundesgeschäftsstelle	Morgenwelt Agentur für Social Marketing/Intevi Werbeagentur
	Silber	Unternehmens- und Imagewerbung	T-Com Loyalisierungs-Offensive	T-Com/Deutsche Telekom	Economia/b+d/Erste Liebe Film/FSW DialogOne/Markus Brink/Pleon/SEA Bonn/STEIN Promotions/Tribal DDB Hamburg
2007	Gold	Automotive	BMW xDrive	BMW Group	Jung von Matt/PLAN.NET media/Mediaplus
	Silber	Automotive	Renault Sicherheit	Renault Deutschland	Nordpol Hamburg/Carat Düsseldorf
	Bronze	Automotive	Audi Q7 Launch-Kampagne	Audi	kempertrautmann
	Silber	Dienstleistungen	Alice	HanseNet Telekommunikation	d.pole communication/Mediaplus
	Gold	Finanzdienstleistungen	Allianz RiesterRente	Allianz Lebensversicherungs-AG	Atletico International
	Bronze	Finanzdienstleistungen	Neuer Marktauftritt	Commerzbank	Scholz & Friends Hamburg
	Gold	Gebrauchsgüter	Brand Concept Fußball (versch. Produkte: DFB-Nationaltrikot; Schuhe: z.B. Predator, F50 Tunit; Ball: Teamgeist)	adidas	180 Amsterdam/Carat Hamburg/TBWA\ Deutschland

	AUSZEICHNUNG	KATEGORIE	KAMPAGNE	UNTERNEHMEN	AGENTUR
2007	Silber	Gesellschaftliche Projekte	fair feels good. Eine Informationskampagne zum Fairen Handel	Die VERBRAUCHER INITIATIVE	organic Marken-Kommunikation/Pleon
	Bronze	Gesellschaftliche Projekte	Deutschland - Land der Ideen e.V.	FC Deutschland	Scholz & Friends
	Silber	Handel/Retail	Hornbach Bau- und Gartenmärkte	Hornbach Baumarkt Aktiengesellschaft	HEIMAT, Berlin
	Bronze	Handel/Retail	Media Markt Saisonkampagne 2006	Media Markt Management	kempertrautmann
	Silber	Health Care	Formigran	GlaxoSmithKline	Ogilvy & Mather Düsseldorf
	Silber	Health Care	Eucerin Hyaluron-Filler	Beiersdorf	Draftfcb Deutschland
	Silber	Konsumgüter Food	Paula's Pudding	Dr. August Oetker Nahrungsmittel	BBDO Düsseldorf/ OMD Düsseldorf
	Silber	Konsumgüter Food	Rama Cremefine	Unilever Nederland	Jung von Matt
	Bronze	Konsumgüter Food	Almette	Hochland Deutschland	Jung von Matt
	Silber	Konsumgüter Non Food	HiPP Babysanft	HiPP	Serviceplan Erste Werbeagentur
	Bronze	Konsumgüter Non Food	Gillette Fusion	Procter & Gamble	BBDO Düsseldorf
	Gold	Kunst und Kultur	Elbphilharmonie Hamburg	Stiftung Elbphilharmonie	gürtlerbachmann Werbung
	Bronze	Soziales und Wohltätigkeit	Soziale Hilfsorganisation	Christoffel-Blindenmission Deutschland	BBDO Düsseldorf
2008	Gold	Automotive	Volkswagen Golf	Volkswagen	DDB Group Germany
	Bronze	Automotive	Volkswagen Eos	Volkswagen	DDB Group Germany
	Bronze	Automotive	Nissan Qashqai	Nissan Center Europe	TBWA Deutschland
	Silber	Dienstleistungen	Sixt rent a car	Sixt	Jung von Matt, Hamburg
	Bronze	Dienstleistungen	E-Plus Zehnsation	E-Plus Mobilfunk	Jung von Matt, Hamburg
	Silber	Finanzdienstleistungen	Versicherungen (Diverse)	KarstadtQuelle Versicherungen	Jung von Matt, Hamburg

GWA EFFIE® PREISTRÄGER 1981 – 2011

	AUS-ZEICHNUNG	KATEGORIE	KAMPAGNE	UNTERNEHMEN	AGENTUR
2008	Silber	Finanzdienstleistungen	Sparkassen-Finanzkonzept	Deutscher Sparkassen- und Giroverband	Jung von Matt, Hamburg
	Gold	Genussmittel	Astra	Carlsberg Deutschland	Philipp und Keuntje
	Gold	Gesellschaftliche Projekte	Du bist Deutschland	Du bist Deutschland	Jung von Matt, Hamburg/kempertrautmann/fischerAppelt/MindShare
	Bronze	Gesellschaftliche Projekte	Hessische Ausbildungs-Initiative	Teilnehmer des Paktes für mehr Ausbildung. (HMWVL, VhU, BfA, IHK, Arge)	Huth + Wenzel
	Bronze	Handel/Retail	Edeka Lebensmitteleinzelhandel	Edeka Zentrale	Grabarz & Partner
	Bronze	Health Care	Antistax	Boehringer Ingelheim Pharma	Jung von Matt, Hamburg
	Silber	Industrielle Werbung (B-to-B)	Die SAP-Mittelstandsoffensive	SAP	Ogilvy & Mather, Frankfurt
	Silber	Konsumgüter Food	Bionade	Bionade	Kolle Rebbe
	Gold	Konsumgüter Non Food	Dove Pro-Age	Unilever Deutschland	Ogilvy & Mather/MindShare/Edelman
	Bronze	Konsumgüter Non Food	Persil	Henkel	DDB Group Germany
	Silber	Kunst und Kultur	Imagekampagne	Konzerthaus Dortmund	Jung von Matt, Hamburg
	Silber	Medien	DMAX	DMAX TV	Jung von Matt, Hamburg
	Silber	Soziales und Wohltätigkeit	Michael Stich Stiftung	Michael Stich Stiftung	Jung von Matt, Hamburg
	Silber	Unternehmens- und Imagewerbung	Deutsche Post (Brief)	Deutsche Post	Jung von Matt, Hamburg/BBDO Düsseldorf
2009	Gold	Automotive	BMW 1er Coupé	BMW	MAB, Berlin/Mediaplus
	Bronze	Automotive	smart fortwo	Daimler	BBDO Germany
	Gold	Dienstleistungen	T (T-Home, T-Mobile)	Deutsche Telekom	DDB Group Germany
	Silber	Dienstleistungen	E WIE EINFACH Launchkampagne	E WIE EINFACH Strom & Gas	Philipp und Keuntje

	AUS-ZEICHNUNG	KATEGORIE	KAMPAGNE	UNTERNEHMEN	AGENTUR
2009	Bronze	Dienstleistungen	BILDmobil	Axel Springer	BBDO Germany
	Bronze	Finanzdienstleistungen	Wüstenrot Bausparen	Wüstenrot Bausparkasse	Jung von Matt/ Mediaplus Hamburg
	Bronze	Finanzdienstleistungen	Repositionierung Postbank	Deutsche Postbank	BBDO Germany
	Bronze	Gebrauchsgüter	Navigon 2110 max	Navigon	Kolle Rebbe
	Gold	Gesellschaftliche Projekte	Verkehrssicherheitskampagne	Deutscher Verkehrssicherheitsrat	Scholz & Friends Berlin
	Silber	Gesellschaftliche Projekte	IdeenPark 2008	ThyssenKrupp	ThyssenKrupp/IdeenPark-Team
	Gold	Handel/Retail	Lebensmitteleinzelhandel	Edeka Zentrale	Grabarz & Partner
	Silber	Health Care	Kytta Salbe f	Merck Selbstmedikation	McCann Erickson Hamburg
	Bronze	Konsumgüter Food	Schweppes	Schweppes Deutschland	Red Rabbit
	Silber	Konsumgüter Non Food	DNAge Anti-Age Gesichtspflege	Beiersdorf	Draftfcb Deutschland/ GFMO OMD/Pro Concept Marketing
	Bronze	Unternehmens- und Imagewerbung	Einführung der Marke	SCHOTT Solar	Saatchi & Saatchi
2010	Gold	Automotive	Golf GTI VI	Volkswagen	DDB Group Germany
	Bronze	Automotive	BMW X1	BMW Group	SERVICEPLAN/ MEDIAPLUS/GSD&M Idea City/ Metzler:Vater
	Bronze	Dienstleistungen	O2 o	Telefónica O2 Germany	VCCP
	Silber	Finanzdienstleistungen	DBV	DBV Deutsche Beamtenversicherung	KNSK
	Silber	Finanzdienstleistungen	Sparkassen-Girokonto	Deutscher Sparkassen- und Giroverband	Jung von Matt
	Bronze	Gebrauchsgüter	WMF VITALIS	WMF	KNSK/MEDIAPLUS Zweite Mediaagentur
	Gold	Genussmittel	Ritter Sport Olympia	Alfred Ritter	Kolle Rebbe/elbkind/Fork Unstable Media

GWA EFFIE® PREISTRÄGER 1981 – 2011

	AUS-ZEICHNUNG	KATEGORIE	KAMPAGNE	UNTERNEHMEN	AGENTUR
2010	Silber	Genussmittel	5 Gum	Wrigley Deutschland	BBDO Düsseldorf
	Bronze	GWA Social Effie: Lokal/Regional	Wohnungslosenhilfe/Frauen	Diakonisches Werk für Frankfurt am Main	Saatchi & Saatchi
	Gold	GWA Social Effie: National/International	Plant-for-the-Planet	Plant-for-the-Planet Foundation	Leagas Delaney Hamburg
	Silber	GWA Social Effie: National/International	Ostdeutsche Hochschulen	Hochschulinitiative Neue Bundesländer, Kultusministerium des Landes Sachsen-Anhalt, Referat 41	Scholz & Friends/Aperto
	Silber	Handel/Retail	Online-Shop	OTTO	SCHOLZ & VOLKMER
	Bronze	Handel/Retail	hagebaumarkt	ZEUS Zentrale für Einkauf und Service	JOM/kempertrautmann
	Bronze	Health Care	Mucoangin® gegen Halsschmerzen	Boehringer Ingelheim Pharma	Philipp und Keuntje
	Bronze	Institutionen und Unternehmen	Hamburger Symphoniker	Hamburger Symphoniker	gürtlerbachmann
	Silber	Konsumgüter Food	Bionade Quitte	Bionade	Kolle Rebbe
	Bronze	Konsumgüter Food	Tchibo Espresso/Caffè Crema	Tchibo	Scholz & Friends
	Bronze	Konsumgüter Food	Schwip Schwap	PepsiCo Deutschland	BBDO Germany
	Gold	Konsumgüter Non Food	Syoss	Henkel	TBWA Düsseldorf
	Bronze	Konsumgüter Non Food	Nivea for Men Q10 Gel	Beiersdorf	Draftfcb Deutschland
	Bronze	Medien	Bild	Axel Springer Verlag	Jung von Matt

	AUS-ZEICHNUNG	KATEGORIE	KAMPAGNE	UNTERNEHMEN	AGENTUR
2011	Gold	Automotive	Superbike BMW S 1000 RR	BMW	Serviceplan Gruppe für innovative Kommunikation/Plan.Net Gruppe für digitale Kommunikation/ Mediaplus Gruppe für innovative Media
	Silber	Automotive	Liqui Moly Motorelöle	Liqui Moly	For Sale Services
	Bronze	Automotive	Gewerbliche Transporter	Daimler	Scholz & Friends Berlin
	Bronze	Automotive	Mercedes-Benz PRESAFE/BAS PLUS	Daimler	Jung von Matt/MEC
	Silber	Dienstleistungen	Das Chefticket auf Facebook	DB Mobility Logistics	Ogilvy & Mather Werbeagentur/OgilvyOne/ Ogilvy Public Relations
	Silber	Dienstleistungen	Markenoffensive (Alles aufs T)	Deutsche Telekom	DDB Tribal Hamburg/ Saatchi & Saatchi Deutschland
	Bronze	Dienstleistungen	Mein Base	E-Plus Mobilfunk	Kolle Rebbe/ Initiative Media
	Bronze	Dienstleistungen	Markenkampagne	Vodafone D2	Jung von Matt
	Silber	Finanzdienstleistungen	Volksbanken Raiffeisenbanken	Bundesverband der Volks- und Raiffeisenbaken (BVR)	HEIMAT
	Silber	Gebrauchsgüter	Nikon	Nikon Europe	Jung von Matt/MediaCom Agentur für Media-Beratung
	Silber	Genussmittel	Snickers	Mars	BBDO Germany/BBDO New York
	Silber	GWA Social Effie: Lokal/Regional	Marketing-Kommunikations-Daten	Städel Museum	Ogilvy & Mather Werbeagentur
	Bronze	GWA Social Effie: Lokal/Regional	Ehrenamtliche Mitarbeiter	Diakonisches Werk fuer Frankfurt am Main	Saatchi & Saatchi
	Gold	GWA Social Effie: National/International	Initiative Vermisste Kinder	Initiative Vermisste Kinder	kempertrautmann/ fischerappelt/BlueMars

GWA EFFIE® PREISTRÄGER 1981 – 2011

	AUS-ZEICHNUNG	KATEGORIE	KAMPAGNE	UNTERNEHMEN	AGENTUR
2011	Gold	Handel/Retail	Zalando Kampagne	Zalando	Jung von Matt
	Bronze	Handel/Retail	Hornbach Baumärkte	Hornbach	HEIMAT, Berlin
	Bronze	Handel/Retail	Conrad Electronic SE	Conrad Electronic	Vasata Schröder Florenz/ CROSSMEDIA/ POLLITTZ PLANNING
	Bronze	Handel/Retail	Edeka Gut&Günstig	Edeka Zentrale	Grabarz & Partner Werbeagentur
	Bronze	Institutionen und Unternehmen	Nachhaltigkeits-offensive	Deutsche Telekom	Philipp und Keuntje
	Bronze	Institutionen und Unternehmen	Sandro Botticelli Ausstellung	Städel Museum	JWT Germany
	Silber	Konsumgüter Food	BiFi auf's Brot	Unilever Deutschland	Philipp und Keuntje
	Bronze	Konsumgüter Non Food	Nivea for Men Range	Beiersdorf	DRAFTFCB/CARAT/ Neteye/brand on fire Werbeagentur
	Bronze	Medien	Schöner Wohnen	Gruner + Jahr	gürtlerbachmann

Wir präsentieren: drei unserer besten

Werbe-Wirkungs-Verstärker

Wir beglückwünschen alle GWA Effie-Gewinner und die Finalisten. Gerne stehen wir mit klugen Köpfen und Konzepten für das „Edelmetall" von morgen zur Verfügung. Anregungen finden Agenturen wie Markenverantwortliche unter www.faz.net/mediaportal.